Educational Reform Archives of the School

Affiliated with Nanjing Normal College

(1964—1966) I

Editor Hong Wang

南师附中教育改革文献
（1964—1966）
上 卷

王虹 整理

美国华忆出版社
Remembering Publishing, LLC. USA

【记忆丛书】

Copyright © 2021 by Remembering Publishing, LLC. USA

Educational Reform Archives of the School Affiliated with Nanjing Normal College (1964—1966) I
Editor Hong Wang

ISBN： 978-1-951135-46-1（Print）
　　　978-1-951135-47-8（Ebook）
LCCN： 2020 911031
Published by Remembering Publishing, LLC
9600 S IH-35, C600
Austin, TX 78748
RememPub@gmail.com

南师附中教育改革文献（1964—1966）上卷
王虹　整理

出版： 美国华忆出版社　奥斯汀·得克萨斯州
版次： 2021 年 2 月第一版，第一次印刷
字数： 195 千字

美国国会图书馆编目号码：2020 911031

All rights reserved.
No part of this book may be reproduced in any form or by any electronic or mechanical means including information storage and retrieval systems, without permission in writing from the publisher. The only exception is by a reviewer, who may quote short excerpts in review.

作品内容受国际知识产权公约保护，版权所有，侵权必究。

序

二十世纪六十年代的中国，经过三年（1960～1962）的政策调整，1963年开始经济复苏。1964年，毛泽东着手教育改革。

江苏省教育厅于1964年在南师附中（南京师范学院附属中学）启动了教育改革。1965年1月，南师附中、上海育才、北京景山、辽宁黑山四所中学，被国家教育部定为全国中学教育改革的试点学校。南师附中跻身到教育改革的风口浪尖。

南师附中的前身是三江师范学堂附属中学堂，筹建于1902年。1949年8月前，名为国立中央大学附属中学。1952年高校院系调整，更名为南京师范学院附属中学（现为南京师范大学附中）。

南师附中拥有巴金、胡风、汪道涵等众多杰出校友，其中包括袁隆平等数十位中科院院士。南师附中也是高干子弟、高知子女云集的学校，干部子弟几乎占到学生总数的一半。

本书的资料是南师附中1964年至1966年文革前夕，实施教育改革的完整资料。内容包括相关部门的文献，学校教改的实践总结，以及部分学生的思想汇报等。

南师附中从试点班着手，在三个方面进行了改革尝试：由教师讲课过渡到学生小组讲课，教师辅导，发挥学生的主动性；采用单科独进的方式，减少学生每天的科目学习；用开卷考试替代闭卷考试，只记录优秀、良好等学习状况，不打分数，将学生从分数中解脱出来。这些尝试也推广到全校。试点班等还去苏北农村生活三个月，尝试半天学习，半天劳动。用校长的话说：这不是所谓的半工半读，而是要为全日制中学闯出一条新路。

学生思想汇报的部分，真实地展现出那个年代莘莘学子的心历路程，为这份资料增添了活生生的质感。

从社会的角度看这份资料，它是那个年代极其宝贵的历史见证。

甚至，透过这份资料可以触摸到接踵而至的文革的因缘脉络。

南师附中教改有着显著的特点：强调阶级斗争；强调学习毛泽东著作；强调贯彻毛泽东的教育思想，培养学生"为革命而学"，一颗红心，多种准备。

南师附中教改被视为毛泽东教育思想实践的典范，名副其实。

1964年，南师附中树立了放弃高考，背离家庭，落户农村的学生典型黄X（方X）。当时南师附中及另外二所中学的毕业生总共72人到农村落户，被誉为72贤，成为全国中学生的楷模。

至1966年文革前夕，"为革命而学"的政治热情，在南师附中达到了空前的程度，甚至形成了"父母革命儿接班，父母反动儿背叛"的校园氛围。这一氛围在南师附中的教改资料中有充分地呈现。学校树立的"为革命而学"的教改典型周ＸＸ，登上了全国性刊物《中学生》。

与此同时，出身剥削阶级家庭的学生则忙于与家庭划清思想界限，有位学生的家庭还酿出了无可挽回的悲剧。

尽管南师附中的教改在掌握知识的施教手段上有所着力，但教育的关键是施教的内容，以及对学生价值观的培养，如果施教的内容错了，则教育的方向就错了，再多的教育手段也无济于事。

如果说南师附中的教改，曾一度形成"父母革命儿接班，父母反动儿背叛"的政治氛围；那么接下来肆虐于文革的"老子英雄儿好汉，老子反动儿混蛋"的对联，则是对前者的否定。中共中央文革小组针对这幅对联，提倡过"父母革命儿接班，父母反动儿背叛"的替代口号。可是，回到"父母革命儿接班，父母反动儿背叛"仍是在逆历史的潮流，本质上还是倒退。

1976年四人帮倒台，1977年恢复高考。这时的社会氛围已经突破了过去"家庭出身的羁绊"。文革前被剥夺了上大学，甚至上高中的权利的黑五类子弟，也能上大学了。仅仅十年，社会氛围的变化如此之大，令人唏嘘不已。

这个社会现象的改变，不仅是对文革的"老子英雄儿好汉，老子反动儿混蛋"的否定，也是对文革前的"父母革命儿接班，父母反动儿背叛"的否定——否定之否定！历史终究没有倒退，而是幸运地向前迈出了一步。

历史是一面镜子。南师附中的教改正是这样的一面镜子。

本书涉及的人员一律留姓隐名（除一人因本人要求既隐姓也隐名外），班级在涉及具体人员时留级隐班。

王　虹

2020年6月1日

目 录

序 I

上 卷

第1章 关于初三试点班教育质量情况的汇报 7
    一、初三试点班的基本情况 7
    二、语文、数学、外语三科知识质量的基本情况 9
    三、思想品德及身体健康情况 12
    四、主要体会 14

第2章 关于初三以上同学去十月公社劳动的总结 18
    一、带着什么样的目的参加劳动，比过去明确了 20
    二、对农村、农民有了比较正确的认识，和一定的感情 ... 21
    三、进一步了解到农村需要知识青年 23
    四、体会到董加耕的道路是正确的 24
    五、进一步加强阶级观点，提高了辨别是非的能力 26

第3章 正确贯彻党的教育方针 减轻学习负担提高教学质量 29
    一、调查研究摆事实 30
    二、学习毛主席著作讲道理 32
    三、接触工农，劳动锻炼 34
    四、积极试验，改进教法 36
    五、生动活泼，气象一新 38

第4章 半年多来学校工作的报告 41
一、问题在哪里呢？ 41
二、用毛主席思想武装教师 42
三、组织师生参加劳动接触工农 46
四、积极试验使教的生动学的主动 51
五、学校开始出现了新气象 56

第5章 决不续"书香门第"的家谱 59
一、从小培养继承父亲衣钵，
    接资产阶级知识分子的"班" 59
二、坚决做家庭的叛逆，不在旧势力面前屈服 60
三、革命的道路一经选定就要一直走到底 63
四、斗争还没有结束 65

第6章 在毕业生工作中对争夺青年一代的几点体会 66
一、体会一 66
二、体会二 69
三、体会三 71
四、体会四 74

第7章 学生学习目的调查报告 76
一、学习目的比较明确，愿意做有社会主义觉悟
    有文化的劳动者 76
二、学习目的不明确，一心为个人的 78

第8章 南师附中一千多学生 对教学改革提出的问题整理 83
一、关于校风问题 83
二、关于政治思想工作和劳动锻炼问题 86
三、关于评选优秀生问题 87
四、操行评语问题 88
五、关于学制问题 89

六、关于课程设置、教材内容问题 89
　　七、关于教学方法问题 90
　　八、关于考试方法问题 92
　　九、关于体育卫生及民兵工作等问题 94
　　十、关于组织机构、规章制度问题 95

第9章 江苏省中等学校政治理论课工作会议 参考资料之六.... 98
　　一、"学而优则仕"的家庭教育 98
　　二、顶住旧势力的围攻 99
　　三、坚决和资产阶级思想决裂 102
　　四、迎接更严峻的考验 104
　　五、勇敢的抉择，顽强的斗争（编后） 104

第10章 江苏省中等学校政治理论工作会议 参考材料之七.... 106
　　一、农村是个大课堂 106
　　二、我找到了答案 108
　　三、谈劳动与学习 109
　　四、学习为人民服务 110
　　五、闯过劳动关—车水、撒粪、赤脚走路 111
　　六、学习毛选，克服困难 113
　　七、第一次生活对我的考验 114
　　八、擦亮眼睛，辨别是非 115
　　九、劳动使我的感情起了变化 116
　　十、毛主席著作给了我力量 118
　　十一、七天和一辈子 119
　　十二、在革命的熔炉中锻炼自己 120
　　十三、我怎样开始和工农群众相结合 122

第11章 江苏省中等学校政治理论课工作会议材料之八........ 124
　　一、错误的升中学思想 124
　　二、我不能继承知识分子家庭传统 125

三、由照相谈起 126
　　四、我怎样从轻视劳动到重视劳动的 127
　　五、读"挣脱家庭的束缚，做无产阶级的好女儿"后感 . 129
　　六、语文学习感想点滴 131
　　七、阶级斗争还存在 132
　　八、院子里的风波 133
　　九、我认清了右派分子爸爸的真面目 135
　　十、全心全意为绝大多数人服务 做无产阶级的接班人 ... 136
　　十一、谈作文 138
　　十二、这是什么教学思想 139
　　十三、对评选优秀生的意见 140
　　十四、评《朝阳》的倾向 140
　　十五、合不合时代精神——对语文教材的意见 142
　　十六、读了"小扁担啊，我永远不抛弃你！" 143
　　十七、政治课改得好 144
　　十八、参观阶级教育展览以后 145
　　十九、一次资产阶级思想的袭击 146

第 12 章 学校革命化方案（草案） 147
　　一、大学毛主席思想，大学人民解放军 147
　　二、加强劳动锻炼，参加实际斗争 149
　　三、改进教学方法及目的 150
　　四、认真改进领导作风 152

第 13 章 南师附中教学改革蹲点计划 153
　　一、南师附中教改试点 153
　　二、教改内容与细节 154
　　三、重新组成学校的阶级队伍，培养革命接班人 ... 155

第 14 章 关于南师附中教学改革试点的计划 157
　　一、要求 157

二、工作 158
　　三、步骤 160
　　四、加强组织领导 160

第15章 南师附中教改试点汇报 161
　　一、汇报一 161
　　二、汇报二 170
　　三、汇报三 176

第16章 江苏教育学院农师班访问南师附中学生 座谈纪要 ... 179
　　一、张ＸＸ（武进县奔牛中学） 179
　　二、张ＸＸ（泰兴中学） 180
　　三、谢ＸＸ（海门悦来中学） 180
　　四、史ＸＸ（沛县中学） 180
　　五、许ＸＸ（江宁县秦淮中学） 180
　　六、赵ＸＸ（太仓浏河中学） 181
　　七、孙ＸＸ（镇江中学） 181
　　八、郭ＸＸ（射阳中学） 182
　　九、单ＸＸ（宿迁大新中学） 182
　　十、蒋ＸＸ（靖江中学） 183
　　十一、朱ＸＸ（沭阳中学） 183
　　十二、左ＸＸ（王集中学） 184
　　十三、孙ＸＸ（南菁中学） 185
　　十四、提出两个问题 187

第17章 春节慰问新农民的心得、创作节选 188
　　一、行军 189
　　二、向贫下中农学习 197
　　三、向新农民学习 203

第18章 南京师范学院附属中学组织 初中学生到人民公社参加劳动的小结 209
- 一、下乡前做了一系列的准备工作 209
- 二、劳动中的情况 210
- 三、劳动的收获 212
- 四、工作上存在的问题 213

第19章 有关学生健康状况变化的调查资料 215
- 一、全校一年多来关于几种疾病门诊人数的统计 215
- 二、学生体能的变化情况 217

第20章 高三学生教改后体质变化情况调查 219
- 一、身长变化 219
- 二、体重变化 219
- 三、肺活量的变化调整 221
- 四、视力变化 221

第21章 南师附中学生视力保护工作的调查报告 223
- 一、视力保护工作的措施 223
- 二、两个班的视力情况调查 223
- 三、几条初步体会 228

第22章 南师附中今后教改试点工作计划要点 229
- 一、一个目标 229
- 二、两个要求 229
- 三、四项工作 229
- 四、四项措施 230

第23章 教改两年（讨论稿） 232
- 一、讨论稿（一） 232
- 二、讨论稿（二） 234

三、讨论稿（三） 缺经验教训部分 251

第24章 两年来教改工作情况汇报 252
　　一、第一阶段：1964年上半年 252
　　二、第二阶段：1964年下半年—1965年上半年 254
　　三、第三阶段：1965年下半年 255

第25章 一年来南师附中教改试点情况的汇报 261
　　一、调查研究，弄清情况 261
　　二、学习毛选，明确方向 263
　　三、把教育和三大革命运动结合起来 266
　　四、让学生生动活泼地主动地得到发展 271
　　五、教改是一场复杂的斗争 276
　　六、今后工作意见的要点 279

编　后 280

上 卷

(自 1963 年 3 月 7 日起至 1965 年 7 月 12 日止)

卷内文件目录

顺序号	文件作者	发文号	文件标题或摘由	日期	所在页号	备注
1	附中		关于初三试点班教育质量情况的汇报	63.3.7	未定	
2	附中		关于初三以上同学去十月公社劳动的总结	64.4.14	未定	
3	附中		正确贯彻党的教育方针减轻学习负担提高教学质量	64.4	未定	
4	附中		半年多来学校工作的报告	64.4	未定	
5	团市委办公室		决不续"书香门第"的家谱——从一个学生的自述看资产阶级知识分子是怎样阻挠子女参加农业劳动的	9.2	未定	
6	附中		学生学习目的调查报告	64.11	未定	
7	附中		南师附中一千多学生附教学改革提出的问题整理（供讨论用）	64.12	未定	
8	省中等学校政治理论课 工作会议参考资料		之（六）	64.12	未定	

9	省中等学校政治理论课 工作会议参考资料		之（七）	64.12	未定	
10	省中等学校政治理论课 工作会议参考资料		之（八）	64.12	未定	
11	附中		学校革命化方案（草案）		未定	
12	省教育厅教改工作组		南师附中教学改革蹲点计划（讨论稿）	65.1.26	未定	
13	省教育厅党组		关于南师附中教学改革试点的计划	65.2.19	未定	
14	省教育厅南师附中教改工作组		南师附中教改试点汇报	65.4	未定	
15	附中		江苏教育学院农师班十八位全日制中学校长去盱眙马坝访问南师附中学生座谈纪要		未定	
16	附中		春节慰问新农民的心得制作节选	65.3	未定	
17	附中		组织初中学生到人民公社参加劳动的小结		未定	
18	附中		有关学生健康状况变化的调查资料	65.6.12	未定	
19	附中		高三学生教改后体质变化情况调查		未定	
20	附中		南师附中学生视力保护工作的调查报告		未定	

21	省教育厅附中教改工作组	南师附中今后教改试点工作计划要点（草案）	65.7	未定	
22	省教育厅附中教改工作组	教改两年（讨论稿）		未定	
23	省教育厅附中教改工作组	两年来教改工作情况汇报		未定	
24	省教育厅附中教改工作组	一年来南师附中教改试点情况的汇报	65.7	未定	

第1章
关于初三试点班教育质量情况的汇报

南京师范学院附属中学

1963.3.7

我校於 1960 年暑假招收 12 年制小学毕业生 300 名，进行 10 年制学制试点工作，各科课本在开始一年内（即一年级）全都用江苏教育厅编的教材，从二年级起，即先后改用中央编的十年制学校教材。三年来这个年级在试点工作中，一直比较稳，各方面的情况也比较好。现将有关材料汇报如下：

一、 初三试点班的基本情况

1、班级数：6 个班

2、当前学生总数：314 人，男生：154 人，女生：160 人。其中：
　①团员：32 人，队员：257 人，
　②寄宿生：141 人，
　③干部子弟：109 人。

3、历年学生变化情况

初一上入学时学生总数：331 人，其中包括
　① 新生：300 人
　② 本校 12 年制初中一年级留级生 22 人
　③复学生 2 人

④因家长调动工作转入的学生 7 人

初一下结束时学生总数：326 人（在 331 人中原留级生自动退学的 3 人，因病休学的 2 人。）

初二上时学生总数：338 人。

①原初一下 326 人中除 10 人留级，9 人退学（其中有 8 人因连续留级两次），13 人转出（因家长调工作），2 人服兵役外，由初一升初二的共 292 人。

②转入学生 30 人（南京军事学院宇花学校初一试点班停办转来学生 26 人）

③本校 12 年制初二留级生 16 人

以上三项合计 338 人，在学期中途有 4 人服兵役，2 人休学，到学期结束时学生总数是 332 人。

初三上学生总数：317 人

①原初二下 332 人中除 14 人留级，4 人转出，7 人退学（其中有 4 人因连续两次留级，3 人不及格科目太多）外，由初二升初三的 307 人。

②转入学生 8 人。③本校 12 年制初三留级生 2 人。以上三项计 317 人。

原新生 300 人中，目前在校的有 246 人。其他 54 人中，有 17 人留级，5 人休学，5 人服兵役，27 人转出。

4、历年优秀学生人数（优秀生标准：政、语、外、数、理、化等主科在 80 分以上，其他各科 70 分以上，操行甲等，劳动成绩包括操行内）：

①1960-1961 学年度第二学期共 90 人，占全校优秀生总人数（432 人）的 20.83%。

同时期全校其他年级优秀生人数的百分比：

初二级　58 人　13.43%

初三级　88 人　20.37%

高一级　46 人　10.65%

高二级　65 人　15.05%

高三级　85 人　19.67%

②1961-1962 学年度第二学期共 93 人，占全校优秀生总人数（423 人）的 22%。

同时期全校其他年级优秀生人数的百分比：

初一级　90 人　21.28%

初三级　87 人　20.57%

高一级　37 人　8.75%

高二级　39 人　9.22%

高三级　77 人　18.20%

根据以上统计材料，这个年级优秀学生人数的百分比，两学年来在全校都是比较高的。

二、　语文、数学、外语三科知识质量的基本情况

语文、数学两科在最近两周内，用南京市 1962 年暑假全市高一入学考试试题，对初三学生进行了一次水平检查，事前不但没有通知学生，也没有通知教师，所有考试要求及阅卷评分标准全部根据原试题的规定，而这些试题内容与当前学生学习的内容也没有什么联系。这与去年初三毕业生考高一时的情况不同，去年初三毕业生在毫无准备的情况下突然考试的。根据水平检查后的成绩统计，各科成绩比去年暑假考本校高一学生的总平均分数都高（按：去年暑假本校高一入学考试语文、数学平均成绩在全市最高。）

1、语文水平检查成绩统计（作文题为"早晨"，另有错别字改正及病句改正）。

表1. 初三级语文水平检查成绩统计

班级	总分	参加人数	平均分数	90	80	70	60	50	40	39分下	最高分	最低分
甲	4041	56	71	1	10	22	20	3			92	55
乙	3295	48	68.66	0	7	17	17	2	4	1	87.5	19.5
丙	3852	55	70	2	6	26	11	7	1	2	96	34.5
丁	3165	47	67.3		7	10	21	6	2	1	89.5	38.5
戊	3597	51	70.5	0	4	26	14	7	0	0	86.5	53
己	3251	49	66.77	1	5	18	13	10	2	0	92	40
合计	21202	306	69.22	4	39	119	96	35	9	4		19.5

及格人数：258人　百分比：84.31

1962年暑假本校高一新生语文入学考试成绩及格219人，（本校初三毕业生149人）占考生374人的59%。

总平均成绩62分，最高91分（二女中），最低分25分（本校）

本校214个考生总平均成绩64.39分，最高88分，最低25分。外校160个考生总平均成绩58.74分，最高91分，最低28分。

2、数学水平检查成绩统计

初三试点班到初中毕业时，数学程度提高了比较多。原12年制高一代数教材初三试点班到暑假结束仅有一章不能教（函数及其图像）。原12年制初二初三高一平面几何所有教材，初三试点班到暑假结束时，可以全部教完。

这次检查的试题程度相当于原12年制初中教材的程度，代数共三大题三小题，几何共两大题三小题。成绩如下：

表2. 初三级数学水平检查成绩统计

班级	总分	参加人数	平均分数	90	80	70	60	50	40	30	20分下	最高分	最低分
甲	3180	56	56.8	2	8	7	6	12	10	9	2	98	8
乙	2652	48	55.2	0	7	2	11	10	6	9	3	89	8
丙	3585	56	64.1	7	8	9	9	9	6	5	3	100	15
丁	3133	48	65.3	7	8	9	8	5	3	5	3	98	13
戊	3216	50	64.3	4	4	12	12	5	5	6	2	96	8
己	3064	49	62.5	2	6	11	9	9	6	5	1	96	27
合计	18830	307	61.3	22	41	50	55	50	36	39	14		

及格人数：168人，占参加考试学生总数的54.73%。

1962年暑假本校高一新生数学入学考试成绩及格113人（其中有71人是本校毕业生）占374人的46.5%。

总平均成绩47.97分，最高98分（二女中），最低3分。

外校160个考生平均46分，最高98分，最低10分。

3、外语水平检查统计

从外语教材的内容看，初三试点班的外语程度比原12年组的程度高，初三试点班外语教材里的单词三年共约1500个左右（12年组在外），原12年制教材单词只有900个左右。

为了检查初三试点班外语的质量，去年12月分别在初三甲乙两个班进行了俄语和英语水平检查。检查的方式有口试和笔试，检查的项目有认词、语法、翻译、默写等。两个班的学生读、写、听、说的能力普遍较强，对单词的掌握也比较好。现将两班学生单词掌握的情况说明如下：

初三甲（俄语班）参加检查的51人，他们对过去已学的1351个单词，平均每人有268个不能掌握，在1351个词中全班每个学生平均有 80%能够掌握，从遗忘的情况看出现的次数少的词，不常用的词遗忘比较多。

初三乙（英语班）参加检查的 46 人，他们对过去已学的 1200 个单词，由英到汉的平均每人有 164 个不能掌握，全班平均每人能够掌握的有 86.3%。由汉到英的平均每人有 127 个不能掌握，全班平均每人能够掌握的 89.45%。

三、 思想品德及身体健康情况

1、初三试点班学生的思想品德面貌，从初一入学时起就比过去 12 年制的初中好，不论在重大政治问题上或日常生活中辨别是非能力一般比较强，在学习和劳动方面都比较认真，遵守纪律较好，改变了过去初一上开始好以后乱的现象，已初步形成了好学向上的风气。

从操行等第的统计数字看，甲等人数的百分比，由初一到初二是逐步上升的。把 1962-1963 学年度第一学期操行等第情况与同期初中其他两个年级比，初三试点班操行甲等人数的百分比略高于初中其他年级。注：1：3 人中留级生 1 人，插班生 1 人，新生 1 人（干部子弟）；注 2：侨生

表 3. 初三级学生操行等第情况

时　期 人数及百分比 等　第	班级总人数	甲等		乙等		丙等		丁等	
		人数	%	人数	%	人数	%	人数	%
1960-1961 学年度第二学期	322	120	37.2	177	55.2	22	6.8	3 注 1	1.0
1961-1962 学年度第二学期	330	165	50.0	149	45.0	16	5.0	0	0
1962-1963 学年度第一学期	315	182	57.8	127	40.3	5	1.6	1 注 2	0.3

表 4. 1962-1963 学年度第一学期初中其他年级学生操行等第情况

年级 人数及百分比 等第	班级总人数	甲等		乙等		丙等		丁等	
		人数	%	人数	%	人数	%	人数	%
初一级	233	102	43.8	128	54.9	3	1.3		
初二级	316	174	55.0	137	43.4	5	1.6		

2、在身体健康方面，根据 1962-1963 学年度第一学期检查统计：初三试点班视力减退人数的百分比和砂眼人数的百分比都略高於同时期全校平均数字（初三试点班入学时视力减退人数的百分比就比较高），肺结核的百分比低於全校平均数字。

表 5. 1962-1963 学年度第一学期初三级学生健康状况统计

原有人数 317	项目	受检人数	视力减退	色盲	砂眼	其他眼病	听力差	鼻病	扁桃腺大	龋齿	淋巴腺大	甲状腺大	皮肤病	平足
	人数	292	108	12	214	2	12	59	110	25	7	7	7	39
	百分比		37.0	4.1	73.3	0.7	4.1	20.2	37.7	8.6	1.4	2.4	2.4	13.4
	项目	脊柱弯	关节病	心脏病	血压高	肺结核已硬结	疝气	肝类						
	人数	1	1	1	2	1	1							
	百分比	0.3	0.3	0.3	0.7	0.3	0.3							

表6. 同时期全校学生健康情况检查统计

全校人数 1593	人数百分比 项目	视力减退	砂眼	肝炎	肺结核已硬结	肠寄生虫	学习重病	妇女病(闭经)
	受检人数	1238	1238	1238	1238	547	全校	全校
	患病人数	425	757	3	23	207	0	0
	患病人数占受检人数的百分比	33.4	61.1	0.2	1.9	37.8	0	0

视力减退及砂眼两项，整个学校百分比都较突出。从去年起除经常教学生注意各项卫生习惯外，本学期已调整了各教室的灯光设备。

四、 主要体会

从现有情况看初三试点班在思想品德面貌、学习成绩和身体健康等方面都是比较好的，特别是学习成绩比原12年制初中学生提高较为显著。现将几点主要体会扼要说明於后。

1、领导重视，工作抓得深细。

上级领导对这一工作开始抓得紧，能及时发现问题，及时找出解决问题的方向。如1960年寒假前扬州会议上统一了"质量第一，效果第一"的认识，使有些学校只赶进度不求效果的做法得到了扭转。

从学校方面来说，开始就做好教师工作、家长工作和学生工作，统一对试点工作的认识，树立光荣感，加强责任感。在领导分工上有专人负责。从备课、听课到检查，从教师活动到学生活动，从思想品德到身体健康能比较深细的掌握，能全面考虑问题，能及时发现研究解决问题。

2、教师配得整齐，班主任工作踏实。

语、数、外三科教师中至少配一个骨干教师。而这一个骨干教师的业务水平要能掌握中学全部教材，对初中教师来说，至少也要能掌握初中的全部教材。班主任最好选政治热情高、工作踏实能干，语文、外语、数学等主科教师担任。配好班主任也是提高学习质量对学生进行思想品德教育的重要一环，应该十分重视。

3、基础要抓牢，平时的复习考查要重视。

这里所说的基础，包括三个方面：

①基础年级要抓牢。学生由小学进入初中时，有很多地方感到不习惯，认为中学的管理太松，和老师的接触少，如开始不抓紧不把学习习惯、遵守纪律的习惯培养好，以后纠正往往要几倍的付出。即使能纠正，由于开始时习惯不好，对每一学科的基础知识的掌握也不会好，这就增加了以后学习上的困难。例如外语在初一语音学不好，对以后读、写、听、说的能力，都有很大影响。由于我们开始抓牢学生的学习习惯、纪律生活，三年来的情况始终一贯，改变了过去"开始规矩，二年级乱，三年级又好"的现象。由于开始学习上抓得牢，知识基础从头就打得扎实，为以后学好功课制造了有利条件，即使中途调动了任课教师，对学生的学习成绩，看不出有什么影响。例如：现在的初三戌己两班的语文，在初一时是由一个教师担任的，从初二起，戌班改由另一教师担任。从去年寒假期考成绩看，两班没有多大差异。

表7. 初三戌、己两班语文成绩统计

	全班人数	80分以上人数	百分比	60-79分人数	百分比	不及格人数
初三戌语文	55	40	72.72%	15	27.2%	0
初三己语文	49	39	79.50%	10	20.%	0

又如现在的初三丁、己两班外语,在初一时是由一个教师担任的,从初二起,丁班先后更动了两位任课教师。从去年寒假期考成绩看,两班也没有很大的差异。

表8. 初三丁、己两班外语成绩统计

	全班人数	80分以上人数	百分比	60-79分人数	百分比	不及格人数	百分比
初三丁英语	48	32	66.17%	12	25%	4	8.3%
初三己英语	49	29	59.2%	16	32.5%	4	8.2%

②基础学科要抓牢。主要抓语文、数学、外语三科,尤其是语文、数学。根据初三试点班去年寒假期考成绩统计,315个学生中语文、数学成绩在80分以上的有141个学生,其他学科也在80分以上(占44%)。而语文、数学在80分以上,其他学科在70分以下的只有67人(占21.3%)。语文、数学在70分以下,其他学科在80分以上的只有8人(占2.5%),学好语文、数学对学好其他学科的相关很大,所以必须抓紧基础学科。

③基础知识要抓牢。教师首先要能把握住基础知识,要能懂得教材各部分内容相互间的联系,熟悉来龙去脉,懂得这一部分教材学不好,就不可能学习其他部分有关内容。

其次,要求学生对基础知识要达到懂、会、熟练的标准,必须记忆的应该要求学生记忆。

为了使学生对基础知识能达到懂、会、熟练的要求,必须十分重视平时的复习考查。

4、教材内容的要求

教材内容的要求不能太深,也不能太浅,必须符合学生接受能力,教材内容的要求太浅,学生往往感到"有劲无处使",要求太深又感到"使劲不见效"。这两种情况都影响学习质量。中学编的十年制学校课本，如语文、数学、物理、化学不少是高中下的教材。从实践的过程看，是符合学生接受能力的。例如原12年制高一代数，除去函数及其图像这一章外，其余部分，试点班初中都可讲完。初中物理中关于固体的线膨胀，电学中导体的串联等部分内容完全和原12年制高中物理教材一样，这些教材学生在接受方面并不感到困难，相反的还提高了学生学习的积极性。我们体会到在学习要求上，应使学生经常感到不足，而经过一定的努力，又可以完成任务的，这样学生才会感到"有奔头"，学习效果反而会好。当然，也不能用难题和深教材去压学生。

在以上四点体会中，还必须贯穿一个严格要求的精神，但严格要求必须和循循善诱以及一定的具体措施相结合。

第 2 章
关于初三以上同学去十月公社劳动的总结

　　开学后第六周我们组织了初三以上各年级二十个班 822 位同学，55 位教师去十月公社劳动并参观访问。一方面支农，一方面加强师生劳动和思想上的锻炼。这次劳动是在大比之年，大学之年的春天，在热气腾腾的大学毛泽东思想、大学解放军，比、学、赶、超董加耕的大好形势下组织的。这次劳动有很多特点，普遍表现了热气高、干劲足、抢重活干、拣重担子挑、不怕脏不怕累不怕苦，有的甚至赤膊上工坚持锻炼，积极发挥了支农作用，在当地干部、群众中起了良好的影响；同时在这次劳动中特别重视思想锻炼，不少同学带着问题下乡劳动，在劳动中通过学习毛主席著作和接受群众教育解决思想认识上的问题，在劳动中注意活学活用董加耕精神，努力迈向革命化的道路，坚持学习解放军，主动开展群众工作，是同学们在思想上得到一次比较深刻的锻炼。不论在树立阶级观点学会阶级分析方面，在热爱农村、热爱农民、密切和农民的联系培养劳动人民思想感情方面，在意识到知识青年的责任方面，都有了一定的进步，甚至有些同学还触动到自己的人生观、世界观等问题。思想觉悟提高了，思想感情起了变化，劳动、群众工作也就干得更好，这在农民群众中留下了比较深刻的印象。

　　张东生产队的社员说："这些同学都是活雷锋""你们都是共产党和毛主席教育出来的好学生，我们要更听党的话"。同时对于同学们把自己培养成为有社会主义觉悟有文化的劳动者，加强革命化，学习董加耕走董加耕的道路也有促进作用。这次劳动中好人好事很多，不仅劳动干得好，而且思想锻炼好。比如高三X班黄ＸＸ同学，通过这次劳动锻炼更坚定了立志务农，走董加耕道路的决心，她这次下乡劳动有着明确的目的，她说："我到农村来是想和农民建立更深的感情，更进一步地了解农村，根本上就是为了当前和今后来建设社会主义新农村"。她从同农民接触中体会到农村需要知识青年，她看到个别逃荒的农民，马上想到的是自己的责任，她说："农业上的落后需要我们把知识献给农村，让天下农民安居乐业"。她在挑土时，肩膀压肿了扁担一压上去就感到很难受，她想："这样怎么能革命？"咬一咬牙，担子一挑就走了。她还说："这里的农村并不算艰苦，有很多地方比这里还差，不去改变，共产主义哪一天实现？"通过这次劳动，她很有体会地说："我觉得自己与农民的感情越来越接近，越来越了解农民，农民与我很合得来，农民的痛苦也是我的痛苦。我决心当一个农民。"她对于亲自参加修建的水坝感到很亲切，每天都要去看一次，中午农民上工很早，按规定同学们在中午应该休息，可是她觉得心不安，就帮助农民挑猪草。对于穿着鞋袜劳动，她已经不习惯而且有些刺眼了。

再如高三王ＸＸ同学参加这次劳动目的比较明确，在劳动中体会到自己在亲手建设社会主义，为社会主义出力，很激动。他看到农村有文化的人还不多，感到自己读到高中不容易，应该把学到的知识献给人民，实际体会到农村需要知识青年。有个农村青年迫切要求入团可是不会写申请书，这也使他想到自己的责任，在劳动中他想既然劳动很重很累，应该受到人们的尊重，为什么有人还轻视它呢？虽然这是剥削阶级轻视体力劳动的思想影响，对于一个革命青年来讲应该冲锋在前，退却在后，对于主席讲的"担子有轻有重，勇于挑重担子才是好同志"的话，在劳动中有了比较具体、比较深刻的体会，这一切使他坚定了立志务农走董加耕的革命道路的决心，感到自己的思想感情向劳动人民靠近了一步。又如高三Ｘ班李ＸＸ同学，在谈到这次劳动的体会时说："这次劳动是重的，但并没有把我压垮，相反地使我下农村的决心更大，我体会到应该首先献身于农村，知识青年责任重大，农村的阶级兄弟希望我们到他们这里来，农村有很多事要我们去做，我今后很可能把名字改成"李志农"。通过劳动实践以及和群众接触，他和农民同志建立了感情，在劳动中学习毛主席的《为人民服务》，认识到参加劳动的目的，并和自己的生活目的联系起来，决心要做到"生的有意义，死的有价值"。

再如干部子弟高三Ｘ班学生刘ＸＸ，他是个独生子，过去缺少锻炼，出门不离车子，这次步行去公社自觉锻炼，行军途中脚上起了几个血泡，走了一会儿腿就拉不起来了，他马上想到我们是共产主义接班人，是革命后代，我们要把红旗扛到底，要革命就必须不怕吃苦，想到红军二万五千里长征，想到董加耕不畏艰苦坚持走革命化的道路，就增添了力量，这样路上一会儿感到很累，一会儿又浑身是劲，终于坚持到底。他第一天劳动翻地，两只手起了十二个泡，泡破了非常的痛，但他想到自己肩上的重担，想到自己要很好地锻炼自己，痛，就又不太觉得了，手里的钉耙举得更高，搞粪不怕脏，觉得这也是革命所需要的，干起来更带劲。此外，高三Ｘ班侨生邢ＸＸ同学在这次劳动中表现也很突出，绝对服从分配，叫干什么就干什么，积极地去干。有一天夜里下大雨，他想到新修的水坝经不起水泡，大清早就一个人去车水。像这样的好思想好行动的例子是很多的，这些反映了我们同学革命的思想、品德在成长，反映了我们同学正在向革命化的方向前进。

这次劳动的基本收获和主要问题：

通过这次劳动，有些问题比过去明确了，有些问题得到了初步解决，这些问题是：

一、 带着什么样的目的参加劳动，比过去明确了

过去有些同学总以为劳动就劳动呗，有什么可说的！有的同学虽然道理上也懂得，思想上不扎根。这次劳动，不少同学在应该带着什么样的目的参加劳动问题上比过去明确了。高一Ｘ班倪ＸＸ等七位同学，对于为什么劳动，为什么上高中读书，比较明确了，而且懂得了这中间的关系，明确了这是一个人的生活目的的反映，从世界观的高度来理解劳动目的，这样也就有可能反过来推动世界观的改造。

下乡劳动究竟为了什么目的，高一Ｘ班李ＸＸ同学说："我举起钉耙锄地的时候就感到祖国社会主义建设也像我这样一钉耙一钉耙的锄出来的。"高三Ｘ班田ＸＸ同学说"自己干得累的时候就想到董

加耕的话：'没有一犁一锄的耕耘，就没有社会主义的新农村'，我的体会也就更深了。"也正是在这种思想指导下，落实在支农行动中，表现了革命干劲和劳动热情，学校教育为忌方针服务的思想深入人心。

另一方面不少同学带着全面锻炼和改造自己的目的参加劳动的。高三Ｘ班李ＸＸ说："我抱着三个目的下来的：（一）在劳动中学习董加耕的吃苦精神；（二）为我将来下农村打下基础，摸索一点和农民搞好关系的经验，逐步实现和工农劳动人民相结合；（三）试试如何做到劳动和学习相结合，尤其是在劳动中学习毛主席著作的问题。劳动中的确也这样做了，在这三方面都有收获。"高三Ｘ班于ＸＸ同学说："这是中学阶段最后一次农村劳动，我想抓紧时机锻炼思想，和农村建立更深的感情"。高三Ｘ班唐ＸＸ说："我这次来劳动的目的就是认真锻炼自己，将来可以更好地做一个劳动者"。这次劳动在一部分同学中改变了劳动就单纯地锻炼体力，或者抽象地回答劳动就是为了锻炼锻炼的现象。同学们想得比较具体了，也就是说为什么劳动，为什么锻炼，锻炼些什么比较明确了。一句话，学生参加劳动的目的有了比较明确的全面理解。

二、 对农村、农民有了比较正确的认识，和一定的感情

同学们在积极劳动的同时，热情主动地做了不少群众工作，高三己班每两个同学与一户社员挂钩，帮助做家务事，每户的吃水、环境卫生、喂猪，都是同学们包的。不少同学（包括一些男同学）为社员叠被铺床、洗锅刷碗。张ＸＸ、张ＸＸ同学帮五保户洗了十多年未洗过的棉衣，打扫了九年来未扫过的床下鸡粪，还帮另一个五保户洗了棉被。胡ＸＸ、赵ＸＸ同学帮助贫农罗秀英带小孩，喂小孩的饭，替小孩穿衣服，帮着洗被单，还用中午时间帮助挖猪草，金Ｘ、刘ＸＸ同学与这队里的小孩建立了深厚的感情，她们一走，小孩就哭着找阿姨。张国兴夫妻斗嘴，男同志埋怨女同志不会料理家务，高三己班主任秦老师调解后，张ＸＸ等同学第二天就去帮助整理家务，社员们很

感动。沈ＸＸ同学给张大妈包下了大部分家务劳动，加煤、点眼药水、洗碗淘米什么都干，孔Ｘ等同学为贫农小孩医治外伤，社员张ＸＸ的小孩被自行车擦破了脚，大家很关心，十几个同学登门问候。所有这些都得到了社员的好评，五保户说："这些同学真不愧是共产党和毛主席教育出来的好学生"。张大妈说："这些同学比我的儿子还好，我儿子还不肯帮我滴眼药水，叠被子，而同学们帮我做了"。同学们的行动，还感动了张大妈的儿子，原来张大妈有眼病，她儿子说："年纪这么大了，还点什么眼药水"。因而不去过问，现在也改变了态度。社员胡ＸＸ说："以前我想进厂当工人，队里不放，我不安心当计工员，看到同学们的行动，又听说你们是步行来的，我很感动，我要学习同学们的精神，一辈子干农业"。

同学们的行动推动了社员搞好环境卫生，好些妇女说："同学们都帮我搞这搞那，到处干干净净，我们自己都不好意思了，以后要注意卫生。"同学们的行动还推动了生产队的工作，队长说："以前我们认为对五保户已经照顾得很好了，同学们来了为五保户做了许多事，说明我们对五保户照顾还不够具体落实，以后要更好地照顾。"该队社员张传全同志说："我们有些社员不想给子弟读书，看到你们来，我们要更好地动员社员子女读书懂道理。"一个星期的劳动和社员建立了感情，同学们临走时，社员们要同学们留地址，要求同学们常给他们写信。高三丙班同学除了帮社员洗衣、洗被褥、洗菜、打毛线、补衣服外，还帮社员倒马桶、教小孩识字写字，高二丙班义务理发员在劳动空隙帮社员小孩理发，深受欢迎，后新塘队的社员要高三陈ＸＸ同学落户到他们那里去，队里准备为她修一间房子，同学们与工农群众相结合的决心和实际行动，给社员很大影响。

农民群众也非常关心同学，同学们还未到，社员就忙着为同学准备住处，怕地面潮湿还事先用石灰消毒，张东队为同学们接起四盏电灯，还特地借来100瓦的大灯泡，让同学们好看书读报，怕同学们夜间出门小便受凉，晚上就给同学们准备了尿桶，第二天天刚亮就帮同学们把尿倒了，一个生产队的社员先后送来了十二只热水瓶，五块钱的水筹（该队靠近炼油厂，在厂里打开水），要同学们用热水洗脸洗脚，住户的桌子拿出来给同学们用，所有的工具都愿让借给同学用，并且主动关心同学的健康，社员听说一个女同学生病，马上就转告队长，队长即时来看望，再三叮嘱同学休息。不少社员还常常来拉着同学去吃饭，同学们都婉言谢绝了。同学们深受农民同志的教育感染，高三己有同学说："农民给我的印象很美。"刘ＸＸ同学说："通过劳动改变了我对农民的看法，我对农民有了新的概念，农民淳朴、老实、热爱党和毛主席，他们为小队为集体为公社为国家辛勤劳动。农民中受苦越深的觉悟越高，越穷的地方觉悟越高，真正体会到什么是革命的基本群众。农村目前虽然还比较落后，谁去改变呢？就想到我们的责任。"高一Ｘ班王Ｘ同学说："农民很有感情，我们对他们还没有他们对我们这样的感情。"已经两次劳动都在一个生产队的高一丁班同学，每个小组都和农民交了朋友，并且准备长期联系下去。廿四队桃子套袋需用的纸袋，他们全包了下来，五月份送去。队里的记工员是个二十多岁的孤儿，他在拖粪时把钢笔丢了，高一丁同学送了他一支。高三甲班有的同学说："一听到号子声就想到农民正在这里苦干"。"我很想和农民在一起，觉得这样很光荣。"总之不少同学在对农村、对农民的认识和感情上，都有了提高和加深。

三、　进一步了解到农村需要知识青年

在劳动中，在和群众的接触中，同学们碰到许多问题，有的队里按照阶级路线找不到一个会计，很多农民不会记工分账，有的青年农民要求入团不会写申请书，农民同志口口声声欢迎同学们下乡落户，这对同学们是非常实际的教育，有些同学从中想到农村需要知识青年，又进一步联系到自己，他们逐步意识到"祖国的需要就是我的志愿，人民的希望就是我的理想。"高三甲班同学反映"队长说要是他有权利的话，一定要留我们三五个同学下来，这说明农民对我们期望很大。"也正是这样，该班有几个同学更加坚定了下农村的决心。高三Ｘ班陈ＸＸ同学说："这次有些社员问我毕业后干什么，我说到农村来，队长就欢迎我落户，要给我修一间房子，可见农村多么需要我们啊！"高三Ｘ班陆ＸＸ同学说："农村面貌要改变，农村要文化、要

科学，农村需要知识青年，我今后务农的决心更大了。"

在这次劳动中不少班级有意识地组织访问农村青年，了解他们在农村中的作用。高一丙班访问了曾经出席过全省下乡知识青年座谈会的一位同志，了解他怎样过思想关、劳动关，而在农村扎下根来的，由于事前看得准，有目的地访问收获比较大。

四、 体会到董加耕的道路是正确的

下农村劳动之前，有些同学对董加耕的道路表示怀疑，认为董加耕没有什么可学的。这次在自己的劳动实践中学习董加耕体会就不同，普遍感到董加耕确实了不起，学习董加耕也确实不容易。赖ＸＸ和赵ＸＸ说："过去对于学习董加耕到底学什么，老实说是不清楚的，党报发了报导，学校要我们学，我们也就跟着学，现在总算弄清楚了，为什么要学董加耕，学什么，怎样学。"施ＸＸ同学说："一天劳动下来已经累得走路也没力气了，中午睡觉总嫌时间不够，晚间累得脚也不想去洗了，倒下来就什么也不知道了，而董加耕白天劳动晚上还要算账，开展各种活动。仅从这一点来说，董加耕就很不简单。"李ＸＸ等同学说："杨家边还留有不少封建思想残余，到了下雨天有的社员还在队长家赌钱，阶级斗争很复杂，要我们下农村遇到这些情况真不知怎么搞了，而董加耕就能向旧势力、坏思想作坚决的斗争，无产阶级立场站得稳稳的，实在不简单。"有的同学说："董加耕在农村还搞科研，要是我们在农村劳动了一天睡觉还来不及，还学什么文化，搞什么科研！而董加耕样样开得好。"通过劳动实践，进一步从思想上找出了自己与董加耕的差距，承认了这个差距，为消除这个差距创造了条件。

在劳动实践中不少同学注意活学董加耕，高三陆ＸＸ说："手上出了泡，身上感到累肩膀也压肿了都想到董加耕是怎么坚持的。"高二孙ＸＸ本来就准备立志务农，觉得自己没有问题了，可是在劳动中一考虑觉得不见得，她想这么艰苦我能顶得住吗，要是我一个人行吗？更感到要学董加耕。她觉得在这次劳动中结合学习董加耕，活学活用，能动脑筋开展思想斗争。高三于ＸＸ说："董加耕能坚持，我能退却吗？应该坚持下去，要做共产主义接班人，要走董加耕的道路，就不能怕艰苦困难。"高二江Ｘ遇到这样一件事，一次她给队里担粪后，在塘边洗粪桶，一个农民见她洗得不干净，就厉声地喊："去！去！去！"她当时很生气，但一想到董加耕如何虚心向老农学习的，气就消了。高三张ＸＸ是独生女，挑了一天泥，晚上脚都不能碰地，思想上有斗争，"我怎么能下农村呢，在家里爸妈照顾得多好。不过这又怎么叫革命，怎么学董加耕呢，不经过这些艰苦磨练怎行呢？！"她终于坚持下去，经受了锻炼。

　　通过劳动，对走董加耕的道路想得比较扎实了。高三陈ＸＸ说："当一辈子农民也真不简单，要建设社会主义新农村，不知要化多少劳动，我过去想得很简单、很天真，认为到农村来，农民一定要让我们干重要的事，可是三天下来，看到农业生产真是很艰苦，要出大汗才行，我要好好学习董加耕，要有充分的思想准备。"

　　在劳动中一方面对学习董加耕有了进一步的认识，也联系思想实际解决了一些问题；另一方面在一些同学中又压出一些不健康的思想来，高三甲有些同学说："担石块还不能算农活中最重的，可是已经压得透不过气来了，更重的农活根本吃不消，只担了几天石头就累得如此了，当一辈子农民、干一辈子农活那能受得了，农业劳动实在太苦。"有的同学过去曾拍胸声音坚决下农村，现在认为过去的考虑不实际，要重新考虑，如果下到苏北农村就更加要考虑考虑，对边远的更艰苦的地方更要多几个考虑了。

　　有的同学说："在学校立大志，到农村后，劳动累死了，就想睡觉，慢慢就会把大志变为中志，再变为小志，最后变得无志了。"反映出这些问题，看上去是后退，实际上是前进，进一步揭露了矛盾，从而为进一步解决矛盾创造前提，为进一步学习董加耕打下基础。事物的发展总是波浪式前进的，只要积极引导，大家思想提高就会更扎实。

五、 进一步加强阶级观点，提高了辨别是非的能力

这次接触农村实际，普遍看到农村形势大好，特别是对农村的阶级与阶级斗争有了进一步的认识，通过访问村史家史，参加生产队评功摆好等活动，提高了觉悟，高一丁班部分同学在议论当前农村还有一些比较落后的现象时，大家认识到这不是农民的过错，而是旧社会造成的。同时从同学们与贫下中农接触中，感到贫农下中农与一般中农不同，贫下中农更加热情淳朴，对于地主富农这类人的表现更是感到什么阶级说什么话。

通过各生产队队长对农村阶级斗争形势的介绍，提高了同学们的认识。同学们在群众工作中，阶级界限清楚，积极为贫下中农做好事。甚至初三同学对于一些言论也能明辨是非，一个同学问一个富裕中农的小孩："你准备做什么样的接班人？"他说："做资产阶级的接班人。"大家认识到这是资产阶级思想影响或是自发的资本主义倾向，是阶级斗争的反映。

取得上述收获主要有三个原因：

第一，坚持读毛主席书，以毛泽东思想挂帅，这次带队的干部教师有三十多人在劳动期间坚持了学毛选，高中600多学生中有一半人劳动期间读毛选。在毛泽东思想指引下坚持劳动锻炼，在劳动过程中部分同学能按照毛主席的教导，要求通过劳动逐步把自己培养成为有社会主义觉悟有文化的劳动者，培养成为坚强的革命后代。劳动前后以方针和条例作为要求与总结的准则，认真反复阅读了《为人民服务》《纪念白求恩》，明确劳动的意义，学习《青年运动的方向》，结合劳动明确革命青年的标准，明确知识青年的革命道路，启发了同学们自觉地要求与工农群众相结合；学习《中国社会各阶级分析》，树立阶级观点，初步学会阶级分析的方法。

第二，同学们带着问题去劳动，在劳动中学习董加耕，用董加耕的精神解决自己遇到的问题。不少同学带着这样一些问题，比如"知识青年下农村是否大材小用？""董加耕下农村是否可惜？"农村是否需要知识青年？董加耕的道路是否正确？等等，带着这些问题在

劳动实践中进行锻炼,带着这些问题向毛主席著作请教,向董加耕请教,运用毛泽东思想、董加耕精神来解决问题,这样体会就比较扎实,比较深刻了。

第三,学习解放军的革命干劲和为人民服务的革命精神,在劳动中大家抢重活干,不少同学坚持行军,注意艰苦锻炼,高二丙等班级,学习南京路上好八连,自己动手编织草鞋。此外同学们还注意发扬解放军的优良作风,注意群众纪律,积极开展群众工作,一帮一,一对红。同学之间也相互关心爱护,高三X班宋X(革命干部子女)有一次被留在队里看家,他不但做好了分配给他的工作,而且还帮助同学洗、补了袜子,生活中处处体现了阶级友爱。

一星期的劳动还存在不少问题,总的来说还是思想锻炼不够,主要表现为以下几个问题:

1、不少同学的劳动目的在不同程度上存在问题。有人说什么目的没有想,有人说下农村劳动可以调换口味,有的说为的呼吸这早春的新鲜空气,有的说吃一吃劳动后的香饭,过一过有意义的集体生活,有人说下农村劳动锻炼肌肉,有人说下农村劳动了解"行情"……等等,所有这些概括起来是两种情况:一种是糊里糊涂,无所谓目的不目的,这叫做为劳动而劳动;另一种是带有形形式式的个人目的,劳动中积极或不积极,抢重活干不服从分配等都往往从"我"出发,起码是有我的因素在里面起作用,这种叫目的不正确或动机不纯,存在这些问题的同学,不论劳动表现如何,思想上锻炼的效果总是不太大的,这是一条重要的经验。

2、知识青年下农村是否大材小用的问题没有完全解决,在相当一部分人中还没解决。有的同学说:"农民没有上学,劳动得很好,我们学的什么达尔文主义都是教条、化学上的化肥,农民未学也会用,我们学过了但不会用,物理上的力的分析,在挑、抬石块时根本用不上,什么合力、分力、下滑力、正压力,你还没有把力的分析算好,人家已将石块抬走好远了,中学的课程都是教条,农业劳动就是凭力气,只要身体好就行,根本用不上知识。"有的同学说:"特别是现在农村生产工具简单,最多用到杠杆原理,不但学的知识用不上,甚至下农村连钢笔也不要带。"有的说："知识青年下农村只有两个作用：看开会通知单、写信，而这两件事也不常有，因而也就可以算没有什么用了。"有的同学说："当队长政治有用，当会计，语文、算术有用，当社员一样也没有用了。"高三成班有些同学以所在的廿二队的知识青年为例，说明知识青年下乡没有作用。总之，部分同学在这个问题上思想有斗争，觉得下农村集体行，个人不行；到农场行，插队不行；到新疆建设兵团行，到苏北不行；等等。这些问题有待进一步学习提高，这里面反映了方针思想在一部分同学中还是不够明确，"学而优则仕"和旧的劳动者的概念在作怪。这也表明了思想斗争和整个阶级斗争一样，资产阶级思想与无产阶级思想，错误思想与正确思想的斗争有反复，要经常提高警惕，不断学习，不断扩大无产阶级思想阵地。

3、有些同学怪农村落后：

他们嫌农村脏，农民不文明，个别同学听说她们取水漱口的池塘，社员刷过马桶，她听到后当时就呕吐。有的同学说："我比农民，就是体力一条不如他们，德和智是比他们绰绰有余的，这些认识显然是不对的。"

同学们思想上存在这些问题，将通过学习董加耕的活动及经常的思想教育来逐步解决。

南师附中　1964.4.14

第3章
正确贯彻党的教育方针
减轻学习负担提高教学质量

几年来我校在上级党委的领导下，在贯彻执行党的教育方针方面取得了一定的成绩。但是，多年来，我校领导干部和教师都经常讨论提高质量，特别是谈到提高质量时，大家异口同声地说："要提高教学质量，负担总要重些的。""要减轻负担，质量就难保证"，这种说法都试验过几次，结果都不能提高质量，都不能使减轻负担和提高质量统一起来。学生的德智体诸方面不能得到生动活泼地主动地发展，问题一直不能解决。学校干部和教师的包袱（怕升学率降低，怕倒掉附中牌子）也就一直背着，而且越背越重。

上学期开学不久就有不少家长反映学生学习负担过重，说学生回家后，晚上很迟才能睡觉，星期日也忙于做作业，得不到休息，教导副主任孙瑞瑾同志也以家长的身份向校长反映："学生负担太重，我的孩子也吃不消了。"教师说："我越教越认真，功夫花了不少，但效果反倒越来越差。"学生说："我越学越努力，能用的时间全用上了，但还是学不好。"在市委教育工作会议中的一天，正是高校招生发榜时，各校负责同志都在窃窃地议论升学率，站在旁边的一个同志轻轻地说了一句："你们考的好呀，下面再看看考不上高校的学生愿不愿意下农村。"会议上发的反面教材文件中有两个高中毕业生成了反革命分子，其中有一个是我校往届毕业生，同志们看到这里就说："啊！是附中的学生呀！这些的确是发人深思的，为什么我们工作这样认认真真，辛辛苦苦地干，教师这样认真教，学生这样努力学，大家都花了这么多时间精力，但质量提不高呢？"为了解决这个问题，使大家提高认识并取得思想上行动上的一致，我们采取调查研究摆事实,学习主席著作讲道理,接触工农劳动锻炼,积极试验改进教法。

一、 调查研究摆事实

我们采用领导亲自召开不同类型的毕业生座谈会,亲自访问参加农业生产的毕业生,派专人调查的方法,调查 1961—63 三届 102 名毕业生的情况,给我们的印象是参加农业劳动的学生精神面貌最好,见到我们最热情,服兵役的学生也很好,在高校学习的除了个别以外也还不错,在家里自学、当寄生者的一部分人——他们不愿到农村去,仍念念不忘升学,考不上学心理不甘,终日处在矛盾、困惑、苦闷当中,总觉得自己比人矮了一截,见不得人,他们对前途没有信心,有的因几次考不上而产生不满情绪、悲观失望情绪,有的甚至走入歧途搞投机倒把、盗窃活动、强奸妇女,收听敌台广播,变成了专政的对象。进一步了解这 102 个学生在校时的表现,发现在校表现好的学生到各条战线上表现还是好,在校表现差的,离校后表现还是差,有的更差了,这使我校深刻地认识到学校教育责任重大。

我们将调查的结果向全体教师作了报告,指出这是我校过去片面追求升学的结果,这实际上是给学生灌输了"学而优则仕""唯有读书高"的思想毒素,不是用社会主义共产主义思想去教育他们,而是发展个人主义,使他们毕业以后一心只想升学,不想劳动,一心追求名利,追求"幸福",这样下去,学校会变成什么样的学校呢?是社会主义的学校呢?还是资本主义的学校呢?是培养无产阶级的后代呢?还是培养资产阶级的后代呢?这就深深地触动了大家的思想,不少教师说:这使我们大吃一惊。教导副主任马 X 说:"留家自学的毕业生精神面貌如此,这样下去,说严重些我们是在犯罪,是在向社会上倒垃圾,办社会主义学校,为什么会向社会上倒垃圾呢?"教导副主任孙 X X 说:"我住的那个街道办事处,就有各个学校毕业的一百几十个这样的学生,他们年轻力壮,过着寄生生活,再办十年学校社会上就会增加多少寄生者,这怎么得了!"外语教研组长吴 X

X说："我们培养的学生有些人成为有资产阶级思想的有文化的寄生者，这是吃了社会主义的饭，干的资本主义的活。"大家认识到必须正确贯彻教育方针，把学生教好，使他们真正成为有社会主义觉悟的有文化的劳动者。

我们召开了在校各年级学生的座谈会。有学生说："我从小学到中学念了十多年书，大小城市的学校都读过，总感到越读负担越重，很难做到各科教师都喜欢我，要做到合乎学校各项要求就更不可能了。"有的说："过去题目看来做得很多，但实际所得甚少，因为根本没有时间去想，只是忙着赶。为了抢时间，交好差，就创造了对答数，参考别人，互相启发的快速作业法。"有的说："我们过去学习是抢时间吃饭，没时间消化。"又说："过去只开学初几周比较主动，以后就被动了，忙于应付考试。"老师们听了这些话，就说："这与我们片面追求升学的思想也是分不开的。"有的教师说："为了追求升学，我们在教学上就采取了以作业督促，以分数刺激，以补充填塞，以考试压服的办法要学生学习，平时课内讲得多，加快点进度，好在毕业前多点时间复习；额外增加不少补充教材补充习题，课外作业布置得多，包括历届高考试题，给学生都见见面；编印复习提纲；喜欢多搞考试测验，认为考过一次，印象深刻；笔记本很多；在课外争时间抢空间，认为这样做高考不吃亏。"

但现在事实告诉我们，这样干的结果是学生课内练习少，独立思考钻研少，课外支配时间少，终日被动应付，主动性差，事事依赖老师，自觉性不强，自学能力差，不仅如此，学生因忙于作业、考试，就没有或很少有时间看各种书报杂志，参加社会活动，参加文体活动，自己洗衣服等。这不仅学习质量提不高，而且影响了学生德智体得到生动活泼地主动地发展，他们想得最多的就是分数，就是升学，其实就是"我"。教师呢？也是终日埋头作业堆里不能自拔，因而备课时间少，接触学生调查研究少，关心学生思想健康少，教学上的创造性少。这样，师生终日疲于奔命，时间精力浪费很多，党的教育方针未能得到正确的贯彻。大家认识到这是不从党的教育方针教育的根本目的任务出发，不从学生实际出发，不从效果出发，只顾本门学科的主观主义、形式主义、本位主义思想在作怪，致使教学方法上的繁琐哲学、死教、死读、死记、死考等现象得不到克服。有的教师说："我过去教学对学生没有按大纲教材来要求，而是按个人意愿来要求。我教学总希望学生都成数学家，总喜欢学生花在数学上的时间越多越好。"

我们召开了各年级同班教师座谈会，请各科教师谈谈自己教的这一科目用几本本子，每周给学生布置多少作业，估计完成它要多少时间，一学期测验考试几次。如高一丁班上学期同时要用 25 本本子，本学期要用 21 本，按老师布置的作业每周要花 26 小时才能完成，测验考试几乎周周有，仅外语一周就干了三次小测验。老师们原来以为学生学习负担并不是太重的，但这样总加起来一看，都认为学生学习负担过重。过去各人只看到自己教的这一门，而没有从全面来看问题，这样必然使学生没有时间问政治，必然影响到学生的休息与活动，要么就完不成老师提出的要求。既然如此，怎么办呢？就让大家研究改进教学方法，减轻学习负担、提高教学质量的方法。学校集中了大家的意见，提出了改进教法减轻负担提高质量的措施。

二、　学习毛主席著作讲道理

在摆事实的同时，为了进一步提高大家的认识，我们除组织教职工经常学习《全日制中学暂行工作条例（草案）》和中央有关教育方面的指示及报刊上有关教育方面的文章外，还组织教师学毛主席提出的教育方针及有关教育的指示，《为人民服务》《纪念白求恩》《实践论》《中国青年运动的方向》《中国社会各阶级的分析》等文章，组织职工学习毛主席的《为人民服务》《纪念白求恩》《关心群众生活改进工作方法》等文章。领导干部除必读教师、职工、学生所学文章外，还要根据自己的条件选读部分文章，通读毛选。我们提出学习毛主席著作的目的指导工作改造思想，要求是活学活用好，改造思想好；方法是带着问题学。如教师带着教学为什么，职工带着工作为什么去学习《纪念白求恩》《为人民服务》，教师带着克服教学中的主观主义问题去学习《实践论》，职工带着改善服务态度的问题去学习《关心群众生活改进工作方法》。同时，请领导同志来校做报告，讲道理。更经常的是教师间把毛选的心得体会、参观访问接触工农后的认识互相交流讲道理，陪同学生下乡劳动访问的老教师们，回校后就向全校教师讲了他们的认识体会，参加社会主义教育的老师回校后也讲他们的体会，这样众相互自我教育，效果较好。

通过学习初步认识到过去片面追求升学的思想实际上是受资产阶级"唯有读书高"的思想的影响，大家被这个思想牵着鼻子走，越来越把自己束缚起来，只想到为学校争取"荣誉"，用很多的方法，用分数、考试来督促刺激学生学习，而没有看到这样长此下去是不能培养出无产阶级的接班人，而且学校有变色的危险，会变成修正主义的窝子，给资本主义复辟开辟道路。认识到光学知识没有毛泽东思想，没有劳动，就会培养成精神贵族，就会出修正主义，进一步明确了我们办教育的根本目的是培养坚强的革命后代；明白了什么叫提高质量，怎样才能提高质量。认识到过去的那种想法、做法从根本上说，是由于缺乏阶级与阶级斗争的观点，不相信学生主观能动作用所致。

通过学习，初步认识到要提高教学质量必须加强全局观点，认识到过去那种争时间抢空间的做法是只顾智育不顾学生德智体全面发展，是只看到本学科，把自己所教的科目放在不适当的地位；不懂得提高质量首先必须提高语文、数学、外语等工具课的质量，认识到过去的做法是要整体服从局部，而不是局部服从整体。

通过学习，进一步明确了工作的目的性。外语教研组长吴ＸＸ老师说："提高质量、减轻负担不仅是方法问题，而是方针思想问题，是是否带着方针思想来教学生的问题。"他在学了《纪念白求恩》、排了五个队，即专门为私，先私后公，公私兼顾。"又问了自己工作的目的到底是为了培养革命的接班人呢，还是一切首先为个人，即为了树立个人的威信，觉得自然而然地站到"先私后公"的队伍去了。他并说："我开始觉察到，我必须在工作目的性方面革自己的命，我决定要革这个命！"

通过学习，认识到过去教学中的主观主义、形式主义害死人，主观上认为"取法乎上仅得其中"就能提高教学质量,于是花很大力气去补充教材、补充习题、编写提纲,丢开了书本,脱离了学生实际。这样,教得认真,学得努力,但质量还是不高。大家深刻地体会到只有吃透两头才能有效地提高教学质量。数学教研组长陶X老师说:"要教得好,就必须根据大纲,扣紧教材,从学生实际出发。"

三、 接触工农,劳动锻炼

过去不能正确贯彻方针的最根本的原因是阶级观点薄弱,对劳动人民缺乏感情。为了解决这个问题,我们组织能参加劳动的干部、教师分期分批参加农村社会主义教育运动,其中一部分教师轮流带高中、初中毕业参加农业生产的学生下乡,平时初三以上教师每学期带学生下乡劳动一周,初一、初二教师随班在校劳动。不能参加劳动的干部、教师,每学期学生下乡时组织他们到农村参观访问。

通过接触工农、劳动锻炼,首先增强了阶级与阶级斗争观点,进一步认识到教育的根本性质是无产阶级与资产阶级争夺后一代的阶级斗争,体会到培养学生成为坚强的革命后代的重大意义。老教师任XX在这次下乡访问回来说:"不同阶级有不同的阶级利益,在送子弟入学时,也有不同的目的。最突出的是农中的一位学生家长老贫农,双手握住校长的手,千叮万嘱,一定要把他的儿子的珠算教好。因为目前全队里除了地主儿子外,自己人没有一个能写会算的,只好把会计这个印把子暂时交给地主的儿子,急等自己的儿子回去接过来才放心。贫农就是以这样明确的目的送他们的子弟入学的。究竟按照谁的利益和要求来办教育呢?我们的教育方针做了明确的答复,那就是为无产阶级政治服务,教育与生产劳动相结合。那位贫农期待自己的儿子赶快接过掌握在地主儿子手里的印把子的老贫农的心,也就是千千万万贫下中农的心,他反映了翻了身的广大劳动人民是多么迫切地要求掌握文化,多么迫切地要求教育为他们服务。"数学教师唐XX说:"地主、富农、资产阶级想利用学校这个阵地来取得他们今后翻身的本钱,我们教师要做到吃社会主义的饭为社会主义服务，而不是为资本主义服务。必须教好工农子弟。"参加农村社会主义教育的老师写信回来说："现在敌人和我们争夺三种人，一是争夺干部，二是争夺富裕中农，三是争夺青少年。敌人千方百计在把青少年拖向资本主义道路。体会到教育青少年一代很重要，我们教师的责任重大。"

其次，对农民在思想感情上起了变化，有了新的认识。参加社会主义教育运动的老师说："我们开始热爱贫下中农，他们听党的话，接受党的教育最快，他们朴实，能吃苦。"老教师下乡访问参加了农民的评功摆好活动后说："农民精神面貌很好，觉悟很高，不是我们过去想象的农民，对社会主义社会农民的形象有了新的印象。"说："贫下中农阶级感情那样鲜明，老老少少口口声声说'共产党、毛主席喜欢穷人'说得多么真诚恳挚，生动有力。""农民表里一致，朴实热情，你对他一分真心，他对你十分真情。""农民的集体观念在变化成长，能处处为集体着想，是非清楚。"

第三，体会到农村迫切需要知识青年，我们的教育应该为提高国民经济的总方针服务。教师们在下乡访问后说："农村是知识青年的广阔天地，农村中知识青年太少了。我们一定要努力做到一大批有文化有觉悟的学生走向农业第一线。"又说："知识青年下农村不是大材小用而是大有可为，把学校中所学的理论知识和农村实际结合起来就能发挥很大的作用。过去我认为做农民没有什么难，只要身体好，力气大就行，现在认识到这种想法是不正确的，党所号召的知识青年下农村，并不单纯要他们做一个普通的农民，他们把文化科学带下乡，把落后的农村改造为社会主义的新农村。"

老师们在与学生同劳动中，还体会到教育与生产劳动相结合的必要。他们说："看到学生行军在路上与在农村劳动中的表现，感到他们比在学校里更可爱了。深深体会到党提出教育与生产劳动相结合的方针是非常正确的。"参加社会主义教育的老师还感到过去教育学生的方法有问题。他们说："我们在农村为了教育团结九五成以上的干部和社员，采取耐心、耐心、再耐心，教育、教育、再教育，等待、等待、再等待的态度和办法，而我们过去对学生的教育却是简单指责批评多，这是不符合教育原则的。"

以上这些事实告诉我们：要办好社会主义学校，正确贯彻党的教育方针，就必须依靠党的领导，依靠教师的革命化、劳动化。要使教师革命化、劳动化，组织他们接触工农、参加劳动锻炼，是一个十分重要的途径。

四、 积极试验，改进教法

为了正确贯彻教育方针，减轻学习负担，提高教学质量，改进教学方法，发挥学生学习的主动性，这是一个十分重要的，也是一项十分复杂细致的工作。为此，我们就与教师研究改进，要求必须带着方针思想来改革，目标要准，决心要大，态度积极，工作细致。同时深入一个级，一个班，帮助教师积极试验。经过这段时期的实践，现在课堂教学已改变了教师讲得满满的，黑板上写得满满的，学生本子上记得满满的现象。讲得能扣紧教材，不添油加醋东拉西扯，也不再另加提纲抄笔记。做到课内有讲有练，学生已经懂的或基本懂的东西，引导学生自己思考钻研，教师作些指点；学生难于领会的"难点"以及重点、关键地方，则由教师精讲。讲课打破了过去的老框框，能从效果出发，注意启发学生积极性，指导学生活练。如最近听了高一丁班语文茅盾的《风景谈》一课，老师先用简单几句话点名主题，接着就提出要求，叫学生预习这堂课要讲的部分。教师在巡回指导中掌握了难字、难句，然后把几个难字写在黑板上，带着学生正音并解释，接着就分别叫学生边读边分析课文，碰到困难处则由教师讲解，并不时启发引导学生去体会文章的层次结构。每一层的中心意思，它表达了作者怎样的思想感情。在这过程中，能鼓励学生积极发言，调动学生学习的主动性。课堂里出现了教的活泼学的主动的新气象。

数学课过去学生说课内松，课外紧，因为课内只带两只耳朵听，课外却忙于做作业，很紧张。现在情况却大不相同了。如最近初一丁班代数《通分》一课。教师首先问学生："你们在小学算术里学过通分，还记得通分的法则吗？"学生答："先求出各个分式的分母的最低公倍数,作为公分母,再用公分母除以原来的各分母取得的商去乘原来的分子,作为各分式的分子。"教师说:"对!代数里的通分与算术里的通分是同一个道理,试着做做看。"就写了三个算术分式与三个代数分式,要求学生回答如何通分,学生口述,教师在黑板上写,结果全对了。接着就叫学生阅读教科书上《通分》这一章节,教师随即把书上的四个例题写在黑板上,待学生阅读完毕,就让学生讲一讲代数通分的法则,并叫学生讲出黑板上一、二两道例题的解法,教师记录。并叫学生指出例一与例二有什么不同。学生答:"例一的分母是单项式,而例二的分母是多项式,通分时先要因式分解。"教师说:"对!再看例三与例二有什么不同?"学生答:"只是多一个公式,做法一样。"教师说:"对!那你们都会做吗?"学生说:"会。"这个例题就不讲了。还有一个例四看来比较困难。教师点出:"把各分式的分母都提出一个'-'号来,看看如何。"一写出来,大家恍然大悟,下面几步一看就知道怎么做,也就没有再做下去了。最后还有20分钟,当堂做了书上的六道练习题,有6人板演,然后根据板演评讲,学生都会了。这一堂课的课外作业也是六小题。因为教法有了改进,学生在课内练习机会增多,课外作业相对减轻。而且,除语文、数学、外语、物理、化学五门适当布置作业外,其余各科都在课内解决,不布置课外作业;初中理、化很少布置。并且做到了不在课本以外补充作业题。语文、外语的分量也不超过教材的规定。过去还有指定学习好的学生帮助学习困难的学生,和叫学生到小组长那里去背书的现象,现在得到纠正。这样,学生在课后就有比较充裕的时间去熟练、消化学到的知识了。

  考试、测验,过去是教师用来督促、刺激学生学习的一种方法,使学生经常处于一种被动与紧张的状态中,随时提防着教师来搞突然袭击。现在这种情况也改变了,单元考试取消了,期中只考语文、数学、外语,高中加考物理、化学,平时考查也尽可能采用练习方式,而且主要目的是检查教学效果,以便发现问题及时改进。外语教师吴ⅩⅩ过去默50个单词错一个扣2分,一班卷子很快就改完了。现在可不然,他一个一个地登录,分析哪几个单词大部分学生没掌握,并研究其原因,再在课上评讲。有一次他发现"destiny"这个词,大部分学生都错了,而且错得一样,把"des"写成"dis",想到这是由于没把"i"与"e"的读音规则讲清楚,而且"dis"是反义词的前缀,在课堂评讲以后,就再没有搞错了。这样比评分发下去效果好得多。

现在学生在课余时间内完全可以根据自己的兴趣爱好去干自己喜欢干的事。但这也不是完全放任自流,我们尽可能给同学创造各种条件,积极引导。如组织了文学、数学、外语、无线电、气象等各种学科小组,出版了时政、文学、数学、外语、物理、化学、生物、历史、时事地图等九种学术墙报,举办各种讲座,在自由报名原则下举办作文、演讲、写字、数学、外语背诵等竞赛,改进图书馆工作,定期介绍新书,开放了理化实验室,还充实了文娱、体育设备,积极而又适当地开展各种文娱、体育活动。

另外,我们还重新安排了劳动。除定期到十月公社劳动,在平时结合初中及高一的生物课,建立了实验园地(包括蔬菜作物、经济作物,家禽家畜的饲养等),由生物教师指导,检查考核。通过这项活动来培养学生对农业的兴趣,贯彻理论实践结合的原则,使学生获得一定的农业生产知识和技能。我们特别注意在日常生活中来培养学生勤劳俭朴的品质与为集体服务的精神,除坚持了各班卫生绿化包干制度外,还教育学生主动为学校修补图书、粉刷宿舍、教室的墙壁,帮厨等,并教育他们要自己洗衣服,通学生回家要帮助家务劳动。

五、 生动活泼,气象一新

由于我们初步提高了认识,改进了教法,注意了调动学生学习的自觉性主动性,学校就开始出现了生动活泼的新气象。学生普遍现在学习主动了,学得比以前更扎实了,也有时间看主席著作、看报纸杂志、看课外读物了。如高三杨ⅩⅩ同学说:"过去学习是苦事,上课苦,作业苦;知识掌握不好,学习没有信心,愁考不上大学。现在学习是乐事,学习目的明确,放下了片面追求升学的思想包袱,从被动转为主动,课余自己能掌握时间,真正掌握了所学的知识。每天还能看报与看点课外书。"开学一个多月来,他已经把从高一到高三语文课本上选录的毛主席著作全部看了一遍,还看了"一评"到"八评"八篇文章,看了董加耕的务农日记。高二朱ＸＸ说:"过去只是忙着赶作业,没有复习思考的余地,现在能有时间预习功课,独立思考了,知识掌握得比前牢固。过去订了《中国青年》,但没有时间看,现在有时间看了。"还有同学反映:"过去上课担心,提防下一堂可能要考试,睡午觉也不安心,担心下午上课测验。现在解除警报了,上课能安心听,中午能安心睡了。"高一丁的同学说现在也有几个多几个少,就是"自由支配的时间多了,学习的自觉性多了,读毛选、看报的多了,预习复习课文的时间多了,独立思考多了,各科兴趣爱好发展多了,休息时间多了。相反,紧张少了,被动少了,依赖少了。"高一Ｘ班主任胡ＸＸ说:"开始时还有顾虑,怕学生自觉性跟不上,浪费时间,怕独立思考钻研反而不好,怕知识质量降低。现在同学们说的七个多,解决了我三个怕。"教师吕ＸＸ说:"学生的自觉性主动性一调动起来,是坚无不摧、战无不胜的,这证明人的因素第一,思想工作第一。开始时,我担心学生会不好好学习,现在我却放心了。"青年教师汪ＸＸ说:"过去学生负担过重,教师负担也很重,我过去连星期日也是整天改作业,现在就有时间认真备课,自己进修,与学生多接触抓学生的活思想。"从教学质量来看,也是有提高的。初一数学教师顾ＸＸ说:"过去教同样的章节,学生在练习中的错误比现在多,而现在学生的练习很少有错误。"通过这一段实践,也解决了老师们思想上的一个问题。开始总认为提高质量与减轻负担是对立的,要减轻负担就不能提高质量,要提高质量就必然加重负担。其实它们是辩证统一的东西,关键在于正确处理两者关系。现在,绝大部分教师都在积极试验改进教法。

有时下午课余时间,我们到学校各处去走走,就看到图书阅览室、运动场、俱乐部都是满满的,也还有不少同学在看报纸杂志,在听讲座,在编墙报,在实验园地上劳动,在打扫包干区,在盥洗室里洗衣服,在排练文娱节目,也有少数感到困难的学生在教室里补习功课,有的在互相谈心。到处出现生动活泼的景象。据初步了解,高中

628人中，上学期一学期读过毛主席著作的264人，本学期已有520人在读毛选。据图书馆统计，上学期第五周借出的图书（包括在阅览室借的）共832册，而本学期第五周借出的图书是1383册。现在每天下午总有200人左右到图书馆阅览室里去。从高一丁班了解的情况来看，全班47人，上学期看过毛选的9人而现在47人周周看毛选，结合周记写心得，他们已看过《为人民服务》《纪念白求恩》《青年运动的方向》等；天天看报的，从上学期24人增加到45人；除作业外还能复习消化课文的，从上学期的7人增加到41人；每周都能看点课外读物的，从21人增加到37人；中午能休息的，从26人增加到37人，还有10人是走读生中午没事就做作业，晚上看课外书；20个通学生中晚上能在10前睡觉的，过去14人而现在有17人，另3人迟睡是看小说的。

从这一阶段的实践来看，只要坚持学习毛泽东思想加强人的革命化，改进教学方法，减轻学生学习负担提高教学质量是完全可以办到的。我们的工作才开始，还有许多问题需要进一步通过学毛主席思想与教学改革的实践来逐步解决。

南师附中 1964年4月

第4章
半年多来学校工作的报告

近几年来，我们在贯彻执行党的教育方针方面，总是认认真真地做了些工作，付出了不少时间和精力，但是客观效果与主观愿望并不是一致的。

一、 问题在哪里呢？

1963年1月，参加教育部在上海召开的部分中学校长座谈会，会上我们汇报工作时，领导同志插了一句："你们有没有片面追求升学率的包袱？"当时口头上没有肯承认，但是心里却感到有这个问题，也能认识到这是不对的。会议结束回校后，参加南京市的数学竞赛，我校未得到名次，学生、家长、社会各方面的舆论压力很大。当时，我们的认识又回过头来了，认为不论怎样，知识质量不高总是不行。高校发榜时市里正在开教育会议，会议间休息时，有个同志说："你们考的不错。"另一个同志说："下面要看考不取高校的学生愿不愿下农村！"会议上发的材料中有一个反革命分子是我校1957届的高中毕业生，同志们看到这份材料就说："啊！这是附中的学生呀！"当时，感到我们在贯彻执行党的教育方针上有问题。思想上有所震动。但是，上学期一开学，学生学习负担还是很重，不少家长反映："孩子晚上要很迟才能睡觉，星期天也忙作业，得不到休息。"教导副主任孙ＸＸ同志也以家长的身份向校长提意见说："学生负担太重，我的女儿也吃不消。"这时我们还是只重视知识教育。

开学不久，上级即派工作组来调查学生负担情况，同时，我们也随教育厅去苏北视察学校，看看人家想想自己，确实感到学生学习负担过重，教学质量不高。但是，总还觉得我们培养出来的人还不错，还没有看清片面追求升学率的危害。接着我们亲自召开各种类型学生的座谈会，亲自访问参加农业生产劳动的毕业生、派专人调查了1961-1963年三届104个毕业生的情况。发现参加农业劳动的学生精神面貌最好，而在家自学、在社会上浪荡的一部分毕业生的思想情绪非常"灰"。进而分析了这104个学生，在学校表现好的毕业后到各条战线上去表现还是好，在学校差的离校后表现还是差，有的表现还更差。这才使我们触目惊心，感到问题严重，认识到过去实际上是给学生灌输了"学而优则仕""唯有读书高"的思想毒素，是在发展他们的个人主义，而不是培养他们都成为有社会主义觉悟有文化的劳动者。这时我们就认识到了学校教育的责任重大。

但是，怎样造成这样的结果的呢？我们又进一步调查了在校学生、教师，教师说："为了片面追求升学率，我们在教学上采取以作业督促，以分数刺激，以补充题目填，以考试压服等办法让学生学习。"学生说："过去题目做得很多，但没时间去想想，所得甚少。""过去学习好像是抢时间吃饭，没时间消化。""终日忙于应付作业，应付考试。"这些作法，搞得学生疲于奔命，学习消化不良，效果不好。这就是片面追求升学率的结果。这才使我们进一步认识到片面追求升学率就是资产阶级教育思想当前在学校的突出表现。这个问题是关系到培养无产阶级后代还是培养资产阶级后代的大问题，是关系到办社会主义学校还是办资本主义学校的问题。这个问题不解决，要办好社会主义学校是根本不可能的。

二、 用毛主席思想武装教师

我们把调查研究的情况，向教师作了报告，也请负责同志给教师讲讲，都指出过去不能正确地贯彻执行党的教育方针，使学生负担过重，教学质量不高的根本问题，是资产阶级的片面追求升学率的思想影响没有得清除，这就进一步滋长了教学工作中的主观主义、形式主义和分散主义，同时，也给学生灌输了个人主义。我们必须以苏为戒，必须解决这些问题，必须认真学习毛主席的思想，用毛主席的思想来克服资产阶级的教育思想。针对这些问题，组织全体教师开始了毛主席思想的学习。

为了解决工作目的性的问题，我们组织大家学习《为人民服务》《纪念白求恩》等文章，学习中有的教师自觉地检查了过去处处为"我"着想的错误思想，提高了思想觉悟。如外语教师吴ＸＸ在学习心得中写道："我与白求恩同志的毫无自私自利的精神差的远得很。我排了五个队，即专门为私，先私后公，公私兼顾，先公后私，公而忘私，认为我属于公私兼顾——即既有认真地把事做好的责任心，又有权搞个人威信的打算。其实质为公的动力却为私，还谈什么所谓公私兼顾呢？自然而然地站到先私后公的一边了。这就必须解决工作目的性问题。"物理教师徐ＸＸ写道："不意识到我们的每一工作都是为直接培养坚强的革命后代服务，那么就会出现吃社会主义的饭为资本主义服务的结果。"

我们究竟应该培养什么样的人？怎样才算把学校办好？提高？对这些问题，事实上是存在着不同看法的。不少人思想上是从考大学着眼，是从智商着手，这是关系到对党的教育方针的正确还是歪曲的认识与贯彻的大问题。为了解决这个问题，我们组织大家重新学习毛主席在《关于正确处理人民内部矛盾问题》中提出的教育方针，学习了"全日制中学暂行工作条例（草案）"部分以及有关文件。通过学习，大家进一步认识到，片面追求升学率，单纯的以升学多少来衡量学校办得好坏，教师教得好坏，实际上是资产阶级教育思想的反映。如语文教师徐ＸＸ说："要认真贯彻党的教育方针，必须进行认真的自我改造。'万般皆下品，惟有读书高'的思想，深深地印在我的头脑中，总认为升学是青年最好的出路，读书可以不劳动。因为世界观没有得到改造，自然无法正确理解党的教育方针，而且可能按资产阶级观点去办学。"数学老师陶Ｘ说："由于我有'唯有读书高'的思想，我就必然被单纯升学的思想牵着鼻子走。而我的升学第一思想也就渗透到学生头脑里，这就无形中灌输给学生浓厚的个人主义思想，从而引导学生走资本主义的道路。现在想起来感到非常痛心。"在学习中我们还引大家联系当前国际，国内阶级斗争的形势，来加强培养坚强的革命后代的责任感,教师们纷纷表示要学习郭兴福的教学方法带着党的教育方针去进行教学,把学生培养成为可靠的革命接班人。

培养什么样的人和提高质量的标准明确了,还必须解决教学中不从教材与学生的实际出发,不从效果出发的主观主义、形式主义的毛病,还有只顾局部不顾全局的本位主义思想。为此,我们又组织学习了《实践论》,从根本上来认识这个问题。化学教师柯ＸＸ说:"学习了实践论,认识到克服主观主义十分重要,如负担问题,过去一直认为学生不压不行,否则就会自流。这学期提出要减轻学生负担,提高教学质量,我就担心学生会放松学习,但从实践中得到了答案,绝大多数学生责任心强了,都能积极主动地学习,从而纠正了我的看法。"物理教师戴ＸＸ说:"过去认为提高教学质量是要灌得多些,习题做得多些,总是从主观想象出发,以自己对课本理解的步骤方法来代替学生接受知识的过程。现在我认识到要减轻负担,提高质量必须吃透大纲、教材和学生两头,从教材和学生的实际出发来进行教学。"语文教师李行说:"学习了实践论,认识到过去教学效果不好,是由于主观主义的教学,这学期加强了调查研究,注意鼓励表扬加强了为革命而学习的教育,学生积极性提高了,十几个中下等的学生有了较显著的进步。"其他教师也都认识到"经常进行调查研究,从效果出发,是提高教学质量的必由之途。"为了克服本位主义,我们还向大家讲了毛主席在"中国革命战争的战略问题"中所讲的"有所失才能有所得"的道理,以及下棋的道理。这样大家就比较能从全局出发来看问题了,认识到虽然课外作业负担减轻了,对一般课程少花了些时间精力,这是"损失",但我们获得的将是整个教育质量的提高。

解决了以上这些问题以后,就大大提高了教师们改革教学的自觉性,但在改革中,有人感到有困难,没有信心,缺乏办法。我们就组织大家学习"愚公移山"来树立不怕困难,敢于去克服困难的勇气与决心,培养敢于创造的精神。另外又学习了"教授法""ＸＸ日报""培养生动活泼的主动的学习空气""启发式的教授法"的设论短评,学习郭兴福的教学法与上海育才中学的经验。这给大家的启发很大。物理教师胡ＸＸ在学习运用郭兴福教学法后说:"教学双方齐动脑,正误对比方法好,领会深刻学得牢,脑子越练越灵巧。"

现在，全体领导干部、教师、职员人人都学毛选，以往，不少教师感到学习理论很难联系实际，现在感到联系实际的内容很丰富。我们看了59人的心得笔记，他们都自觉地联系对党的教育方针，培养目标的认识，以及教学中患得患失的情绪，主观主义的思想方法和教学作风等等，作了检查和分析。我们深深地体会到只有认真地学习毛泽东思想，才会有共同的语言，才能自觉地改造思想，党的方针政策才能得到正确地贯彻。

不仅教职员学毛选，学生、工人学习毛选的人也越来越多，高中628个学生中就有520多人在自觉地学习毛主席著作，初中学生也有学的。连最近初三以上学生到公社劳动中，还有一半以上的人带着毛选坚持学习。炊事员在学习了《关心群众生活，注意工作方法》后服务态度与服务质量大有改进。

组织领导教职工学习毛选，必须有明确的目的要求。我们的教职工提出为革命而学习毛选，为指导工作改进思想而学习毛选，要求活学活用好；改造思想好。方法是"带着问题学"，如带着方针思想问题，工作目的性问题，全局观点问题，教学方法问题，阶级观点问题，知识分子革命化问题，艰苦奋斗等问题学习毛选。要使教职工学毛选，关键首先是干部带头学，带头谈体会，写心得。我校干部分头参加各教研组和教师职员一起学。如有特殊事不能去参加学习要向组长请假，这样做一方面起带头学的作用，一方面起指导的作用，其次是及时发现好的苗头，予以鼓励，提出新要求。如写心得能联系思想实际，就予以鼓励，要求落实到工作实际中去；如开始写心得是认识方面的多，就要求他们再写行动中的体会，这样就能不断巩固和发展认识。同时加以宣传推广，达到相互启发相互促进的作用。第三是启发自觉安排学习时间，不增加多少负担。我们的教师学习毛选，写心得时间，固定安排在每周三下午。学生学毛选的时间在课余时间内进行，写心得与写周记结合起来，这样就不会增加师生负担，才能坚持学下来。第四要定期召开学习毛选的座谈会，了解检查学习效果，学校布置检查总结工作时间要同时布置检查总结学习毛选的情况。

三、 组织师生参加劳动接触工农

要办社会主义学校，就必须依靠党的指导，依靠知识分子的革命化，毛主席在《青年运动的方向》一文中教导我们：革命的或不革命的或反革命的知识分子的最后的分界，看其是否愿意并且实行与工农民众相结合。毛主席又在《延安文艺座谈会上的讲话》中教导我们："中国的革命的文学家艺术家，有出息的文学家艺术家，必须到群众中去，必须长期的无条件地全心全意地到工农兵群众中去，到火热的阶级斗争中去，……"毛主席的这些教导告诉我们，知识分子只有经常参加劳动接触工农，才能逐步劳动化，革命化。搞教育工作的知识分子，也不例外地只有经常参加劳动接触工农，才能逐步劳动化、革命化，从而才有可能执行教育为无产阶级的政治服务、教育与生产劳动相结合的方针。另一方面从我们自己带学生劳动和访问参加农业生产劳动的学生中，也深深感到只有亲自劳动接触工农，才体会到这是知识分子劳动化、革命化的重要途径。所以，我们就有计划地指挥师生参加劳动接触工农。

我们组织干部、教师参加劳动接触工农有三种形式，开始是派政治干部、政治教师轮流带参加农业生产的高初中毕业生去劳动锻炼一年，但其他干部和青年教师向学校提出："带学生下去劳动锻炼的办法好，就是轮流太慢，要几十年才能每人轮一遍。"这就促使我们走第二种途径——组织教师分期分批地参加农村社会主义教育运动。当即把这个办法提出和教师商量，他们一致拥护纷纷表示要求去，那课谁教呢？他们说："现在我们教的课比1957年少了，可以多调课，相互支持一下，就可解决，只要学校分派我们下去的任务，教务我们自己去安排解决。"到目前为止已经去了九人，今年还有两批再轮流下去20多人，明年内可以轮流完。接着有些年老体弱的干部、教师又向学校提出一个问题："年轻人的劳动锻炼解决了，那我们怎么办呢？"这又促使我们想第三个办法——组织年老体弱的干部、教师参观访问农村和慰问参加农业生产劳动的毕业生。这个办法深受教师欢迎，已把它固定为制度。除此而外，教师平时还随学生到人民公社劳动或校内实验园地上劳动以及日常生活中的清洁卫生等服务性的劳动。我们认为组织教师参加劳动、参观访问、参加农村社会主义教育运动、接触工农的目的，就是改造思想，改造世界观，促使知识分子劳动化、革命化。也就是通过接触工农增强阶级与阶级斗争的观点，树立教育为无产阶级政治服务，教育与生产劳动相结合的方针思想，树立教育为以农业为基础，以工业为主导的发展国民经济总方针服务的思想，树立教育为阶级斗争、生产斗争、科学实验三大革命运动服务的思想。从而进一步认识到学校必须正确地贯彻执行党的教育方针，只能培养坚强的革命后代。否则就不是社会主义的学校。

通过初步实践，我们有两条体会。一是引导教师自觉地改造思想改造世界观的一个好办法。一是培养又红又专的干部和教师的一个好办法。教师们参加劳动、参观访问和参加农村社会主义教育运动后有如下几点变化：

首先，阶级与阶级斗争的观点增强了，认识到教育应该为阶级服务，应该培养什么样的人。老教师任应培老师下乡访问回来说："不同阶级有不同的阶级利益，在送子弟入学时，也有不同的目的，最突出的是农中的一位学生家长老贫农，送儿子入农中时，双手握住校长的手，千叮万嘱，一定要把他的儿子的珠算教好。因为目前全队没有一个人能写会算，急待自己的儿子回来担负起会计工作。"老贫农就是以这样明确的目的送子弟入学的。究竟按照谁的利益和要求来办教育呢？我们的教育方针做了明确的答复，那就是为无产阶级政治服务，教育与生产劳动相结合。那位老贫农的心，也就是千千万万贫下中农的心，他反映了翻了身的广大劳动人民是多么迫切地掌握文化，多么迫切地要求教育为他们服务。"数学教师唐世中说："地主、富农、资产阶级想利用学校这个阵地来取得他们今后复辟的本钱，我们教师要做到吃社会主义的饭为社会主义服务，而不是为资本主义服务。必须把工农子弟教好，把地主、富农、资产阶级子弟溶化过来。"参加农村社会主义教育的老师写信回来说："现在敌人和我们争夺三种人，一是争夺干部，二是争夺富裕中农，三是争夺青少年。敌人千方百计在把青少年拖向资本主义道路。体会到教育青少年一代很重要，我们教师的责任重大。"

其次，对农民在思想感情上起了变化，有了新的认识。参加社会主义教育运动的老师说："我们开始热爱贫下中农，他们听党的话，接受党的教育最快，他们朴实，能吃苦。"老教师下乡访问参加了农民的评功摆好活动后说："农民精神面貌很好，觉悟很高，不是我们过去想象的农民，对社会主义社会农民的形象有了新的印象。"说："贫下中农阶级感情那样鲜明，老老少少口口声声说'共产党、毛主席喜欢劳动人民'说得多么真诚恳挚，生动有力。""农民表里一致，朴实热情，你对他一分真心，他对你十分真情。"

第三，看到了农村迫切需要知识青年。教师们在下乡访问后说："农村是知识青年的广阔天地，农村中知识青年太少了。我们一定要努力做到使大批有文化有觉悟的学生走向农业第一线。"又说："知识青年下农村不是大材小用而是大有可为，把学校中所学的理论知识和农村实际结合起来就能发挥很大的作用。过去我认为做农民没有什么难，只要身体好，力气大就行，现在认识到这种想法是不正确的，党所号召的知识青年下农村，并不单纯要他们做一个普通的农民，他们把文化科学带下乡，把落后的农村改造为社会主义的新农村。"

第四，认识了过去教育学生的态度、方法不对。参加社会主义教育的教师感到过去教育学生的态度、方法有问题。他们说："我们在农村为了教育团结95%以上的干部和社员，采取耐心、耐心、再耐心，教育、教育、再教育，等待、等待、再等待的态度和办法，而我们过去教育学生却是简单、指责、批评多，这是不符合教育原则的。"

学生参加劳动也有三种形式：一是参加农业劳动，锻炼体力、锻炼思想，这种劳动每学期集中10天，实行和贫下中农同劳动同生活，向农民学习，培养劳动人民的思想感情。通过参加农业劳动，学生的思想上起了如下的一些变化：

首先学生初步明确了劳动锻炼的目的性，不少同学起先认为来劳动只是锻炼体力的。通过劳动，联系思想、谈看法，开始认识到劳动不仅是锻炼体力，更重要的是锻炼思想。高一丁李晓东同学说："当自己干得累的时候，就想到董加耕的话：'没有一犁一锄的耕耘，就没有社会主义的新农村。'我举起钉耙锄地的时候就感到祖国社会主义建设也像我这样一钉耙、一钉耙的锄出来的。"高三甲李志忠同学说:"我抱着三个目的下来的:1、在劳动中学习董加耕的精神;2、摸索一点和农民打成一片的经验,逐步实现和工农劳动相结合,为我将来下农村打下基础;3、试试如何做到劳动和学习结合,尤其是在劳动中学习毛主席著作的问题。劳动中的确也这样做了,在这三方面都有了收获。"

其次,对农民有了比较正确的认识,有了一定的感情。通过和农民同劳动同生活,同学们感到:"农民给我们的印象很美。"高三己刘意平同学说:"通过劳动改变了我对农民的看法,我对农民有了新的概念,农民淳朴、老实、热爱党和毛主席,农民中受苦越深的觉悟越高,越穷的地方觉悟越高,真正体会到什么是革命的基本群众。农村目前虽然还比较落后,谁去改变呢?就想到我们的责任。"高一丁班同学,每个小组都和社员交了朋友,并准备长期联系下去。这个生产队的桃子套袋他们班上给包了下来,定期送去。

第三进一步认识到农村需要知识青年;在劳动中,在和农民的接触中,同学们碰到许多问题,有的队里按照阶级路线找不到一个会计,农民口口声声欢迎同学们下乡落户。高三甲班同学反映"队长说要是他有权力的话,真想留我们一些同学下来,这说明农民对我们的期望很大。"这个班的黄桂玉同学说:"我觉得自己对农民的感情越来越接近了,越来越了解农民,农民与我合得来,农民的痛苦也是我的痛苦。农业上的落后更需要我们把知识献给农民,让天下农民安居乐业。"

第四,体会到董加耕的道路是正确的。下农村劳动之前,同学对董加耕的道路表示怀疑,认为董加耕没有什么可学的,在劳动实践中学习董加耕体会就不同了,通过劳动,普遍感到董加耕确实了不起,学习董加耕也确实不容易。高三甲班施小妹同学说:"一天劳动下来,已经累得走路也没有力气了,中午睡觉总嫌不够,晚上下工,脚都不想洗,倒在铺上就什么也不知道了。董加耕白天劳动,晚上还要算账,开展其他活动。仅从这一点来看,董加耕就很不简单。"高三丙陈光慧同学说:"当一辈子农民真不简单,我过去想得很简单、很天真,认为到农村来,农民一定要我们干重要的事,可是三天下来,看到农业生产真是很艰苦,要流汗才行,我要好好学习董加耕,要有充分的思想准备。"

第五,进一步加强了阶级观点,提高了辨别是非的能力。通过接触农村实际,普遍看到农村的大好形势,特别是对农村的阶级和阶级斗争有了进一步的认识。通过访问村史家史,参加生产队评功摆好等活动,提高了觉悟。高一丁班部分同学在议论当前农村还有一些比较落后的现象时,大家认识到这不是农民的过错,而是旧社会造成的。从同学们与贫下中农接触中,感到贫下中农与一般中农不同,贫下中农更加热情淳朴,从地主、富农的言谈、行动中,更加感到什么阶级说什么话。

一是校内农业实验园地劳动,培养学生农业劳动的兴趣,学习一定的农业生产知识和技能,结合高初中学生的课程和知识基础,安排初中学生搞种植、动物饲养;高中学生搞果木、标本林管理。这种劳动,由生物教师负责指导,采取分组划片,分散进行,每组劳动从育苗栽培到收成,一个全部过程。平时记录观察情况,最后写出实验报告。这样,一学期或一年换一种种植内容,高初中六年时间至少可学六种农作物的生产知识和技能,也就可能培养起学生对农业劳动的兴趣,这种劳动本学期才开始,一时还不易看到效果。

一是校内服务性劳动,培养学生的劳动习惯和艰苦朴素的生活作风。这种劳动的内容为绿化、清洁卫生、自我服务等。采取了以班级为单位的分片包干。这样做的结果,使学生更加爱护公共财物。如1961-1962不到两年的时间内,损坏玻璃九百多块,可是上一学期只损坏了不到二十块;使学生更加关心集体,主动为集体做事。教室、宿舍的墙壁脏了自己粉刷,自觉到伙房帮厨;使学生养成管理生活的能力,不少学生都有针线包,衣服破了自己补,被子脏了自己洗,个别班的同学还学会了理发的本领,相互理发。

四、 积极试验使教的生动学的主动

通过摆事实，学习主席思想，接触社会实际，教师们弄通了思想，提高了觉悟，就比较自觉地要求改进教学方法提高教学质量，减轻学生负担。但是，这个问题是一个很复杂细致的问题，必须本着积极慎重而又严肃的态度来对待。为此，我们就和教师们一起研究如何改。提出必须吃透方针、思想领先、明确教学方法的改进，实质上就是教学思想革命，我们就是为革命而教学，教学就是培养革命者；必须明确改进教学方法的目的是既要提高教学质量，又要减轻学生负担，使学生的德智体诸方面生动活泼地主动地得到发展。因此，必须带着方针思想来改革。改革目标要准，决心要大，态度积极，反复试验，工作细致，并直接掌握一个班、一个组，种"试验田"，以便取得经验，指导全面。

首先，我们和教师们共同商量，去掉了那些不按规定办事，在学生身上的不合理的一些"苛捐杂税"。一是严格按照"50"条部分的要求、教科书办事，不额外补充教材，控制教科书以外习题。二是适当控制课外作业。一般学科已做到课外不留作业。工具课程的作业，也能在课堂上完成一部分，大部分，或全部，不一律留到课后去做了。三是改进了考试办法。每学期只举行期中、期末两次考试，考试的内容取消了繁琐、死记硬背的部分，语文考作文，不考语文知识等死记硬背的内容。考试的科目也减少，期中考试就只考政治常识、数学、外语，高中加物理、化学，平时考查改为一种练习，而且不记分。这样考试，才有可能达到掌握学生的学习情况，帮助学生更好地理解和运用所学的知识，用于研究和改进教学工作的目的。四是除校会、班会、团队活动及规定的外，其余课外时间完全由学生自己支配。

其次，积极改进教学方法，实践告诉我们，要改进教学方法，提高教学质量，减轻学生负担，使教的生动，学的主动，使学生德智体诸方面生动活泼地主动地得到发展，必须要处理好教与学、讲与练、新知识与旧知识、统一要求与因材施教以及课内与课外五个方面的联系。

一是教与学的关系。教与学是矛盾的两个方面,教学必须是和学生两方面的活动。发挥教师的主导作用,就是要充分调动学生的积极性和主动性。"满堂灌"的办法,只承认矛盾的一个方面,不承认矛盾的另一方面,不可能收到良好的效果。数学教师杨壮彪曾做了个比较试验。他教初二两个班的数学,一个班用老办法,课程完全由教师讲;另一个班在教师讲解前先指导学生自己看书。结果后一种办法效果好。他想,可能是这班学生学习能力比那班强,于是他又换过来试验,结果还是第二种办法效果好。现在教师教学,一般都注意多给学生动脑想、动手做、动嘴说的机会,来培养学生的阅读能力、思维能力和表达能力,来使他们更好地理解与掌握基本知识和基本技能。

学生掌握知识的过程,是由近及远,由浅入深的发展过程,是由不知到知,从知之甚少到知之甚多的发展过程。作为教师要抓好活思想提高学生学习的自觉性,必须吃透教材与学生两头,从这两个实际出发,贯彻少而精的原则,采取启发诱导的方式,有的放矢地进行教学。这样才能把教师和学生的两个方面的主观能动作用结合起来,才会有好的教学效果。现在不少教师都能事先反复看了教材,掌握本学科的目的要求,各年级的教学要求,每个章节每篇课文的内容、要求;熟悉知识的内在联系,重点、关键与难点所在;熟习书上的例题、练习、习题;还经常在学生中进行调查研究,掌握学生原有的知识基础,以及接受新知识会有什么困难,了解学生的学习态度、学习方法、学习习惯与学习能力。这样,就能比较生动活泼地进行教学。就以初一甲一堂代数分式运算的课来看,当堂练了六道比较复杂的题目先找了几个中下的学生上黑板演算,其余的学生在下面做,做完后再叫另外几个学生上台去批改,然后教师引导学生逐题进行讨论。有一道分式除法,得数对了,那个批改的学生先打"×"号,回到座位上一想,不对,又上去改成"√"号。在讨论时,教师问:"这道题究竟是做错了还是做对了?"下面学生投出了疑惑的眼光,教师说:"要我来批它是错了,你们想一想为什么?"一个学生举手回答说:"他两个符号都搞错了,所以答数对了,这是巧合。"但在讨论下一题时,有学生却发生了疑问:"这题不也是两个符号都搞错了,为什么又对了呢?"教师要大家再想一想,然后指出:"这情况与上一题不一样，上一题是丢了括号，写错了正负号，这题是分子、分母同是负数，可以把"-"号约去，也是简略了一步，而不是弄错了符号。"就这样计算、讨论、评讲、纠正，整堂课学生的思想显得很活跃，给学生的印象很深刻，教师也清楚地掌握了学生的学习情况与教学效果。语文教师袁金华还试验了用启发指点与学生共同研究的办法来当面批改作文。他先在作文上划出符号，叫学生自己先看，思考一番，他就利用这时间看另一篇作文划出符号，然后与这学生讨论研究，不仅使他知道错在哪里，或不够确切的地方，而且还使他了解为什么会这样。一次高三乙班做了一篇"董加耕胸有大志"的作文，有一部分学生离题太远抒发议论写得不太好，在当面批改中与学生共同研究了原因，归纳起来有四种情况：一是认为董加耕没有大志所以写不出来；二是害怕说了要兑现，所以躲躲闪闪不敢写；三是根本没有看过董加耕务农日记，无从写起；四是写作水平差，表达不好。然后，教师根据这些活思想活材料，以鼓励为主，在课上做了评讲。据袁老师讲这样批改进度并不比过去慢太多，但效果却好得多，不仅指导了作文，还抓了活思想进行了教育。而且其他作业皆在课内处理了，时间上也有可能来这样做了。

　　二是讲与练的关系。有讲有练，讲练结合，这是教师传授知识，学生掌握知识的好办法。一方面，教师根据教材规定的基本知识基本技能的要求和学生原有的知识基础，进行讲解，突出重点关键，解决难点。另一方面，又给学生有更多的动脑想，动手做，动口说的机会。过去总是想把知识一下"讲深讲透"，一堂课讲得满满的，黑板上写得满满的，学生本子上记得满满的，把消化只得课外去了。所以学生说："课内松，课外紧。"因为课内只用耳朵听，不需要或很少需要自己动脑、动口、动手，所以反而课外要忙于作业，没有复习、消化的时间，所以感到"紧"，学生学的倒反而是不深不透。有学生说："我们懂的东西，应讲尽讲，不懂的东西又来不及去思考理解它，学起来不带劲。"改变了教法，学生懂的或基本懂的东西，就指导学生自己看，带着学生来讨论，教师不讲或少讲，只做些指点，碰到难点，则由教师精讲，这样学生课堂练习思考的机会增多，学习效果就大大提高。如初二丁语文教师李行讲文言文"治蝗"（《农政全书》）一课时，教师先用简单几句话点明主题,接着就让学生对照注释预习全文,自己试着翻译,看有哪些不懂的。让学生试着分析文章层次,每一层的中心意思及其与主题的关系的关键是什么等。这时教师巡回作个别辅导,从中了解到对语句弄不清的地方。于是就先把几个难字写在黑板上带着学生作解释,接着就带着学生边读边译,边分析,难点、关键地方教师着重讲解,然后,再叫学生把全文默读翻译一遍,有不懂的提出来问,最后,叫一个学生回答全文,讲得很好,她显然已经全部领会了。

但各科各年级,因教材不同、对象不同,处理讲与练的具体办法也就不同,即同科目同年级不同班级不同的章节不同的文,讲练的办法也不尽相同。有时讲了再练,有时练了再讲,有的可以少讲,有的可以多讲,有的需要多练,有的可以少练,有的宜于口头练,有的宜于笔头练。总之,不能把一种方式方法看成不变,各人可以灵活运用,可以自己创造,但都是为了一个目的,让学生对所学知识能够清楚理解,牢固掌握,灵活运用。

如初三成班数学教师杨壮彪在讲用换元法把方程组变为一个二元一次方程和一个二元二次方程组成的方程组的问题时,从例题与习题中挑选出具有不同特点的三道题:

① $\begin{cases} \frac{1}{x} + \frac{1}{y} = \frac{5}{6} & (1) \\ \frac{1}{x^2} + \frac{1}{y^2} = \frac{13}{36} & (2) \end{cases}$ ② $\begin{cases} \frac{2}{x} + \frac{5}{y} = 20 & (1) \\ \frac{4}{x^2} + \frac{25}{y^2} = 200 & (2) \end{cases}$ ③ $\begin{cases} \frac{3}{\sqrt{x}} + \frac{4}{\sqrt{y}} = X & (1) \\ \frac{3}{x} + \frac{4}{y} = X & (2) \end{cases}$

让学生讨论,应当设什么为a设什么为b,最简便,得出结论第一题设为a,为b,第二题设为a,为b,第三题设为a,为b,然后叫学生当堂练习,三人到黑板上演算,最后教师评讲优点,纠正错误,提出注意之点,学生在下面自己加以订正。由于 有讲有练,讲练结合,课堂气氛活跃了,学生始终处于积极状态,而且阅读能力、思维能力、运算能力、表达能力都得到一定的锻炼,同时教师也就清楚地掌握了学生接受知识的程度和运用知识的能力,便于有的放矢地进行教学。由于课内练习增多,学生的课外作业与改作业的负担也都减轻了。

三是新知识与旧知识的关系，是既要前进又要巩固，在巩固中前进，在前进中巩固。为此，教师必须掌握新旧知识的内在联系，善于在旧知识的基础上引出新知识来，在讲新知识时又联系到有关的旧知识。我们听了初一乙代数《通分》一课。闵开仁老师是这样处理这个关系的。他先问学生："你们在小学算术里学过通分，还记得通分的法则吗？"学生答："先求出各个分式的分母的最低公倍数作为公分母，再用公分母除以原来的各分母所得的商分别去乘原来的分子，作为各分式的分子。"教师说："对，代数里的通分与算术里的通分是同一个道理，大家试着做做看。"就写了三个算术分式，三个代数分式，要求学生回答它们各如何通分，学生口述教师在板上记录，结果全对了。接着就叫学生阅读教科书上的这一节内容后带着学生一起做例题，接着运用所讲的知识当堂又做了六道题。

四是统一要求与因材施教的关系。既要根据教育的培养目标和教学任务，按"50"条、教材统一要求，又要承认差别，因材施教。加强班级教学的同时，要注意发挥有特长的学生的才能，要耐心对待学习较差的学生，要使大多数学生能够发展各人的兴趣爱好。在课堂练习时，除有统一要求的题目外，对那些学习好的学生加一些题目，那些学习较差的学生，多给他们板演回讲的机会，也得到教师的指导与同学们的帮助，而且他们易于暴露问题，及时开评讲与讨论。同时教师在巡视时也针对好的、一般的、与差的给以必要的个别辅导。

在课外，对学习较好的学生指导他们阅读一些课外读物，并适当举办作文、演讲、书法、数学运算、外语背诵等比赛活动，由学生们自由报名参加。我们还为高三学生开设了数学与农业知识选修课，对学习较差的学生加强个别辅导，帮助他们消化课堂学习的内容，使其能完成学习任务。

五是课内与课外的关系。必须以课内为主，课外应该进行消化、巩固课内所学的知识，并扩大知识领域。通过课内的讲练使大多数学生能够理解所学的知识，基本掌握并懂得如何运用，通过课后复习与独立作业等，进一步巩固消化知识，并提高运用的能力。

课外时间应该完全由学生自由支配，自由活动。学校应指导，创造条件，如充实图书增辟阅览室，开放理、化实验室，办了外语语音室，增设了文体活动的器具与场所。教师应该积极关心帮助，让学生开展自愿参加，自由结合，小型分散丰富的各种活动，发展他们的爱好与才能。

五、 学校开始出现了新气象

由于改进了教法，采取了一些具体措施，学生学习的主动性初步调动起来，学校开始出现了新气象。

首先是教学质量有了保证。课堂气氛活跃了，学生思维活跃了，阅读课本的能力和兴趣提高了，口头表达的能力也得到有效的锻炼。由于当堂练习，当堂得到指导，同时课后又有充裕时间消化课文内容，学生独立作业的错误也减少了，学生自己找事做的人也多了。以往教师布置了预习、复习、朗读、背诵等项任务，实际上并不落实，而现在教师有时并没有这方面的要求，学生却自己安排时间来复习、预习、朗读课文，有学生说："之前是忙着赶作业，没有复习消化的余地，现在能有时间复习功课思考了，知识掌握得比前牢固了。"高三丙学生说："负担减轻了学习反而踏实了。"高一丁班47人中上学期除作业外还能复习消化的只7人现有41人。现在学习有困难的学生也能够利用课余时间学习自己所缺的知识了，功课好的学生也能发展自己的兴趣爱好也有时间去看课外读物了，对某些学科钻研得更深一些了。有的同学说："过去学习是苦事，苦于应于考试、作业，没有复习思考、消化的余地，知识掌握不好，学习没有信心。现在学习有信心，学习从被动转为主动，课余时间自己能掌握，学的东西懂得又会做，学习兴趣大增。"老师们改的信心也加强了。高一丁班胡ＸＸ说："开始改时我有顾虑，一怕学生自觉性跟不上，课堂练习增多，学生独立思考钻研反而减少，三怕知识质量降低，怕学习差的学生更难提高，通过两个月的实践，我班同学学习独立钻研的能力有了提高，学习质量不但保证了而且有提高，特别是过去学习较差的十多个同学提高得较为显著。现在我顾虑的几个问题已基本上解决了，信心更强了。"外语教师吕ＸＸ说："学生的自觉性、主动性一调动起来，是坚无不摧，战无不胜的，证明人的因素第一，思想工作第一是完全正确的。开始时，我也怕学生会不好好学习，现在我放心了。"

其次是课业负担减轻以后，学生有时间去开展各种课外活动了。明显的是学生自觉读毛主席著作的多了，看书、读报关心时事的多了，参加各种文娱体育活动的多了，互相谈心进行思想互助的多了。据初步了解，高中628人中上学期一学期自觉读过毛主席著作的164人，本学期有520人在读毛选，据统计，本学期第五周借出图书要比上学期第五周借出的增加了将近一倍。高一丁班同学说："有七个多三个少，就是"自由支配的时间多了，学习的自觉性多了，读毛主席的书、看报的多了，预习、复习课文的时间多了，独立思考多了，各种兴趣爱好发展多了，休息时间多了。紧张少了，被动少了，依赖少了。"全班47人，上学期自觉看过毛选的只九人，现在有45人经常看毛选，并结合周记写心得；天天看报的从24人增加到45人，每周都能看点课外读物的从21人增加到37人。高三戌班ＸＸ法同学开学一个多月来已经把从高一到高三语文课本上选录的毛主席著作全部读了一遍，还看了"一评"到"八评"，看了董加耕务农日记。现在课余到学校各处去走走，就可以看到阅览室、运动场、俱乐部里人都是满满的，也有在实验室做实验、在园地上劳动、在打扫卫生包干区的，还有的在处理自己的生活。

第三，随着教学的改进，教师的负担也相应减轻了。开始从作业中解放出来。如数学教师杨ＸＸ采用了启发式的教学法，贯彻学而精学到手的原则后，原来两堂课才能讲完的东西现在只用一堂课就行了。这样就把课外二小时的作业，移一小时到课内来做，课内处理了，余下的那部分课外作业，因学生的错误大大减少了，改起来也就快了。据仇ＸＸ老师反映过去课外习题多，错误也较多，两班几何本子要一小时半到二小时，现在课外习题少了，错误也少了，两班几何本子只要一小时就改完了。这样备课时间就充裕了，就可以反复钻研教材而且接触学生调查研究了解学生情况也多了。自己也有更多时间学习毛主席著作、看些书、报杂志，业务进修也较落实了。外语教师汪ＸＸ说："上学期我连星期日也是整天改作业，现在我已有时间来认真备课，自己进修、收听外语教学广播，每星期日还抽一个半小时学习毛选写心得，也能与学生交流抓学生的活思想了。"大家深深感到这条路是走对了，要继续走下去。

但是，我们认为，这些改进还只是初步的，许多问题还有待进一步解决。我们也认识到改进教学方法提高教学质量减轻学生负担，使学生德智体诸方面生动活泼地主动地得到发展，乃是一场全新的教育革命，需要经过长期的艰苦的努力，必须积极慎重认真地对待。我们将不断地启发教师自觉地坚持学习毛主席思想，坚持有计划地组织教师分批下乡参加农村社会主义教育运动和劳动锻炼，接触工农，提高阶级觉悟外，加强知识分子革命化，同时继续深入教学第一线，深入调查研究，进一步弄清教学工作和学生的实际情况，积极鼓励教师们进行改进教法的试验，帮助他们总结经验，树立榜样，推动教学改革运动。以便更正确地贯彻执行党的教育方针，逐步地把学校办成一所较好的社会主义学校。

南师附中
一九六四年四月

第5章
决不续"书香门第"的家谱

从一个学生的自述，看资产阶级知识分子
是怎样阻挠子女参加农业劳动的

按：黄××是南京师范学院附属中学的学生，共青团员，是本市七十二个不报考大学、立志务农的应届高中毕业生之一。父亲是南京大学数学系教授，母亲是华东水利学院的讲师，思想均很落后，对党的教育方针口头上赞成，内心抗拒，她父亲认为国内不重视数学理论工作，曾在1959年写论文秘密寄到日本杂志上发表，整风运动中受过批判。

一、 从小培养继承父亲衣钵，接资产阶级知识分子的"班"

我从小就受着强烈的"万般皆下品，唯有读书高""学而优则仕"的家庭教育。父、母一直盼着我和弟弟接下他们的"书箱"，续"书香门第"的家谱。记得我在小学的时候，老师给我写评语说："劳动观点不强"，家里看了这个评语，不以为然。奶奶（按：是地主婆）说："读书是为了考大学，又不是为了劳动，只要功课好就行，劳动用不着学。""你以后又不需要劳动，当教授劳动不好有什么关系！"平时，他们对我"特别照顾"，一心要我省点力气，努力攻书。有时我要自己洗衣服，奶奶把衣服夺过去交给阿姨，说："洗衣服不是读书人干的事，别浪费时间。"有时我步行到学校，奶奶责怪我不乘车子，说我"放着现代化工具不用，不会把走路的时间用来读书。"爸爸常常对我说："我和你妈妈都老了，不中用了，我这一辈子没有捞到留洋，很遗憾。现在只好把希望寄托在你和你弟弟身上。你要好好给我读书，立志当科学家，给全家争光。"数学没有阶级性，不论什么时候都能用得上，所以我很爱数学。我和你母亲都是搞数学的，你的数学也有些基础，我们可以培养你。"奶奶也说："你爸爸小时候读书很用功，所以现在才能当教授，一月拿几百元，多舒服！我站在人前都光采。你要好好向你爸爸学习，争口气。"我们家在生活上也是很讲究的，完全是一套资产阶级的生活方式。全家五口人，占用着公家大小七间房子，每天都有几荤几素，伙食只求有营养，再贵也不怕，饭后必须吃水果消化。有时我穿件稍旧点的衣服，奶奶就骂我："人不像人，鬼不像鬼，给她丢脸。人家想穿穿不上，我有好的不穿，不要好。"他们对我搞物质刺激，如果我好好读书就给我买手表等等。因为他们把希望寄托在我身上，就拿我当"宝贝"，稍晒一点太阳怕我中暑，稍淋一点雨又怕我着凉。我每次回家，他们总说学校伙食不好，我在学校"吃苦了"，回来好好"补充补充"。在他们这种家庭熏染下，从小就在我的身上埋下了资产阶级思想的祸根，立下"伟大"的志向——沿着爸爸的路爬上去，当个了不起"科学家"，所以，我在学习上一直很用功，成绩也不错。生活上挑肥拣瘦，劳动上害怕艰苦。

二、　　坚决做家庭的叛逆，不在旧势力面前屈服

几年来，经过党的阶级教育、劳动教育以及向雷锋同志学习，使我的思想觉悟有了提高，渐渐地懂得了什么是正确的，什么是错误的；什么是光荣的，什么是可耻的；应该爱什么，应该恨什么。我开始感到，爸爸、妈妈、奶奶是多么自私和虚伪，开始意识到他们为我设计的那条道路有多危险！进入高三以后，根据党的需要，我重新考虑了自己的志愿。我觉得，目前农村比较艰苦，我应该挣脱家庭的羁绊，投身到最艰苦的环境中去，到劳动人民中去，将自己锻炼成革命的接班人，而绝不能做资产阶级知识分子的接班人。我把我立志务农的想法告诉了家里，他们大为震惊，认为我"太叛逆了"，下农村简直就是"叛逆行为"。爸爸说："你这个奇怪的想法从哪里来的？当

心不要上坏人的当呵！"奶奶说："大学教授女儿下农村，不是太丢脸了！今年考不取等明年，明年考不取等后年，家里又不是缺吃少穿的。"总之，我下农村，他们是一千个不答应，一万个不愿意。爸爸知道我的思想已经有了变化，便规定我星期天一定要回家，加紧对我进行考大学的教育……。

随着毕业的临近，这一场和家庭的斗争也越来越尖锐了。爸爸看我不愿填写报考表，就去找我们的校长，问："一颗红心两种准备对不对？"质问学校为什么不给我填表。校长向他作了解释，告诉他，不是学校不给填，而是我自己不愿填。以后，爸爸、妈妈、奶奶轮番到学校向我进攻，前后共跑了十二次，车费花了四元多。他们用资本主义、封建主义的思想来腐蚀我，用哀求、哄骗、命令、威胁的手段，步步紧逼，软硬兼施的办法来对付我。爸爸的那一套是加以伪装的，容易迷惑人，他说："党号召一颗红心两种准备，你不考大学下农村，就是只有一种准备，不让党挑选，就是不听党的话。""上大学贡献大，下农村贡献小，牛顿的名字流传到现在，就是因为他是个科学家，他的贡献大。世界就是由几个像牛顿这样伟大的人物造成的。雷锋、董加耕的名字能流传多久？普通农民又有什么贡献？你要是有志气，你就应该看得远些，立志当科学家，为人类作更大的贡献。"对于贡献，我是这样看的：一个人贡献大小不是看他上不上大学，而是看他有没有一颗全心全意为人民服务的红心，有了这颗红心，无论做什么工作都能为国家贡献自己的最大的力量。雷锋并没有上过大学，只不过是普通的战士，能说他的贡献小吗？科学家的创造发明，也绝不是一个人的劳动，它包含着无数工人、农民的劳动。爸爸那种只看名位大小来衡量贡献的观点，是非常庸俗的。志气也是有阶级性的，不同的阶级有不同的志气，爸爸讲的那种志气我不应该要，我应当有革命接班人的志气。我决定用自己的双手建设社会主义新农村的志气也不算小了吧。我这样回答了父亲，他当然还是不服气。他说："你现在正是读书的好时候，记忆力强，机不可失，时不再来。古语说：少壮不努力，老大徒伤悲。你放着大学不考，难道不觉得可惜吗？"我说："董加耕的功课比我好，又是共产党员，他升学的条件比我的条件更好，可是他立志务农，并没有觉得自己可惜。"父亲又说:"他家在乡下,下乡的条件比你好。"我说:"候隽是北京城里的一个工程师的女儿,她不也下农村了吗?"父亲理屈词穷,愤愤地说:"我不谈他们,你是我的女儿,我只谈你!"他怕弄僵了不好办,又转而哄我:"你听一听我的话,不下农村吧!这样,我喜欢你。你需要用的东西我都给你准备好了。""你现在年轻不懂事,激动,将来冷静下来后悔了,可不要怪我不培养你。我叫你考大学是为你好,别人哪个叫你考大学?""你下农村就是害怕考试,没勇气站出来让国家挑选,不听党的话。"听了他这一席伪不伪、真不真的话,真叫我恼火,我说:"你不要说漂亮话,其实你根本不是那样想的。我坚决下农村正是听党和毛主席的话,走革命的道路,做革命的接班人。我又不是'顺心丸',不要无原则的讨谁喜欢。他看哄不住我,就进一步逼我:"你要是我的女儿,你就一定要考大学,要么就不是我的女儿。"我说:"不是你的女儿有什么了不起,我要做党的好女儿。"就这样,我和爸爸连吵带批判过许多次,而每次都是不欢而散告终。爸爸和我达不成"共识",妈妈又接着来做工作,她先后到学校三次,动员我填报考表,每次都要和我磨上二、三小时,每次她都是抱着希望而来,带着失望而走。

奶奶的那一套很露骨,比较容易识破些。开始她向我发脾气:"你读十二年书就是为了上大学,以后当你爸爸这样的人。XX、电灯、洋房、鱼肉、水果……哪里来的,还不是你爸爸读大学挣来的。不争气的东西,放着大学不读,有天梯不爬,有福气不享,到底是什么鬼迷恋你的心窍?农村穷得要命,什么也没有,要吃的没有吃的,要穿的没有穿的,一天到晚晒太阳摸锄头把,永远没有出息,人家都不去,就你充好人,偏偏要下农村。"我反驳:"没有农民吃苦,哪来你们的享福?"奶奶说:"农民是没办法才吃那种苦,你可以不去吃苦的,是自找苦吃。""过去下农村的人,十个有九个受不了,哭哭啼啼的向家里要东西要钱,你要下农村,将来我什么都不给你。"我说:"你为什么就没有看见董加耕、侯隽、邢燕子……,有志气的青年就是要自找苦吃。你放心我什么也不会要你的。"她看打嘴仗不奏效,就企图用野蛮手段,她把我拖回家打了我一顿,我咬紧牙顶住了。我暗暗对自己说,你打我也决不屈服。以后,她又抓住各种机会来对我进行

"形象教育"，我和她一同上街，她指着修鞋的皮匠说："你看人家没读书，多苦呀！只能干干这个。"指着拖板车的工人说："你看他活多累呀！到农村天天都要干这样的活。"她甚至连吃饭的机会也不放过，指着肉碗说："就亏你有好爸爸才吃这么好，下农村哪有这样好的吃。"她看我不受影响，就又企图从感情上来软化我。她来学校找我三次，来一次哭一次，最后一次赖在学校不走，非要我答应不下农村不可。后来她实在没有办法，就一下跪在我的面前，哭着说："奶奶给孙女下跪，是要遭雷打的。好话歹话说了一大堆，你还是不回心转意，你的心有多狠！你祖上都是读书人，要是在你身上断了香火，真要把我气死了。""我花了多少心血把你从小带到这么大，现在你连我的一句话都不听，你叫我怎么见人呀！你爸爸为你的事都要急病了，他就你这么一个女儿，你下农村，他怎舍得呢？昨天我和他一夜都没有睡着，他作梦都在叫你上大学，要是把你爸爸急出病来怎么是好，我靠谁养活呀！你不听我的话，我没有你这个孙女……"她这一番话，说的我心里七上八下，不是滋味。但我还是嘴硬："谁叫你们急的，你自己要急的嘛。"看我没有被她感化，气不过，从地上爬起来又打了我一顿。他们看全家出动都没有效果，就又请邻居——南大副校长范ＸＸ（民主人士）的爱人（在南京师范学院工作）来动员我。这位邻居跑到学校对我说："我是学教育的，从教育学的观点来看，你很适合读大学。""我提几个问题，要是你辩不过我，你就听我的，跟我回家去考大学。"我正在感到不好对付时，幸亏我们的校长和团委书记帮我对付了这个不讲理的邻居。就是报考时间过了以后，他们仍然不死心，希望我明年再考。父亲说："我教了二十多年书，自己女儿都不上大学，对我的打击太大了，叫我怎么见人，我一辈子都不甘心。"

三、 革命的道路一经选定就要一直走到底

这些日子我有条体会：我感到接受资产阶级思想要比接受无产阶级思想容易得多。资产阶级思想就好像是"糖衣炮弹"，听着怪顺

耳的，但不知不觉的就受了毒。过去，我接受家里的资产阶级思想影响，就没有什么不舒服的感觉，可是无产阶级思想就好像是苦口的"良药"，要经过痛苦的思想斗争才能在自己身上树立。这些天，白天我被爸爸、妈妈、奶奶包围，我和他们斗；晚上睡觉，我就和自己斗。一个声音在说："你果真不上大学到农村去吗？爸爸的话顿时在我脑海中回响起来："科学上需要人。科学是奥妙的。以后你的同学大学毕业了，当了什么'家'，而你却仍是普通农民，不会认为被埋没了吗？""农村没有星期天、假期，能习惯吗？"另一个声音在更大地说："你怎么去考虑个人的得失，你只应该考虑怎样做一个革命者，道路一经选定，就要一直走下去。你把劳动人民培养你的文化知识，作为自己获取名利的阶梯吗？高中毕业了，就不去想想培养自己上高中的劳动人民，不想为人民服务，这是一个共青团员应该想的和做的吗？"一个声音说："你违背了家庭的意愿，以后回家就难受了，邻居也会讥笑你。"另一个声音在说："你要做革命青年，就不能为旧意识所俘虏，要做旧势力的叛逆。"就这样，一次一次地斗争着。我意识到，严重的阶级斗争就在我的身边，我在这场争夺战中丝毫也不能麻痹，稍一放松，就有被拉过去的危险。

是什么力量支撑着我敢于和家庭作斗争呢？是党、团组织、老师和同学们，是毛主席著作，是英雄人物的光辉形象。在和家庭作斗争的这一年的时间里，校长、团委书记、班主任老师都曾找我谈过话，耐心地帮助我，给我指出了进步的方向，使我在阶级斗争中擦亮了眼睛，站稳了脚跟。团的组织几次表扬鼓励我，让我进一步增强了胜利的信心。毛主席的"为人民服务""纪念白求恩"等文章，以及雷锋等英雄人物的光辉形象，给了我极深刻地教育，使我懂得了应该怎样做人，为谁活着，使我懂得了世界上有三分之二的劳动人民没有解放，在我们的心目中应该时刻想着这三分之二。虽然我在家中是少数，但我并不感到孤立，我感得，毛主席的话，英雄人物的形象，党、团组织的鼓舞和教导，在我的身上已经形成一股强大的动力。我确信真理在我这一边，按照党和毛主席的指示去办，就是胜利。

四、 斗争还没有结束

现在,我的爸爸、妈妈、奶奶,对我下农村只好无可奈何的默认了。但是,这并不等于他们的旧思想得到了改造,并不等于他们放弃了自己的观点,甘心退出历史舞台。我的父亲也从我背叛家庭的这件事总结出了"教训",他痛感对我的工作"抓迟了""住校住坏了""南师附中这个学校太使人寒心了"。现在他对我"失望",把工作重点转到弟弟身上,他还要继续和党的知识分子劳动化的政策作斗争。现在他虽然一方面在同志们面前施展出他伪装进步的惯技,表示他是积极支持我下农村的;但在内心却很不服气,不会绝望,仍然把希望寄托在未来。他还要和我"走着瞧",他不止一次地扬言:"十年以后,你的同学当了博士、工程师,而你还是一个普通的农民,到那时再看谁对谁不对。"与此同时,"在农村一辈子似乎有些可惜""还是上大学前途大"等个人主义的余孽,还不时在自己的脑子里隐隐出现。我深深的感到,和家庭的旧势力作斗争,和自己的资产阶级个人主义作斗争,还远远没有结束,未来迎接我的将是更严峻的斗争的考验。今后,在农业战线的新岗位上,我要毫不放松,严格要求,听党的话,把自己改造锻炼成为坚定的革命接班人。

共青团南京市委办公室整理

1964.9.2

第6章
在毕业生工作中对争夺青年一代的几点体会

南京师范学院附属中学

一、 体会一

今年暑假后,不少班主任这样说:"今年的毕业生工作最有意义,因为我们真正投身到和资产阶级争夺下一代的斗争中去了。"为什么今年的毕业生工作和往年大不相同呢?关键在于从学校领导到班主任丢下了追求升学率的包袱,下决心把学生培养成为德智体诸方面都得到发展的有社会主义觉悟、有文化的劳动者、革命者。由于指导思想比较明确,工作中能有意识地引导学生和资产阶级思想开展斗争,促进学生世界观的改造。

高三上学期,经过深入的调查,发现绝大多数学生单纯升学思想很严重。他们认为:"一只脚跨进了南师附中,另一只脚就跨到了大学的门口。""为祖国而学习是抽象的,为考大学而学习才是具体的。""一想到升学当专家,浑身就充满了力量,一想到可能考不上大学要下农村,就浑身发冷。"他们怕艰苦、怕劳动、埋头读书,不关心政治,一心想升学,不愿当普通劳动者;少数学生贪吃好玩,追求享受,学习上马马虎虎,认为"考不取大学在城里找工作,反正不下农村。"从那时候起,我们特别加强了阶级教育,启发并提高了一部分革命干部子弟和工农子弟的阶级觉悟,有些学生开始考虑到做怎么样的接班人的问题,但总的来看,触动面还不大。

高三下学期,学校进行了教学改革,学生的课业负担大大减轻,学生中关心政治、学习毛选、畅谈思想、要求进步的风气逐渐浓厚了。就在这个时候,省委号召学习董加耕。这个先进人物一钻出来,高三学生中就引起了强烈的反映："董加耕下乡太可惜了。""做农民不如当专家贡献大。""知识青年下农村没有前途。"这是一派人的意见。"董加耕这样做是正确的。""当农民贡献很大。""青年人应该到最艰苦的农业第一线去干革命,去锻炼自己。"这是另一派人的意见。课前课后,校园处处围绕着"理想""贡献""前途"和应当做怎么样的接班人等问题展开了激烈的议论,往往因为意见不同相持不下,争得头上冒汗,心里发热,欲罢不能。这时学校组织高三学生去十月人民公社劳动,鼓励学生带着"董加耕"的形象下农村,在劳动中和董加耕比思想比行动,找差距,找自己革命化的道路。在十天的劳动中,高三学生考虑了许多问题如:"几天劳动和一辈子当劳动者的问题。""怎样才能和工农相结合。""怎样对待艰苦"……问题。在劳动中部分学生思想上产生了回潮,他们自己说"劳动压出了脏思想。"但不少学生处处以董加耕为榜样,勇于锻炼自己,拣重担子挑,真心诚意地向贫下中农学习,对贫下中农产生了强烈的阶级感情。劳动后回校,我们针对不同学生中涌现出来的活思想,引导大家学习毛主席著作,不少学生反复学习了《青年运动的方向》《为人民服务》《关于重庆谈判》等文章。为革命而学习、为革命而生活的思想逐步深入人心。到毕业考试前夕,相当一部分学生开始树立了革命的理想和志向,在思想锻炼和学习上都能自觉地严格要求自己。

在学习董加耕的过程中,有46个学生要求毕业后直接下乡,立志务农。对于这些学生的教育中,我们注意到启发他们树立一切为了革命的理想,告诉他们和资产阶级思想展开斗争是长期的,复杂的,使他们有充分的思想准备,充分的增强自己的革命责任感。经过反复的酝酿、讨论后,最后有三十多位同学参加了高考,决心考不取时下农村,有七位同学没有参加高考,第一批下乡插队落户去了。这批同学在高考期间表现很好,学习毛选、整理三年来所学的知识,积极锻炼体力,还帮助别人温课,为其他同学送考,给同学们很大的鼓舞。

高考以后,我们以廿多天的时间组织毕业生集中学习。学习分三个阶段:第一阶段,从阶级教育入手,明确"谁培养了我,应当为谁服务";第二阶段结合国内外阶级斗争形势,学习"九评"和团九大的文件,明确"应当做怎么样的接班人";第三阶段学习毛主席文章

《丢掉包袱，开动机器》和刘ＸＸ书记报告，进行"一颗红心，两种准备"的教育，着重做好下农村的思想准备。每一阶段都把学生中提出的问题，集中起来，摆出来议论，辨明是非。如对"谁培养了我"，我们排出十多种看法："党培养是抽象的，父母培养是具体的。""党在政治上培养我，父母在经济上培养我。""党的培养对孤儿是具体的，对劳动人民子女是明确的，对中等家庭子女是不可思议的，对剥削阶级子女是荒谬的。"等等。对应当做怎么样的接班人，学生也提出"我不积极革命也不反革命，照样可以为社会服务。""船到桥头自然直，做革命接班人是将来的事，现在不必考虑。""革命接班人的标准太高，多数人做不到"等等。对于这些问题，我们都启发学生自己分析，充分议论。讨论过程中鼓励他们带着正确的观点回家去和家长讨论，然后带着新的问题再回学校议论。最后由领导来小结。各班班主任掌握小组动态，进行细致的个别工作，和学生促膝谈心，推动他们敞开思想，有些学生经过反复斗争，思想问题解决得比较深透。学习告一段落后，对决心下乡的学生组织了一周劳动式的野营，培养他们独立生活的能力。

最后，学校组织三榜齐发大会，这是一次振奋人心、革命意志奋发的大会。会上升学、"插队"和服兵役的毕业生纷纷发言，表示了革命到底的决心。

对留下的一部分毕业生，我们又继续进行到国营农场劳动的教育，这批学生思想基础较差，工作比较艰苦，经过耐心的说服和反复的家庭动员，基本上都是一个一个地争夺过来的。

到目前为止，这一届高中毕业生245人中，升入高等学校的132人，半耕半读学校1人，无线电工业学校研究班2人，顶替父职当工人2人，服兵役2人，到农村去插队落户的44人，到国营农场劳动的33人，回家务农的3人。以上总计219人，约占今年高中毕业生总数89.4％。半数以上的毕业生在不同程度上打下了为革命而学习，为革命而劳动的思想基础，尤其是44个插队的毕业生，他们的革命意志比较坚定，家庭阻拦不了，困难吓唬不倒，当时盛传的城市报工和其他安排也没有能吸引住他们。到了苏北盱眙县以后，在极其艰苦的生活环境下，劳动表现很好，受到了当地党组织和群众的好评。突出的如黄ＸＸ、王ＸＸ、汤Ｘ等同志在同学中作出了良好的榜样。回乡务农和服兵役的学生思想基础一般也都比较好。

到国营农场劳动的33个毕业生，都经过比较艰巨反复的思想斗争，最后才选择了革命的道路，他们之中有一些人认识比较清楚，但还有部分人缺乏革命理想，没有当一辈子新农民的决心。

升入高等学校的132个毕业生和升入其他学校的3个毕业生中，"一颗红心，两种准备"思想基础好的98人，如毕业生韦Ｘ（团员、幼时腿被压伤）原来决心下乡务农，学习上要求自己很严格，劳动锻炼抓得紧，伤腿练肿发了炎，还坚持锻炼，经过多次动员教育，她才报考大学。在三榜齐发的大会上，她表示决不辜负劳动人民的培养，永归劳动人民的队伍。"一颗红心，两种准备"思想基础不够的有37人。如毕业生刘ＸＸ考取南京大学法语专业，还嫌肥拣瘦，心怀不满，写信给其他同学"要学习上过得硬，得凭真本事。""闲事少管，对人要圆一点。"

还留在家中的26人占毕业生总数的10.6%，其中因病不能参加劳动的7人，（4人要求下农村）其他19人基本上是两种情绪，有些人感到空虚和无聊，观望等待。工商业兼地主出身的毕业生田ＸＸ说："我的思想斗争的规律是矛盾——斗争——失败——失望——消沉。"有些人则表现为麻木不仁，革命感情不旺盛。毕业生杨ＸＸ（海员工人出身，独子）说："这样的日子有什么不好，早晨迟点起身，吃了早饭去钓鱼，中午自己烧点菜吃吃，下午睡他一个大觉，出去随便走走，晚上看场电影，不也很好吗？"

二、 体会二

在对学生进行思想教育的过程中，形形色色的资产阶级思想和我们展开了激烈的争夺战。争夺的中心问题是"把学生培养成为怎么样的人"和"怎样对待升学和参加农业劳动"。我们要把学生培养成为劳动者、革命者，要使他们能正确地对待升学和劳动，而社会上家庭中资产阶级的习惯势力却从相反的方向来拉学生。他们争夺的手段主要有以下几种：一是宣扬成名成家，有名有利，出人头地，培养学生个人主义的世界观；二是预约皮鞋手表，经常鱼肉水果，运用物质刺激，引诱学生不问政治，埋头读书，形成升学唯一的思想；三是以哭泣哭诉，母爱感化，削弱学生的革命意志，使学生目光短浅，只考虑家庭经济，报恩父母，没有远大的革命理想；四是以断绝经济、断绝关系，哭闹打骂，寻死觅活，要挟威胁学生，不准下农村；五是攻击党的阶级路线，歪曲党的教育方针，挑拨离间，使学生对党疏远反感，自觉地抵制学校的阶级教育，劳动教育；六是教育学生弄虚作假，应付拖延，欺骗组织，以骗取好的操行评语和逃避下农村。不少家庭则是几种办法交替反复，兼施并用。因而有些人被拉了过去，但不少人是被我们争夺过来了。例如毕业生黄ＸＸ（高级知识分子家庭出身）的父亲，平时对学生学习抓得很紧，假日还督促鼓励学生大量做数学习题。高三时他对学生说："你要立志当科学家，给全家争光。""上大学贡献大，下农村贡献小。""牛顿的名字流传到现在，就是因为他是个科学家。雷锋、董加耕的名字能流传多久？普通农民又有什么贡献？你要有志气。""你如果好好读书，给你买只手表。""你听我的话，我喜欢你，你上大学要用的东西都给你准备好了。"她奶奶（地主婆子）也对她进行了一系列的教育。说："你爸爸当教授生活多舒服，我站在人前多光荣，你要好好向你爸爸学习。""你读十二年书就是为了上大学。放着大学不读是有天梯不爬，有福不享。农村穷得要命，要吃没有吃的，要穿没有穿的，一天到晚晒太阳，摸锄头钉耙，又苦又没有出息。"还利用上街的机会，指着鞋匠说："你看不读书，多苦呀！只能干干这个。"指着拖板车的工人说："你看这个活多累呀！到农村天天都要干这样的活。"吃饭的时候指着肉碗说："就亏你有一个好爸爸才吃这么好，下农村哪有这样好的吃？"当她把立志务农的想法告诉家里以后，父亲大为震惊，说："你不要上坏人的当。""你年轻不懂事，激动一时，将来要后悔的。""你要是我的女儿，你就一定要给我考大学，要么就不是我的女儿。""我教了二十多年书，自己女儿都不上大学，对我的打击太大了，叫我怎么见人？我一辈子都不甘心。"高校报名前夕，她奶奶跪求孙女报名，哭着说："奶奶给孙女下跪，是要遭雷打的。好话歹话说了一大堆，你还不回心转意，你的心多狠！""我花了多少心血，把你从一岁带到这么大，现在你连我的一句话都不听，你叫我怎么见人呀……你不听我的话，我就没有你这个孙女……。"软的不见效，就又动手狠狠地打她，骂她。（见附件）毕业生杨ＸＸ（父亲是国民党军官，现教书）原来是班上的团干部、优秀生，高校未录取，母亲对他说："你过去一直很积极，为什么考不取大学，你现在还积极干什么？你太老实了！"父亲对他说："我们这种家庭没有前途。"结果杨ＸＸ半信半疑地对班主任说："我下农村没有前途。"在下农村前夕杨ＸＸ的妈妈采取关闭隔离的办法，不让杨ＸＸ露面。同学去找他，他的妈妈说："我放他去，那不是前功尽弃了吗？！"最后大发"神经病"。毕业生田ＸＸ（地主兼资本家庭出身）的妈妈拉开自己的衣领威胁教师说："你要动员我女儿下农村，你先把我杀掉。"说罢嚎啕大哭，又说："女儿是我的，什么党不党我不知道。"毕业生王ＸＸ在毕业填表时他祖父叫他把叔父填成自己的父亲（父亲是反革命分子，下落不明），说："你不晓得讲出来利害关系多大。"高考落榜后，他祖父在校门口向校长下跪，求校长不要动员孙子下乡。

三、 体会三

在对学生进行思想教育的实践中，我们认识到对于教育对象要有阶级观点、阶级分析，不能单从学业成绩看人，不能单从表面上看人，已往在这方面的教训是深刻的，对于过去的优秀生、优秀团员都要重新估价。

学生由于家庭生活、教育影响不同，思想认识的发展，特别是对下农村的看法也就各有特点。革命干部子弟对党的号召比较积极敏感，顾虑少，热情高，表现开朗，对下农村的认识一般比较清楚，希望从政治上锻炼自己做革命的接班人。他们在下定决心以后容易得到家长支持，在整个过程中思想反复较少。但少数学生贪图安稳，比较怕艰苦。工农子弟一般比较朴实，对升大学不那么重视，容易接受教育，但对于家庭经济以及一些具体问题，不容易想得开，放得下。农民子弟对下农村一般没有很多顾虑，但想到外地去怕回本乡，从个人面子及经济角度出发想得多些。工人子弟对进工厂的吸引力比较大，在进工厂还是下农村的抉择中摇摆不定，他们下农村一般希望插场，因为那是全民所有制，这类家长认识问题比较清楚，容易讲得通，经过思想斗争，一般能支持子女的革命理想。高级知识分子子弟的表现与父母的政治态度有关，高三甲6个高级知识分子子弟中三个家长支持子女下农村，学生有思想准备；另外三个家长坚决反对，但教育子女很讲究策略，不得已才"赤膊上阵"，这类家庭出身的同学，除个别的能划清两种思想的界限，立志革命，对务农目的明确外，一般追求名利，升学包袱重，怕艰苦，怕劳动，对务农有顾虑，担心前途，担心浪费知识。在斗争过程中反复比较多。一般教职员子弟的思想特点几乎与高级知识分子子弟相仿，存在着不同程度的前途问题、贡献问题、知识问题、怕苦问题。剥削阶级家庭或家庭成员有政治历史问题的子弟，他们突出的问题是前途问题、信任问题，一般思想沉闷不开展。他们跨出革命的第一步，主要决定于学生本人对家庭的认识，能否辨明是非，划清界限。在和家庭划清界限以后，进步就比较显著，但反复性也大。地主家庭出身的田ＸＸ说："我这样的人拼命也要上大学，下农村没有前途。"资产阶级家庭出身的董ＸＸ说："像我这样的人只要把生活维持住，就心满意足了。"

各类学生不仅思想各有特点，而且思想发展过程也各有特色。高级知识分子子弟杨ＸＸ说：高二的时候别人谈毕业后的打算，我老远地看见就走开了，总认为他们讲废话，有时间不如去看点书或者去锻炼。开始学习董加耕的时候，我认为董加耕最呆了。同学问我"你毕业后的打算如何？"我毫不考虑的回答"那是以后的事情。毕了业再谈，现在我功课还忙不了呢，哪有功夫和你磨时间。"有时实在厌烦了，就应付说"反正考不取下去就是了。"高三下学期时听说有同学准备不考大学下农村，那时我认为都是假积极。经过学习，逐步懂得下农村是革命行动，农村是个大熔炉，特别是弄懂了党和劳动人民培养了我，应当把知识献给劳动人民。但是往往想到吃苦，想到要在农村干一辈子，学的知识没有用了，理想不能实现了就动摇；想到革命，想到应该怎样度过这一生时，又坚决起来了；想到自己城里生城里长就觉得不能下去，想到千千万万劳动人民在艰苦奋斗，劳动人民培养了我，就觉得自己应该去；当一个人单个的时候就没有勇气和决心，和同学们在一起的时候就觉得浑身是劲。高考这段时间有一个回潮，发榜时又有一次回潮。

下乡插队的教职员子弟吴ＸＸ过去对未来有许多奇丽的幻想，崇拜那些新式机器和雄伟的建筑物；羡慕战士与敌人搏斗的英雄事业，他说：过去我很少想到五亿农民。后来党提出了到农村去的号召，我想去农村也不错，在那儿有新鲜的空气，广阔的田野，茂密的森林，跳跃的杉鼠，但就是很少想到我会去当农民。到公社劳动以后所得的印象是农民的劳动很艰苦，农村很落后。学习雷锋、董加耕以后，想到人的一生应该有益于人民，认为党要我们到农村去，考不取大学就应该去。但又想自己很可能考得取大学，不会下农村。因而开会讨论就觉得无言可发，甚至不耐烦。得知高考未录取的消息后，对下农村马上冒出了一系列的思想问题，想到农村没有电灯，看电影不方便，终年都是艰苦的体力劳动和单调的生活，我如果在农村干一辈子，这十二年书不是白读了吗？！……经过思想斗争，认清了农村一穷二白的历史根源，弄清了为谁服务的问题，警惕到自己思想上追求安乐，甚至可能抛弃革命。这时越发感到去农村的重要性，提高了认识，解除了顾虑，思想才开朗起来。

也有些高级知识分子或一般教职员家庭出身的毕业生，落榜后看到平时成绩不如自己的同学录取了，心里很不服气，嘴上讲决心下农村，心里想到底还上大学舒服；嘴上讲吃苦是为人民的幸福，心里想的是哪个呆子跑到农村找苦吃；嘴上讲到农村闹革命，心里想难道上大学、进工厂就不是革命吗？他们是经过长期反复的斗争，思想上才坚决起来的。

剥削阶级子女要和家庭划清界限，一般和家庭都要经过比较激烈的斗争。学生刘ＸＸ出身于恶霸地主家庭，高二以前政治上模模糊糊，不求上进。因为他喜爱文学，看的小说比较多，对劳动人民在旧社会的遭遇是同情的。高三以后，他逐步靠拢团组织，有入团的要求,后来,通过阶级教育,经过团组织和班主任的帮助,他揭发了地主家庭压迫、剥削农民的种种罪恶,并在班会上和全校大会上发言。在整理发言的过程中他对家庭的认识逐步加深,决心背叛剥削阶级家庭,投身到劳动人民的队伍中来。那时,他的父兄一方面骂他"胡闹",说:"你不要打击别人抬高自己。你这样做还是入不了团的。""你将来考不取大学,看谁来管你,你要后悔的。"并以断绝关系、不给学费威胁他。另一方面以手表、呢制服引诱他,要他"秉承家长意志,好好读书,争取考上大学。"他一度因此感到苦闷,徘徊,经过团组织的耐心教育,他识破了父兄的企图,进一步认识到家庭对自己的争夺和毒害,初步立下了革命的理想。高考落榜以后,他又经历了一场激烈的斗争,终于坚决地下乡插队去了。

从以上情况来看,学生思想的发展大都有曲折性、反复性,因此作革命者、劳动者的教育从入学到毕业,必须反复进行。在高三一年中也要有好几个反复。经过几个反复,才能使同学们把前途、理想、贡献、艰苦等问题搞清楚。

四、 体会四

做好这方面工作,对锻炼提高教师本身也起了积极作用。过去,毕业班班主任只关心升学率,不关心把学生培养成什么样的人,不关心毕业生下乡劳动的问题。参加今年暑期毕业生工作以后,班主任普遍提高了阶级觉悟,他们开始认识到:

1、学校内部有阶级斗争,资产阶级与无产阶级争夺青少年的斗争十分尖锐、复杂。增强了自己的阶级观点、敌情观点和阶级分析能力。高三X班班主任秦X老师说"整个暑假是一场紧张的战斗。像夺取碉堡一样,一个个争夺,争夺过来的同学情绪高,被拉过去的同学灰溜溜。"人事秘书王XX同志说:"访问家长实际上对自己是一次阶级教育,到高三X班薛XX家中访问,他爸爸是党员干部,当着老师面,指着自己的伤疤,教育子女说:"革命长辈的血不能白流。"但是到周XX同学家(家长是反革命分子),一进去就是冷冰冰阴森森的,她的祖母听说老师来动员下农场，瞪着眼睛，咳嗽着，在里房踱来踱去，相貌十分冷酷。

2、对党的教育方针的体会比过去具体深刻了。有的班主任半年前还对"董加耕是党的教育方针的具体表现"想不通。经过实践真正体会到，能否做好学生毕业工作，动员考不取大学能够下农村的学生去农村是关系到为大多数人服务的问题。知识青年参加农业劳动是反修、防修的根本措施之一，是促进青年革命化的重要途经。大家体会到贯彻方针不容易，从学生身上也看到了要加速自己改造的必要。大家认识到只有投身于斗争的实践中，才能认识真理。参加毕业生工作的老师都说："这个暑期是最苦、最忙的一个假期，也是收获最大的一个假期。"但是没有直接参加毕业生工作的干部和教师与参加这项工作的干部和教师往往看法不一样，正因为没有把他们吸引到这样一个极其重要的实践斗争中来，有些人对这场争夺战就缺乏体会，缺乏热情。这是一条重要的教训。

南师附中
一九六四年十一月

第 7 章
学生学习目的调查报告

本学期我们对学生的学习目的进行了一次较为普遍的调查。除对各年级班次都作了些了解以外，重点调查了六个班级（每年级选一个班），共计 311 人。材料的来源，主要是学生在思想觉悟提高的基础上，自觉地自我检查。

一、 学习目的比较明确，愿意做有社会主义觉悟有文化的劳动者

根据六个班所统计的材料，具有这种思想计 16 人，约占总数的 5%。其中干部子弟和工农子弟计 13 人。个别是出身在剥削阶级和高级知识分子的家庭。他们共同的特点是：能听党的话，初步具有一颗红心、两种准备的思想；热爱劳动，热爱劳动人民，愿意做普通劳动者；思想认识比较明确，初步具有辨别是非的能力。有些学生虽然家庭生活很好，但能注意艰苦朴素，愿意向普通劳动者看齐。如赖ＸＸ（初一、父是将军），有一次，妈妈带她去商店买袜子，她看到有些人的袜子比自己的还要破，想到生活上要向劳动人民看齐，就不买了。她的袜子常常补了又补，补了六七次。在思想方面注意严格要求，常警惕自己说："小Ｘ啊，小Ｘ，别上了资产阶级的当。"高三Ｘ班顾ＸＸ等学生热爱劳动，平常积极争取参加义务劳动，如练习挑水，星期天拖板车、送粪下乡。暑假期间还自觉地到农村劳动了十多天。群众反映很好，说这样的团员才像个样子。有的学生学习雷锋精神，关心群众疾苦。该班李ＸＸ（工人家庭），放学回家，遇到一个跌伤的小孩，便自觉把他送医院治疗，付药费，看完病以后又把他送

回家。区ⅩⅩ（高级知识分子家庭）在三次救火中（两次校外，一次校内），都能奋不顾身，进行抢救。一次虽负了重伤，但还不愿下火线。有的学生把学习和革命联系起来，以董加耕要求自己，如高一Ⅹ班杨ⅩⅩ（干部子弟）初中毕业时曾自觉要求下农村到革命第一线去。平时注意进行劳动锻炼，准备为一辈子劳动打好基础。高三Ⅹ班刘ⅩⅩ（高级知识分子家庭）认识到自己家庭是属于两个剥削阶级之一的资产阶级知识分子。决心做家庭的叛逆者，做无产阶级的后代。她具有了一颗红心两种准备的思想。要求到党最需要、最艰苦的地方去挑担子。同时从根本上改造自己。

这些学生思想的形成，主要原因是：

1、学习毛泽东思想

上学期教改以来，由于减轻了负担，学生学习毛选更加经常和自觉了。高三Ⅹ班李ⅩⅩ（工人出身）学习了《关于重庆谈判》一文以后，想到自己的责任，表示要为革命自觉地去挑重担子。学习了《青年运动的方向》以后，检查克服了过去轻视劳动人民的思想，有意识地接近工农群众，决心一辈子与工农群众结合在一起。高二Ⅹ班孙ⅩⅩ（革命干部出身）反复地学习了《为人民服务》《纪念白求恩》，明确了为谁活着，为什么活着。她立下了革命志向，决心继承革命事业。高一Ⅹ班张ⅩⅩ（革命干部出身）能活学活用毛主席著作，效果好。她说：《矛盾论》帮助我解决了许多矛盾。《愚公移山》给了我克服困难的信心和力量。她体会到：《人的正确思想从哪里来》给她指出了健康成长的道路和方向。

2、劳动实践

劳动实践，对同学影响极为深刻。有些学生，由于下乡劳动，接触了劳动人民，受到了教育和锻炼，因此思想感情发生了变化。他们从生活水平、劳动贡献、精神面貌等方面与劳动人民相比较后，就感到自己的渺小，劳动人民的伟大。从而产生了热爱劳动，热爱劳动者，愿意做一个普通劳动者，为人民服务的思想。

3、革命家庭教育的影响

16个学生中,干部和工农子弟占13人。由于他们出身好,经常受到家庭的影响。有些工农子弟,通过忆苦思甜,更加痛恨旧社会,热爱新社会,热爱毛主席;自觉地要求走革命道路。特别是一些老干部,对子女要求严格,并能以身作则,因而促进子弟的健康成长。如赖小宁的父亲,对子女要求严格,不许他们坐小汽车,不许他们夸耀自己的家庭,要他们从小养成劳动习惯和艰苦朴素的生活作风。并经常讲革命斗争的故事给他们听。杨ⅩⅩ同学的父亲(是南京林学院副院长),常教育孩子要为革命而学习,对孩子的正确要求采取鼓励和支持的态度。杨ⅩⅩ初中毕业时,要求下农村,他表示支持,并教育他不管下农村、还是继续升学,都不能存在个人的目的,要为接替老一辈事业而努力。

4、先进人物的光辉形象,对青年学生有很大的鼓舞作用

学习雷锋、董加耕及本校的黄ⅩⅩ,对这些学生的思想有深刻的影响,他们把这些人物作为自己的榜样,决心要走他们所走的道路。

二、 学习目的不明确,一心为个人的

根据六个班的统计,为个人而学习的计275人,约占总人数的89%。存在这种思想的学生,虽然各人想法不同,但根本目的都是为了个人利益。

1. 读书为了成名成家的计123人,约占总人数的40%。在这部分学生中,比较突出的是一些高级知识分子和剥削阶级家庭出身的学生。他们脑子里贯串着名利地位观念,追求生活享受,千方百计为达到个人的欲望而奋斗。有的学生想当作家,要把自己的作品载入世界文化宝库,闻名于全世界。高三Ⅹ班毕ⅩⅩ(家庭地主)认为作家拿钱多,每月可以拿千儿八百。该班乐ⅩⅩ(职员家庭)要把自己的作品和世界文化名人并列,用稿费买汽车、修洋房。有的学生由于一

心想上大学、当专家，走只专不红的道路。高一X梁XX（父是教授）说："在成名成家的思想指导下，也能把功课学好，只要掌握了很多知识，将来工作时稍为改造一下思想就行了。"有学生，为了追求升学，埋头读书，不问政治，不愿参加劳动和社会活动。拼命复习功课，一天做好几篇作文，几十道数学题，有的连半夜到厕所还带着书看。

2. 为摆脱体力劳动而学习的，计51人，约占总人数的16%。有这种思想的学生各种家庭出身的都有。他们的特点是害怕体力劳动，想做脱离劳动的知识分子。这些学生没有强烈的成名成家的欲望，仅只要求能考上大学，不参加体力劳动就行了。高三X班管XX（父是工人）说："我要做一个坐办公室的人，目的是免去过重的体力劳动，免去日晒雨淋，可以舒舒服服的工作。"该班马XX（父劳改过）说："我也不想考上名牌大学，只要能考上就行了，就可摆脱体力劳动，少吃苦头。"有的立下"雄心壮志"，要"埋头三年，力争考上大学。"有的把农村看成比黄连还要苦，下决心一辈子不下农村。

3. 为父母、为家庭而学习的，计22人，约占7%。有这种思想的学生主要是一些工农子弟，家庭生活比较贫苦，想毕业后可以找点工作，挣钱养家，孝敬父母，以报养育之恩。高二X班成XX（贫农出身）说："我的学习目的很明确，是为父母而学的，因为我从小没有母亲，父亲好容易把我拉大成人，我不好好学习，就对不起父亲。"高三X班方XX（家庭工人）看到父母整天劳动，弟妹无人照顾，感到心酸，打算毕业后找个工作，减轻家庭负担，让弟妹安心读书。有的学生认为读书的钱是父母给的，不是人民的，因此，只要为父母而学，不要为人民而学。

4. 为其他目的而学的。这些学生往往都是由于看到别人工作的一些现象，产生了幻想和羡慕。有的看到军人，觉得军人很威武，便想做军人。有的想做军事工程师，认为既是威武的将军，又是天才的科学家。有的想当医生，以为医生可以不参加劳动，又受人尊敬，很适合女同志。有的想当演员，认为演员生活好，还可以走遍全国。还有一些学生看到现在党强调知识青年下乡，首长也送子女下乡，片面以为将来会挑选这些人当干部，因而想下农村。

除了上面所说的两种目的以外，也还有一部分学生，成天糊里糊涂，得过且过，只知道玩。如初一的张Ｘ说："上中学是来玩的，可以打打乒乓球，学学自行车，搞搞无线电，装装矿石收音机。至于为什么学习，将来再说，反正到毕业时，老师和家里会告诉我的。"有这种思想的主要是初中的学生，他们入学不久，年龄又小，想得较少，觉悟不高，分不清是非。

以上思想产生的原因，主要有如下几方面：

1、家庭的不良影响

从学生所反映的各种问题来看，家庭的不良影响是主要的原因。为了说明问题，分述如下：

（1）出身于剥削阶级家庭（包括有政治历史问题）

有些学生反映，他们的家庭无时不在争夺他们。家长采用软硬兼施的办法，表面上关心子女，为他们的前途着想，实质上是要把他们的子女争夺过去，成为他们的接班人。有的家庭教育子女要好好学习，将来成名成家，才能干大事，拿大钱，才有出头之日。有的父母对子女介绍自己的"切身经验"说："学好数理化，走遍天下都不怕，学文科不好，犯了错误就无用武之地了。"有些家长甚至要子女制造假象，企图蒙混组织。如教育子女在填表时大骂自己，说愈骂得凶，就愈显得进步，组织才会相信，考大学才有可能。高三Ｘ班宋ＸＸ同学的家长（旧军官）用恐吓手段，对他说："共产党是不会相信你的，不然你怎么不能入团呢？你不听家里的好话，将来要碰得头破血流的，到那时你后悔也来不及了。"从这些具体事例看来，剥削阶级虽然被打倒，但却不甘心他们的失败，特别是想从他们的子女身上寻找出路，企图实现"翻身"的美梦。

（2）出身于高级知识分子家庭。他们由于本身的经济地位和长期所受的资产阶级教育，唯有读书高的思想特别严重。他们希望子女继承他们的事业，传他们"世代书香"的家谱。高二Ｘ班王ＸＸ的父亲（教授、九三学社社员），对她说："现在的时代，能否考取大学，是一个人一生生活的转折点。"高一Ｘ班冯ＸＸ的父母（父是教授，母是讲师），对她说："我们家里有很多有关气象的书，没有人看，没有人接，我要你学气象，将来接替我们的事业。"还有的家长认为他们是书香门第，读书是他们的权利，子女上大学也是理所当然。还说什么小学——中学——大学是一种规律。有的家长要子弟学华罗庚将来坐小汽车。并说："如果学董加耕，就只有拉粪车了。"有些家长还用物质刺激子弟好好读书。向他们许愿，答应考上了大学后给钢笔、手表，添置衣着、被盖等等。

（3）出身于干部家庭和工农家庭。这些家长大都能以革命思想教育子女，但也有某些家长受了旧教育和习惯势力的影响，只希望子女升学，害怕学生参加劳动。有些家长认为自己的读书权利被旧社会剥夺掉了，希望子女争口气，做家里的第一代大学生。有些干部子弟存在着政治上的优越感，生活上怕艰苦，认为自己应该上大学，去做所谓"红"色的专家，而劳动则是别人的事。

从以上情况看来，资产阶级的名利地位，唯有读书高的思想从各方面影响着学生，特别是一些剥削家庭，拼命和我们争夺青年一代，找他们的继承人。即使出身于劳动人民家庭的学生，也不能完全摆脱这种影响。由此可见，在校内争夺青年一代，培养无产阶级的接班人，是一项异常艰巨的工作。

2、社会各方面的影响

社会上的阶级斗争，必然反映到学校中来，有很大一部分学生，由于抵制不了资产阶级思想的侵蚀，做了资产阶级的俘虏。高三Ｘ班毕ＸＸ谈到他的亲戚朋友，对他所讲的都是名利地位，成名成家，相互提拔，同享富贵一类的话。过去他把这些话当作金玉良言，梦寐以求当专家、拿高薪、住洋房、坐汽车。该班李ＸＸ由于三年中经常看越剧，便羡慕演员的生活，想做二十世纪的林黛玉。

由于这些不良的思想影响，便有些学生害怕劳动，一心向往资产阶级腐朽没落的生活。

3、学校的影响

教育脱离实际，使学生埋头读书，不关心政治，不利于培养坚强的革命后代。正如有些学生所批评的："小院子里养不出千里马；小花圃里长不出万年松；关在笼子里长大的鸟儿不能成为翱翔长空的雄鹰。"其次是教师还有意无意的向学生宣传唯有读书高的思想。如一个历史老师对学生讲："升学、当干部要学历史，当农民可以不学。"一个班主任也对学生说：不学好历史，将来高考是要吃亏的。一个语文老师在学生的作文上批了一首诗说："榜上挂名喜不支，炎蒸多少不眠夜，惊魂甫定泪低垂，未负青灯教我师。"宣扬唯有读书高的思想。教师的一言一行，都深刻的影响着学生。

贯彻党的教育方针，培养无产阶级的接班人，必须使学校革命化，教师革命化。没有一支经过改造的教师队伍，要贯彻执行党的教育方针是有困难的。

南师附中 1964.11

表9. 学生学习目的统计

班级 \ 目的数字		小计	初一丙	初二丁	初三丙	高一丙	高二丁	高三甲
愿意做一个有社会主义觉悟、有文化的劳动者		16	3	1	2	2	1	7
为个人目的而学习的	1.为成名成家	123	30	26	10	9	30	18
	2.为摆脱体力劳动	51	11	6	16	7	8	3
	3.为父母家庭	22		4	6	7	3	2
	4.为其他个人目的	79		15	24	18	5	17
学习目的不明确糊里糊涂的		20	9	2	2	4		3
总计		311	53	54	60	47	47	50

第 8 章

南师附中一千多学生
对教学改革提出的问题整理

（供讨论用）1964.12

一、关于校风问题

二、关于政治思想工作和劳动问题

三、关于评选优秀生问题

四、关于操行评语问题

五、关于学制问题

六、关于课程设置、教材内容问题

七、关于教学方法问题

八、关于考试方法问题

九、关于体育卫生和民兵工作等问题

十、关于组织机构及规章制度的问题

一、　关于校风问题

1、同意原来 16 字的校风

1) 这 16 字很全面，不必改动，尤其是艰苦朴素针对本校实际情况。

2) 16 字可以不变，看你怎样理解。

3) 有人认为缺少热爱劳动，我认为艰苦中就包括劳动。

4) 我校的校风没有多大问题，问题是目前没有做到。

2、主张原来提的校风要修改

1) 原来提的校风没有把青年要革命化、劳动化表达出来
2) 不能适应当前形势的发展，缺乏阶级斗争观点，政治方向不明确。
3) 修改校风要符合教育方针培养目标，又针对本校实际，反映出本校特点。

3、若干对修改校风的具体建议

1) 思想红、知识专、身体棒，工作好。
2) 红透专深，虚心踏实，热爱劳动，艰苦朴素。
3) 兴无灭资，好学向上，生龙活虎，热爱劳动。
4) 明确目的，勤奋学习，认真劳动，不忘阶级斗争。
5) 好好学习，天天向上（这是毛主席提的，包括一切了）
6) 校风用林彪同志提的"读毛主席的书，听毛主席的话，按毛主席的指示办事，做毛主席的好学生"几句话好了。
7) 服从需要，以红带专，艰苦朴素，热爱劳动，团结活泼，全面发展。
8) 好学向上，虚心踏实，艰苦朴素，团结活泼，热爱劳动，锻炼身体。

4、也有人认为以党的教育方针作为校风就好了，不必另搞。

另外，以全面体现方针，校风不必另订，订出来的是条条主义，多此一举。

5、关于特殊化问题

（Ⅰ）要不要课间吃豆浆点心

1、多数人反对
   1) 世界上还有 2/3 的人没有解放，广大劳动人民还吃不饱，我国还是一穷二白，能省还是应该省（有同学算账，一年省 X 千斤粮）
   2) 吃点心还没有到非有不可的地步，物质生活需求过高是资产阶级思想进攻的表现。
   3) 第 2 节课后，简直像茶馆一样。现在养成这种习惯，以后到艰苦朴素的环境，就受不了，撑不住。
   4) 劳动人民每天十点钟都吃豆浆吗？不吃的岂不都"营养不良"吗？
   5) 别校同学不吃，难道身体就不好吗？
   6) 肚子饿，早餐时可吃点干的。
   7) 对学校强迫吃豆浆很有意见。

2、部分人赞成
   1) 吃一点也不算特殊化，因为二节课后有人肚子饿了，吃一点也好，没有点心影响学习。
   2) 学校为了关心学生供应豆浆点心，不算特殊化，毛主席要改善大学生的伙食，难道也是特殊化吗？
   3) 吃豆浆为了增强同学体质；体质增强了，为了搞好学习，学习提高了是为了更好地为人民服务。

3、一部分人主张保留豆浆，不要吃油球点心。

4、也有人认为豆浆点心可以吃，但要各人自愿，不要强求一致。

（Ⅱ）要不要小店

1、有人主张撤销，因为便利吃零食，没有好处。

2、有的主张小店售文具用品以及代售图书，不卖零食。

3、有的认为关了小店不是办法，因为思想没有改变，他可以出去买。

(Ⅲ)自行车问题

我校学生骑自行车人太多,路近的人也骑车子,怪神气的,易养成特殊化,外面喊飞虎队来了。

(Ⅳ)外面有人说穷二中,坏八中,公子少爷在附中;有的是公子小姐南师附中。

(Ⅴ)我们学校出现了浪费饭菜、不吃素菜、不吃肥肉、抛弃旧鞋袜、用豆浆喂羊喂猪等现象。

二、 关于政治思想工作和劳动锻炼问题

很多同学(各年级都有,高中更普通)认为,要培养革命接班人,就要革命化,首先要劳动化,因此对学校劳动太少提出很多批评和建议:

(1)针对本校同学不够艰苦朴素、家庭经济较好的特点,必须通过劳动锻炼,吃大苦,耐大劳,才能改造思想,树立革命思想。

(2)要求实践。"不实践就是不听毛主席的话。""一天到晚一直只在学校里和知识分子的环境里,不能培养出劳动人民的思想感情。""接触社会实际、阶级斗争实际太少,只能培养书呆子。""不要笼中金丝鸟,要做翱翔天空的雄鹰。"

(3)过去每学期只有一星期到10天的下乡劳动,太少了,希望今后每周有一个或二个半天是劳动,到校外劳动——下厂、下乡、服务行业都好,星期天也可以改成"劳动锻炼日",暑假可缩短一些,可以组织去劳动,去解放军中锻炼。

(4)学校内部清洁工作、杂务工作,可由同学来担任。这样可节省几个扫地的工友,做到勤俭办校,清除学生的娇气。

(5)学校里面的实验田太少。

除增加劳动锻炼外,对加强政治思想工作还提了不少意见。

（1）劳动安排很乱，劳动后疲劳，不能复习功课；

（2）大会小会很多，中午变成开会了。

（3）一天的课程、活动、开会、劳动，排得紧紧的，没有自己自由支配的时间。

三、 关于评选优秀生问题

1. 对过去评选优秀生有意见

1) 只看学习分数，是只专不红，提倡"唯有读书高"，引导同学"为分数而学习""为名誉而学习""专字当头，红字跟后"。

2) 硬性规定主科 80 分以上，副科 75 分以上，也不合理，不能真正代表学生的智育。

3) 过去评出的优秀生，不少是"药坛子"，有的"油头滑脑""表里不一""言行不一""非团员多，团员少""不问政治，不关心集体""老好人""不自我批评，也不得罪人""名不副实""不起作用""失去意义""学校承认是优秀生，家长不承认"。

4) 对学校对初中入学时说明："连续三年评上优秀生，可保送入高中，高中毕业可以写入评语，有把握考大学"提出责问，"这是片面追求升学思想，引导学生走什么方向？"

5) 对评选优秀生方法不民主，"班主任独裁""班主任凭分数单圈的"，表示反对。

2. 提出评选优秀生标准，应该

1) 以革命接班人要求衡量，要根据毛主席提出的教育方针，《九评》中的无产阶级革命事业的接班人的五项条件，共青团"九大"青年人所提的希望作为标准。

2) 要德、智、体三方面都好，尤以"德"为先。包括思想政治好，劳动锻炼好，艰苦朴素好等。"智"不仅是分数，主要是看学习目的、学习态度、学习方法及学习成绩是否有进步。"体"指注意经常锻炼、身体健康、认真保护视力。有的同学概括为五好：思想政治好，劳动好，学习好，身体好，工作好。

3) 也有少数同学主张智育的分数还要提高，评选的条件首先还要看学习，因为学生的主要任务是学习。

4) 对学校提出近视眼在 XX 以下不能评上优秀生，大多数同学不同意。

5) 部分同学提出评选优秀生要贯彻阶级路线，过去优秀生很少有工农子女。

6) 高三同学提出优秀生标准中应包括"一颗红心，多种准备"这一条。

7) 也有个别同学主张不要拟定具体条件，让群众评选，群众的意见就是标准。

8) 也有个别同学主张根本不要评优秀生，"谁好谁坏，同学心中都有数。""学习是为了革命，又不是为了优秀生的名誉"。

3. 评选方法

1) 多数学生主张采取自下而上的方法，先民主，后集中，大家选，班主任和教导处审查决定。

2) 少数同意老办法。

3) 要求在学期结束前评出，不要到下学期开学才公布。

四、 操行评语问题

1. 对过去评语的意见

认为单由班主任凭印象写的，很容易主观性和片面性，只写一般性的字语，只写好的，不写缺点，不能促使同学进步，相反，或者助长了骄傲自满，或者打击了积极性。

2. 对今后评语写法的意见

1) 主张由同学自己写，因为自己最了解自己，写以前可以征求同学与老师意见。
2) 主张由同学写自我鉴定，老师根据这鉴定写出评语，再征求同学意见。
3) 主张由同学小组讨论评议，提出意见，由班主任、任课老师和团支委、班委共同研究讨论，班主任最后决定。
4) 一部分同学仍主张由老师写，不同意同学自己写，也不同意同学小组讨论。
5) 评语内容都希望写得实事求是，有优点，有缺点，指出今后努力方向，"使评语真正能反映学生的历史。"

五、 关于学制问题

学制：现行学制是脱离实际的，很难避免资产阶级思想侵蚀，建议尽快实行半工半读制度，每年至少要有二至三月的劳动和社会实践，以利于培养无产阶级革命接班人。上午上 3 节课，1 节自习，下午全部劳动，有些课快教完的让出时间学毛选、政治、农业知识、珠算、劳动。

六、 关于课程设置、教材内容问题

1. 语文

1) 增选些反映亚、非、拉民族民主革命运动的文章，少教些文言文。

2) 要选能培养学生分辨香花毒草能力的文章,联系当前文艺教育战线上展开争论的文章。

3) 语文课文均让学生课外看,每周以一节课进行辅导,其余课时完全改为作文。

2. 历史

1) 高中不开历史课,完全可以自学,结合毛主席著作自学党史;每学期开几次讲座,帮助同学理解。

2) 和政治课合并,腾出时间参加生产劳动;和政治课语文课联系起来上,如每学到一个历史事件,介绍看有关记载的文章,用阶级分析观点来加以分析,这样,历史就不要死记硬背了。

3. 英语

现用教材,不少是讲的十二、十七世纪"英雄""封建帝王"的事情,内容空洞无聊,课堂失去思想阵地;建议把好句子、句形用到为广大工农兵服务的文章里来,既掌握知识又培养无产阶级思想;也可摘一些《北京周报》的英语文章给学生读、翻译。

4. 理化

增加些联系实际的生产知识。

七、 关于教学方法问题

1. 一般的问题

1) 教师应多培养我们的兴趣,多指导我们课外阅读;这学期讲座少了,课外能否组织一些兴趣小组如数学物理等;多举办些科学讲座和参观访问。

2) 中学课程应以培养逻辑思维为主,适当联系实际,但不要联系简单的生活实际或生硬关系。
3) 上新课，老师不要直接叫我们看书，首先提出问题叫我们联系旧知识，自己去推导出定律或公式。
4) 有时作业很少，有时又几科同时布置作业，负担很重；都能多布置些作业，特别是些难点、重点和容易犯错误的题目，可以不规定时间和数量，能做多少做多少；课外出些思考题（关系实际问题的），是有好处的。

2. 各科的问题

语文：
1) 没有意义的问题争论得多，扯得远，基础知识讲得少，很难达到提高阅读写作能力和一些语言文字、文学常识的要求。
2) 课文不要句句讲，应以自学为主，进度快些，多读些课外读物或参加劳动。
3) 作文题要符合学生生活实际，不要硬写；可以不出题目，想写什么就写什么，也不一定课内做，两周交一篇；也有人反对，认为这样做可能爱写记叙文忽略议论文，学得不全面；作文打甲、乙、丙、丁是应该的，好让学生前后比较，看出进步与否。

英语：
1) 用英语直接教学法有好有坏，听得懂的学生越学越好，听不懂的学生越学越糟，造成两极分化。
2) 课外给学生些英语文章和日记。

数学：
1) 每章每节教完后，给一些综合练习题，做了可以不交；另外还可出一些一题多解的题目，做完后师生在一起评讲，培养学生说理能力和表达能力。

2) 代数进度太慢，有些内容可以让同学看书解决。（高二）

3) 常常老师一人讲，学生未及思考就过去了。（高一）

4) 练习课每周连排两节，让做习题时间充裕些。（高二）

理化：

应重理解和应用，实验要多做，不一定局限于课堂，也要适当参观；要多让学生动手，实验室应开放，只要做好思想工作。

政治：

教师不深入了解学生活思想，教学内容，教师事先规定了，这样效果不好。（高二）

历史：

老师看着书讲，有时列列提纲，不要学生自己看，要开展讨论。

语文历史数学物理等课，都可以让同学先看书，老师指点，个别辅导，有时可以年级为单位上大课，上课前学生先预习，如同学已经懂了，也可不去听，在教室里自学。

八、 关于考试方法问题

1. 命题

    1) 政治课考活思想，不像以前死背笔记；其他课如代数也可以开卷考试。

    2) 代数不应开卷考试，否则就不看书了。

    3) 考作文要使同学根据所学课文的某些写作方法来写，也可看一篇短文分析，可回想所见所闻类似事件写文章。

    4) 俄语考试多是死记硬背的。（初二）

    5) 理化可以到实验室去进行考试。

6) 试题不应太难，也不应太易，应有灵活性；应该加一些难度大的灵活运用的题目。

2. 次数

1) 一学期考两次不好，不能正确反应学习情况，不能及时掌握学习情况；靠两次来决定成绩，思想紧张；平时要多进行几次检查，不记分；考试不公布日程，也不要在一周内考完。
2) 减轻负担应是课堂讲的少而精，培养同学积极思维能力，单纯减少作业减少考试。
3) 单元测验是必要的，可以针对弱点克服困难，可用开卷考试形式。
4) 取消期中考试，可由平时提问、作业来代替，但也不应该太增加学生负担。
5) 对副科不考，有人放松了学习；在平时应抽几分钟进行小测验或多提问。
6) 俄语代数常检查，老师说不记分，事实老师在记分，这样就可以不考了。

3. 复习提纲

不应该有复习提纲，把做复习题的时间去全面复习，掌握更多的知识。有了复习提纲，就不去踏实复习课本了。

4. 评分

1) 最好不打分，给评语，因为毕竟是片面地了解学习的情况，学生光看分数，不看错误在哪里。
2) 60 分和 59 分，一分之差，就有升留级区别，我赞成 5 分制或甲乙丙丁。不用 100 分制。

3) 成绩单上不记分，写哪门功课学得好学得差，原因是什么。

4) 政治语文考试，不能以分数来衡量每个学生的水平，宜采用评语；理化增加口试，外语笔试口试都要打分数。

5) 语文不考，文言虚词用法不能掌握；作文不能反映语文全部成绩；历史开卷考试，大多同学抄书，分数形式化。

5. 超分题

1) 可以出超分题：超分题是个新事物，要慎重研究，凡事有利有弊，超分题能不断检查自己水平提高的程度；可以促进思考能力，可以看出学生的真正质量。

2) 反对超分题：
① 正迎合学生分数观点。
② "物质刺激"滋长分数观点。
③ 一心想超分，平时钻难题，不参加班上活动。
④ 考试只顾做超分题，前面的不复看。
⑤ 超分题使人忽视平时的基本知识。

3) 改进办法：出难一点的题目，思考性强的题目，叫附加题，不记分，以检查水平。

4) 另有少数同学提出不需要考试，老师看同学平时学习情况，同学自己写学习心得体会小结。

九、 关于体育卫生及民兵工作等问题

1. 体育课本学期有改进，但还有一些意见：
1) 体育课活动量太小，不灵活，规定太死。
2) 教师课前讲得还太多。
3) 体育课外活动，希望不要规定太死，可以让同学自己去

活动。每天都可以活动。

4) 体育室的球类，借出制度不灵活，花费时间太多，星期天没有借。

2. 对学校环境卫生的意见，比较多的是对宿舍卫生的检查认为有形式主义，标准不对，没有政治思想内容。对学校中打扫等工作可由同学担任。

3. 对保护视力问题，要求坚持，把眼睛保健操认真做好。

4. 对民兵工作要求落实，不形式；对民兵的审查要重视，"枪杆要掌握在最可靠的人手里。"

十、 关于组织机构、规章制度问题

1. 组织机构

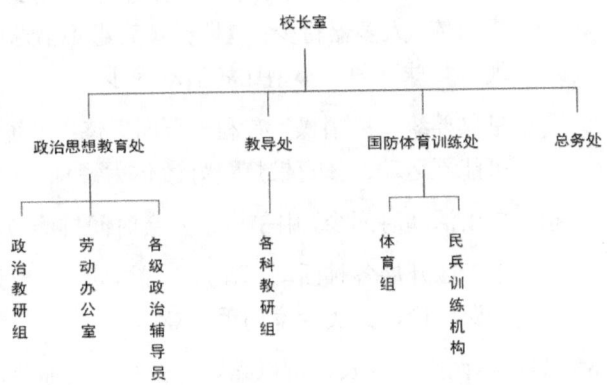

2. 规章制度

1) 可取消的制度：早操，晚自修，体育锻炼，课间操，不要作规定，使同学完全自觉。

2) 重新修订的制度：

① 形式主义的，如课堂规则第四、八条，实验室规则

第四、五条，集合规则第六条，劳动规则第一条，饭厅规则第六、四条，学生规则第八条。

② 学生证上清规戒律根本做不到，缺革命化要求。

③ 图书馆中午、晚间应开放，实验室课后应开放。

④ 早晚自修时间太短，要延长时间，9：30 熄灯，8：30-9：00 自由支配。

⑤ 早上起身钟前应允许同学先起身，不要规定太死。

⑥ 下午时间排得太死，自由活动时间没有了。

⑦ 自修课应允许同学离开座位讨论，交换意见，到图书馆看报刊等。

⑧ 第7、8节，教室要开灯，阴天要开灯。

3) 课外活动安排

① 一周的活动安排过死；劳动民兵体育锻炼经常冲突；想锻炼，人多器材少；星期天体育组不借球网，想参加乒乓球不得；小型比赛活动太少。

② 早操要统一广播操，有利于全面锻炼；不统一做操，可能不运动；体育锻炼最好改体力锻炼。

③ 自由活动时间少，中午成了开会时间排演节目时间。

④ 下午应开展各种活动，增加参观访问、生产劳动，政治课讨论，到实验室动手，XX。

3) 暑假：两个月太长，可以缩短一个月，增加劳动时间。

4) 助学金：要贯彻阶级路线，评定时要充分调查研究。

5) 传达：门房传达制度不严，坏人容易钻空子。

6) 图书馆：借书时间太短；要经常向同学介绍好书；灯光还暗；工作人员服务态度不好；中午晚上星期天都要开放。

3. 其他

1) 学校会议太多，教导处团委会安排活动有时互相矛盾，校长报告有点长。
2) 最好仍以敲钟为信号，铃声远处听不到。
3) 自来水龙头太少，如饭厅旁洗碗排队，浪费时间。
4) 赶快把大礼堂的喇叭装好。
5) 校医要加强工作责任感。
6) 学校工友太多，有些事可以让学生做。
7) 体育运动器材要及时增添修理，如滑梯不适用，浪桥巨人木都没修好。
8) 要组织无线电课外活动小组，学校买零件给大家活动。

第 9 章

江苏省中等学校政治理论课工作会议
参考资料之六

挣脱家庭的束缚，做无产阶级的好儿女

南京 方 X

一、 "学而优则仕"的家庭教育

我出身于一个资产阶级知识分子家庭，从小就受着强烈的"万般皆下品，唯有读书高""学而优则仕"的家庭教育。父母一直盼着我和弟弟接下他们的"书籍"，继"书香门第"的家谱。

记得我在小学的时候，老师给我写评语说："劳动观点不强"，家里看了这个评语不以为然。奶奶（地主）说："读书是为了考大学，又不是为了劳动，只要功课好就行，劳动用不着学。""你以后又不需要劳动，当教授劳动不好有什么关系！"平时，他们对我"特别照顾"，一心要我省点力气，全力攻书。有时我要自己洗衣服，奶奶把衣服夺过去交给阿姨，说："洗衣服那不是读书人干的事，别浪费时间。"有时我步行到学校，爸爸责怪我不乘车子，说我"放着现代化工具不用，不会把走路的时间用来读书。"爸爸常常对我说："我和你妈妈都老了，不中用了，我这一辈子没有捞到留洋，很遗憾。现在只好把希望寄托在你和你弟弟身上。你要好好给我读书，立志当科学家，给全家争光。"数学没有阶级性，不论什么时候都能用得上，所以我很爱数学。我和你母亲都是搞数学的，你的数学也有些基础，我们可以培养你。"奶奶也说："你爸爸小时候读书很用功，所以现在才能当教授，生活多舒服！我站在人前都光彩。你要好好向你爸爸学习。"

我们家在生活上也是很讲究的，完全是一套资产阶级的生活方式。全家五口人，占用着公家大、小七间房子，每顿饭都有几荤几素，伙食只求有营养，再贵也不怕；饭后必须吃水果助消化。有时我穿件稍旧点的衣服，奶奶就骂我，人家想穿穿不上，你有好的不穿，人不像人，鬼不像鬼，寒酸相，给她丢脸。他们还对我搞物质刺激，如果我好好读书就给我买手表等等。因为他们把希望寄托在我身上，就拿我当"宝贝"，稍晒一点太阳怕我中暑，稍淋一点雨又怕我着凉。我每次回家，他们总说学校伙食不好，我在学校"吃苦了"，回来好好"补充补充"。在他们这种家庭熏染下，从小就在我的身上埋下了资产阶级思想的祸根，立下了"伟大"的志向——沿着爸爸的路爬上去，当个了不起"科学家"，所以，我在学习上一直很用功，成绩也不错。生活上挑肥拣瘦，劳动上害怕艰苦。

二、 顶住旧势力的围攻

几年来，经过党的阶级教育、劳动教育以及向雷锋同志学习，使我的思想觉悟有了提高，渐渐地懂得了什么是正确的，什么是错误的；什么是光荣的，什么是可耻的；应该爱什么，应该恨什么；应该走什么样的道路，不应该走什么样的道路。我开始感到爸爸他们是把知识当作获得个人名利地位的阶梯，难怪他们一心一意要我埋头读书，走他的道路。我开始感到，爸爸、妈妈、奶奶是多么自私和虚伪，开始意识到他们为我设计的那条道路有多么危险！我开始认识到，即使是上大学，也决不能走父亲为我设计的那条资产阶级知识分子的道路，而应该走党所指引的又红又专的革命道路。

进入高中三年级以后，根据党的需要，我重新考虑了自己的志愿。我觉得对我个人来说，由于从小受到资产阶级思想影响，直接到生产劳动中去，到劳动人民中最艰苦的环境中去，对我的锻炼和改造会更有利。目前农村很需要有文化的青年，虽然比较艰苦，但是为了革命事业的需要，我应该冲破家庭的羁绊，投身到农业战线上去。我把我立志务农的想法告诉了家里以后，他们大为震惊，认为我"太糊涂了"，下农村简直就是"叛逆行为"。爸爸说："你这个奇怪的想法从哪里来的？当心不要上坏人的当呵！"奶奶说："大学教授女儿下农村，不是太丢脸了？今年考不取等明年，明年考不取等后年，家里又不是缺吃少穿的。"总之，我下农村，他们是一千个不答应，一万个不愿意。爸爸知道我的思想已经有了变化，便规定我星期天一定要回家，加紧对我进行考大学的教育。

今年，随着毕业的临近，这一场和家庭的斗争也越来越尖锐了。爸爸见我不愿填写报考表，就去找我们的校长，问："一颗红心两种准备对不对？"质问学校为什么不给我填表。学校的党团组织耐心地向他作了解释，告诉他，不是学校不给填，而是我自己不愿填。并对他说，上大学还是下农村，是学生自愿选择的。以后，爸爸、妈妈、奶奶轮番到学校向我进攻。他们用资本主义、封建主义的思想来腐蚀我，用哀求、哄骗、命令、威胁的手段，步步紧逼，用软硬兼施的办法来对付我。

爸爸的那一套是加以伪装的，容易迷惑人，他说："党号召一颗红心两种准备，你不考大学下农村，就是只有一种准备，不让党挑选，就是不听党的话。""上大学贡献大，下农村贡献小，牛顿的名字流传到现在，就是因为他是个科学家，他的贡献大。世界就是由几个像牛顿这样伟大的人物造成的。雷锋、董加耕的名字能流传多久？普通农民又有什么贡献？你要有志气，你就应该看得远些，立志当科学家，为人类作出更大的贡献。"对于贡献，我是这样看的：一个人贡献大小不是看他上不上大学，而是看他有没有一颗全心全意为人民服务的红心，有了这颗红心，无论做什么工作都能为国家贡献自己的最大力量。雷锋并没有上过大学，只不过是普通的战士，能说他的贡献小吗？科学家的创造发明，也绝不是一个人的劳动，它包含着无数工人、农民的劳动。爸爸那种只看名位大小来衡量贡献的观点，是非常庸俗的。志气也是有阶级性的，不同的阶级有不同的志气，爸爸讲的那种志气我不应该要，我应当有革命接班人的志气，有把革命进行到底的志气。我决心用自己的双手建设社会主义新农村的志气也不算小了吧。我这样回答了父亲，他当然还是不服气。他说："你现在正是读书的好时候，记忆力强，机不可失，时不再来。古语说：少壮不努力，老大徒伤悲。你放着大学不考，难道不觉得可惜吗？"我说：

"董加耕的功课比我好,又是共产党员,他升学的条件比我的条件更好,可是他立志务农,并没有觉得自己可惜。"父亲又说:"他家在乡下,下乡的条件比你好。"我说:"候隽是北京城里的一个工程师的女儿,她不也下农村了吗?"父亲理屈词穷,愤愤地说:"我不谈他们,你是我的女儿,我只谈你!"他怕弄僵了不好办,又转过来哄我:"你听一听我的话,不下农村吧!这样,我喜欢。你上大学要用的东西我都给你准备好了。""你现在年轻不懂事,激动一时,将来冷静下来后悔了,可不要怪我不培养你。我叫你考大学是为你好,别人哪个叫你考大学?""你下农村就是害怕考试,没勇气站出来让国家挑选,不听党的话。"听了他这一席伪不伪、真不真的话,真叫我恼火,我说:"你不要说漂亮话,其实你根本不是那样想的。我坚决下农村正是听党和毛主席的话,走革命的道路,做革命的接班人。我又不是'顺心丸',不要无原则的讨谁喜欢。"他看哄不住我,就进一步逼我:"你要是我的女儿,你就一定要考大学,要么就不是我的女儿。"我说:"不是你的女儿有什么了不起,我要做党的好女儿。"就这样,我和爸爸连吵带地谈判过许多次,而每次都是不欢而散告终。

爸爸和我达不成"协议",妈妈又接着来做工作,她先后到学校三次,动员我填报考表,每次都要和我磨上二、三小时,每次她都是抱着希望而来,带着失望而走。

奶奶的那一套很露骨,比较容易识破些。开始她向我发火:"你读十二年书就是为了上大学,以后当你爸爸这样的人。自来水、电灯、洋房、鱼肉、水果……哪里来的,还不是你爸爸读书用功挣来的。不争气的东西,放着大学不读,有天梯不爬,有福气不享,接着她又疯狂地诬蔑说:"农村穷得要命,什么也没有,要吃的没有吃的,要穿的没有穿的,一天到晚晒太阳摸锄头把,又苦又没有出息,人家都不去,就你充好人,偏偏要下农村。"我说:"没有农民吃苦,哪来你们的享福?"奶奶说:"农民是没办法才吃那种苦,你可以不去吃苦的,是自找苦吃。""过去下农村的人,十个有九个受不了,哭哭啼啼的向家里要东西要钱,你要下农村,将来我什么都不给你。"我说:"你为什么就没有看见董加耕、侯隽、邢燕子……有志气的青年就是要自找苦吃。你放心我什么也不会要你的。"她看打嘴仗不奏效,就企图用野蛮手段来压服我,她把我拖回家打了我一顿,我咬紧牙顶住了。我暗暗对自己说,你打我也决不屈服。以后,她又抓住各种机会来对我进行"形象化的教育",我和她一同上街,她指着修鞋的皮匠说:"你看人家没读书,多苦呀!只能干干这个。"指着拖板车的工人说:"你看这个活多累呀!到农村天天都要干这样的活。"她甚至连吃饭的机会也不放过,指着肉碗说:"就亏你有好爸爸才吃这么好,下农村哪有这样好的吃。"她看我不受影响,就又企图从感情上来软化我。她来学校找我三次,来一次哭一次,最后一次赖在学校不走,非要我答应不下农村不可。后来她实在没有办法,就一下跪在我的面前,哭着说:"奶奶给孙女下跪,是要遭雷打的。好话歹话说了一大堆,你还是不回心转意,你的心有多狠!你祖上都是读书人,要是在你身上断了香火,真要把我气死了。""我花了多少心血把你从小带到这么大,现在你连我的一句话都不听,你叫我怎么见人呀!你爸爸为你的事都要急病了,他就你这么一个女儿,你下农村,他怎么舍得呢?昨天我和他一夜都没有睡着,他作梦都在叫你上大学。你把你爸爸急出病来怎么是好,我靠谁养活呀!你不听我的话,我就没有你这个孙女……"她这一番话,还是动摇不了我的决心。她看我没有被她感化,气不过,从地上爬起来又打了我一顿。他们见全家出动都没有效果,就又请邻居来动员我。这位邻居跑到学校对我说:"我是学教育的,从教育学的观点来看,你很适合读大学。""我提几个问题,要是你辩不过我,你就听我的,跟我回家填表考大学。"我正在感到不好对付时,幸亏我们的校长和团委书记帮我对付了这位"好心"的邻居。

报考时间过了以后,他们仍然不死心,希望我明年再考。父亲说:"我教了二十多年书,自己女儿都不上大学,对我的打击太大了,叫我怎么见人,我一辈子都不甘心。"

三、 坚决和资产阶级思想决裂

要和资产阶级思想决裂,是要经过一番艰苦的思想斗争的。这些天，白天我被爸爸、妈妈、奶奶包围，我和他们斗；晚上睡在床上，那些资产阶级个人主义牛鬼蛇神的阴魂跑出来，它们来包围我，我就和自己斗。

一个声音在说："你果真不上大学到农村去吗？爸爸的话顿时在我脑海中回响起来："科学上需要人。科学是奥妙的。以后你的同学大学毕业了，当了什么'家'，而你却仍是普通农民，不会认为被埋没了吗？""农村没有星期天、假期，能习惯吗？"

另一个声音对我说："你怎么去考虑个人的得失了？，你只应该考虑怎样做一个革命者，道路一经选定，就要一直走到底。你把劳动人民培养你的文化知识，作为自己获取名利的阶梯吗？高中毕业了，就不去想想培养自己上高中的劳动人民，不想为人民服务，这是一个共青团员应该想的和做的吗？"

一个声音说："你违背了家庭的意愿，以后回家就难受了，邻居也会讥笑你。"另一个声音在说："你要做革命青年，就不能为旧意识所俘房，要敢于做旧势力的叛逆。"

就这样，一次一次地斗争着。我意识到，严重的阶级斗争就在我的身边，我在这场争夺战中丝毫也不能麻痹，稍一放松，就有被拉过去的危险。

是什么力量支撑着我敢于和家庭作斗争呢？是党团组织、是老师和同学们，是毛主席著作，是英雄人物的光辉形象。在和家庭作斗争的这一年的时间里，校长、团委书记、班主任老师都曾多次找我谈过话，耐心地帮助我，给我指出了进步的方向，使我在这场阶级斗争中擦亮了眼睛，站稳了脚跟。团的组织几次表扬鼓励我，也使我进一步增强了胜利的信心。毛主席的《为人民服务》《纪念白求恩》等文章，以及雷锋等英雄人物的光辉形象，给了我极深刻地教育，使我懂得了应该怎样做人，为谁活着。使我懂得了世界上有三分之二的劳动人民没有解放，在我们的心目中应该时刻想着这三分之二。虽然我在家中是少数，但我并不感到孤立，我觉得毛主席的话，英雄人物的形象，党团组织的鼓舞和教导，在我身上，已经形成一股强大的动力。我确信真理在我这一边，按照党和毛主席的指示去办，就是胜利。

四、 迎接更严峻的考验

现在,我已经到农村落户了。我的爸爸、妈妈、奶奶,对我下农村只好无可奈何的默认了。但是,这并不等于他们的旧思想得到了改造,并不等于他们放弃了自己的观点,甘心退出历史舞台。我的父亲也从我背叛家庭的这件事总结出了"教训",他痛感对我的工作"抓迟了""住校住坏了"。现在他对我"失望"了,把工作重点转到弟弟身上。他还要和我"走着瞧",他不止一次地扬言:"十年以后,你的同学当了博士、工程师,而你还是一个普通的农民,到那时再看谁对谁不对。"

与此同时,"在农村一辈子似乎有些可惜""还是上大学前途大"等个人主义的余毒,还不时在自己的脑子里隐隐出现。我深深地感到,和家庭的旧势力作斗争,和自己的资产阶级个人主义思想作斗争,还远远没有结束,迎接我的将是严峻的斗争的考验。今后,在农业战线的新岗位上,我要毫不放松,严格要求,听党的话,把自己改造锻炼成为坚定的革命接班人。

五、 勇敢的抉择,顽强的斗争(编后)

方X同志的《挣脱家庭的束缚,做无产阶级的好儿女》这篇自述,真实地反映了自己与家庭的资产阶级思想作斗争、决心走革命化道路的一段曲折复杂的经历。这段经历中,我们可以看到在今天的社会主义社会里,一个青年要走革命化的道路,要经过资产阶级思想和各种旧思想旧势力的重重阻碍,只有那些敢于顽强斗争,坚决跟着党走的青年,才能坚定不移地走上革命化的大道。

在无产阶级专政的条件下,资产阶级和他们的知识分子,看到要他们的后代通过占有生产资料而当资本家的道路是走不通了,于是他们就竭力让他们的子女,通过只专不红的道路掌握文化科学技术知识,从而把知识当作争取个人名利地位的敲门砖,以延续维持资产阶级的地位。这不是关心他们子女的前途,而是对他们的子女的毒害，把他们子女拉到黑暗的歧途上去。这是当前资产阶级和无产阶级争夺青年的一个重要方面。资产阶级或资产阶级知识分子家庭出身的青年，只有在政治上、思想上和生活上彻底地和家庭划清界限，把自己的命运同无产阶级的革命事业结合起来，坚决走社会主义的道路，积极地投入阶级斗争和生产劳动的实践中去，与工农结合，学习他们的优秀品质和先进思想，努力改造自己，决心为最大多数人服务，也就是为工人、贫农、下中农服务，才能有光明的前途。然而，要争取这个光明的前途，必然会遇到资产阶级及其知识分子千方百计的阻挠，他们反对青年同工农结合，不让他们全心全意为最大多数人服务。因此，决心走革命化道路的青年，必须同资产阶级思想、同一切阻挠自己走革命化道路的旧思想旧势力进行顽强的斗争。这点，方玉同志的经历，是一个生动的说明。

当然，走革命化的道路，是一个长期的自我思想改造的过程，是要经过一番艰苦的思想斗争的。方玉同志在党的领导下，决心挣脱家庭的束缚，立志走革命化的道路。这是决心下得好，道路走得对。对于她的这个勇敢的抉择，我们应该给以充分的鼓励和支持。但是，正如她自己所说的，更严峻的考验在等待着她。我们希望她在革命化的道路上，经得起一切考验，把自己锻炼成为一个坚强的无产阶级战士！

(见《中国青年》1964年第12期)

第10章
江苏省中等学校政治理论工作会议
参考材料之七

南师附中学生下乡劳动心得选编

按：定期组织学生下乡劳动是教育和生产劳动结合的重要形式之一。高中学生可以去，初中学生也可以去，只要有负责干部带队，组织得好。

通过劳动，通过和劳动人民的接触，可以锻炼体质，增强革命意志，同时还可以出乎人们意想之外地提高学生的写作能力。应该特别注意的是，不仅要下乡，不仅要劳动，而且要善于在劳动中引导学生学习毛主席著作，调查研究、思考问题和勤于动手写作，要善于把教育和生产劳动结合起来。

这里是从南师附中本学期学生下乡劳动时写的几百篇文章中选出的十三篇短文，其中有很多好东西，值得介绍给同学们一读。如何改进学校政治课的教学，如何进行教育革命，从这里可以得到一些启示。

一、 农村是个大课堂

这次到农村，我是第一次。这次劳动我的收获非常大，不仅我的身体壮实了，更主要是思想上受到许多教育。

刚来那天在行军路上，我肩上背了个大背包。我一边走一边喘，腿酸得没劲了。到后来，身子跌跌撞撞，似乎背包在指挥我。这时，我心里有些不高兴，嘴里抱怨："这条路怎么这么远？要有汽车多好！"走着，走着，身后不知谁唱起了《XX 歌》，我忽然想起解放军叔叔行军时雄赳赳气昂昂的样子，又想到红军在二万五千里征途中碰到重重困难，他们爬雪山，过草地，没叫一声苦。而我，走在这样平坦的路上，路稍微远一点就连连叫苦，这叫什么锻炼，这怎么做革命接班人？想到这就鼓起了劲，迈开大步向前走去，终于到了目的地。

我们住的地方是牛房。开始时，我很不习惯，特别是一闻到那股牛粪的味就想吐。我们吃饭的地方，那里堆了许多牛粪，我盛了饭就端得远远的，生怕饭沾上牛屎味。可是当我看见许多同学都蹲在牛屎旁边吃饭时，心里不禁责备自己："怎么这么娇气，我是来锻炼的。"于是我又回到那里，蹲在牛屎旁边吃，觉得没有那股味了。

我们在学校在家里用的都是白花花的自来水。这次到农村，我们也用自来水，但是这水是从塘里抽上来的，也不经过什么过滤。那天我接了一杯水，刚要漱嘴，发现杯里许多泥巴，真想把这杯水倒掉。转念一想："怕什么，农民伯伯还用这水煮饭 XXX，我们又用塘水洗脸漱口，不但不觉得脏，而且觉得非常干净。因为我扭转了观点。"时时用"这就是锻炼，这就是革命"这两句话鞭策自己，生活这一关就这样过去了。

在农村这些日子里，我发现了自己许多不如农民的地方。有一天中午，我和同村小姑娘在一起聊聊。那个小姑娘穿着一身补了许多补丁的衣裳，还光着脚。看我脚上穿着鞋袜，就问："你干嘛要穿袜子，不嫌难受？"我摇摇头，心里却有惭愧的感觉，自己和农民比起来真太不朴素了。平时在家里，穿衣服还要挑好看的，有块补丁在身上就好像有些刺眼，真是太不应该了。

我们和农民一起摘山芋叶，我们只图快，马马虎虎把叶子一揪，乱堆一堆。农民不紧不慢地摘着，生怕掉了一片叶子，并且不断嘱咐我们："摘干净呀！"两种不同的摘法看出两种品质。我想：为什么不如农民呢？农民心里想的是公社的财产，是用血汗劳动出来的，所以每一片叶子都很珍惜。再联想自己，吃饭时爱挑剔，有时不愿意吃，真是浪费了劳动人民的劳动成果。

我觉得农民都非常热爱新社会。我们每到一家，都看见墙上挂着毛主席像，贴着的都是歌颂毛主席的对联。那些农民一谈起过去的痛苦生活，到末了说："要不是共产党，我们真要世世代代受苦呢！"有的还说："我非常感谢毛主席。"农民无法用语言表达他们对新社会的热爱。据我们了解，这里过去是个十年九不收的地方，地主苛捐杂税逼得农民无法生活，而现在家家都富裕，热水瓶、球鞋、雨鞋这些东西家家都有了。社员努力生产，经济一天比一天好了，正如社员山歌中唱的："山歌越唱越好听，日子越过越开心，生活好像长流水，千年万载流不尽。"

这次劳动使我得到不少思想问题的答案。我认识到农村是个广阔的天地，是个大课堂，也是个革命的大熔炉。今后我还要不断地在这个熔炉里熔炼，不断学习劳动人民的优秀品质，做一个不怕艰苦、忠心耿耿地为人民服务的人。

初一 潘ＸＸ

二、 我找到了答案

"向贫下中农学习什么？"这是我们班上许多同学下乡带去的问题。在五、六天的劳动锻炼中，在和农民的接触中，我找到了这个问题的答案。

1. 要向贫下中农学习爱憎分明的阶级立场。贫下中农在解放前受尽了地主的压迫和剥削，是共产党和毛主席把他们从水深火热中救出来的。因此，他们知道恨地主、国民党反动派、蒋介石，爱毛主席、共产党、人民政府。当阶级敌人向他们进攻时，他们没有被阶级敌人的糖衣炮弹所迷惑，和阶级敌人进行了激烈的斗争。当阶级敌人企图复辟时，他们睁着雪亮的眼睛，团结在党的周围，和敌人进行斗争，不让敌人复辟。

2. 要向贫下中农学习艰苦朴素的生活作风。在我们所见的贫下中农中，没有一个是城市的打扮。他们都穿着草鞋，穿着补丁的衣服，戴着草帽。他们在生活上非常艰苦。他们从来不讲究吃好的、穿漂亮的，只要有吃的有穿的就行了。

3. 要向贫下中农学习热爱劳动、不怕脏、不怕累的精神。我们每天去上工时，农民在地里劳动多时了。他们每天早晨很早很早就出去拾粪。农民把粪看作宝贝，不但不嫌脏，而且特别喜欢，到处找。

4. 要学习贫下中农敢于批评、乐于助人、有什么说什么的性格。我们第一天劳动时，由于没有技术，劳动得很不好，遍地都是山芋叶。一般的人看见了，都心想："他们是头一天劳动，能把山芋叶摘掉就行了，还讲什么质量？"可是农民看见以后，立即对我们进行了批评，批评以后，又对我们进行帮助，把技术教给我们。我们在访贫问苦的活动中，农民给我们讲故事，他们有什么说什么，从不隐瞒，就连他们自己犯错事也告诉了我们。

5. 向贫下中农学习热爱集体、大公无私的精神。我们访贫问苦后，要帮助生产队长劳动。他说："生产队是集体，你们去帮助生产队摘山芋叶吧！帮助集体就是帮助农民做事，比帮助我做事还有意义。"当生产队没有种子下种时，许多社员把自己家里的种子拿出来献给生产队，使生产队赶上了播种季节。

6. 学习贫下中农热爱党、拥护人民政府的真挚感情。从张社长的报告中，我们发现贫下中农非常拥护人民政府、坚决听毛主席的话，跟共产党走。在生产中，党叫做什么就做什么，党指向哪里，就奔向哪里。

以上这些只说明了我们开始懂得了向贫下中农学习，但是他们还有许多优点我们没有发现。在以后的劳动中，我定要找到这个答案的全部。

初一 江ＸＸ

三、 谈劳动与学习

劳动和学习究竟有什么关系？在劳动中我逐渐找到了以下四个答案：

（一）如果光学习不劳动，就只懂得书本知识，不知道实践知识。

过去我只在书本上读过："做任何事都是不容易的。"但是到底有什么不容易却不知道。可是在这次劳动中，我体验到这个道理。这次下来劳动，分配给我的是摘山芋叶。这虽然是轻活，但是一不仔细就摘不干净，不熟练就摘不快，要想摘得快又干净很不容易。于是我对这个道理有了实际的体会。

（二）如果光学习不劳动，就会成为一个光会捧书本，不能抡锄头的白面书生。

有的同学在城里学习很好，可是到乡下劳动没有几天就生病了。要是这些同学不多锻炼，读了书，有了文化，也不能很好的为人民服务啊！

（三）如果光学习不劳动，就不懂得劳动人民的辛苦，就不能很好地珍惜劳动成果。

过去我认为浪费几粒米、几片菜叶，没有关系，几分钱一斤菜，角把钱一斤米，算不了什么。可是，在农村劳动中，我才知道，要种出一颗稻子一棵青菜，都是不容易的。不说别的，光施肥每亩田就要施五百担到八百担，更不用说浇水、锄草、施肥的事了。因此我也懂得了劳动果实的来之不易，我就开始珍惜一点一滴的劳动果实了。

（四）如果不劳动，就不会有劳动人民的感情。

在城里我们从不和粪打交道，见了粪就捂鼻子。可是在乡下，农民常常要和粪打交道，而且还用手抓了撒在田里。如不常下乡，我们就不会有这样的感情，没有这样的感情又怎能为劳动人民服务呢？

以上这些就是我在劳动中找到的学习与劳动的关系。

初一　周ＸＸ

四、　学习为人民服务

早晨，我们学习了毛主席著作《为人民服务》，大家都想去实践一下。为人民服务主要是为五亿农民服务。大家就决定利用中午休息时间为农民做好事。

我和陈X、张XX、魏XX来到木芦生产队一户贫农家里。我们把地打扫干净后，拿出自己带来的布和针线缝补起衣服来。拿起一件衣服一看，除了一块块的补丁外，大大小小的破洞还有十几处。我想：大嫂、婆婆们要参加生产，家里还有弟弟妹妹要人照顾，没空补衣服，我们给他们补好了衣服，她们该是多么高兴啊！我平时很少补东西，相比补得很不好，一会儿针扎了手，一会儿又补歪了，只得拆了重来。但是，缝啊，缝啊，把我们和贫下中农的心都联结起来了。

初一 汪XX

五、 闯过劳动关—车水、撒粪、赤脚走路

五天的劳动结束了。无论在生活上、思想上、劳动上，都有了一定的收获，体会也很深。特别是在劳动上，体会收获更是超过寻常。

印象最深的有三件事：车水、撒粪、赤脚走路。

星期三，我由老师分配去车水，高兴极了。到了那儿，我第一次看见了水车，又看见农民们在车水，有说有笑，很轻松。我想：这还不容易，用脚踩踩就行了，哪有我读书难？

轮到我车水了。我得意地爬上去，想在农民面前大显身手。一上去，脚离开了地面，好像不由自主了。回头看见后面，是个大水塘，怕一仰掉下去，就拼命把头、身子朝前弯，紧紧地压在伏杠上，两只手抓得牢牢的。开始车水了，我两只眼睛紧紧地盯着脚，一刻也不敢分心，生怕踩滑了掉下去。时而，水车的轴转得飞快，我吓得赶紧把身体悬吊在伏杠上，慢了，我才下来踩。胸口压在伏杠上，喘不过气来，脸胀得通红，难受极了。一回，轴又飞转起来，我的脚没来得及缩起来，就撞在轴上了，我只好下去了，心想，干农活真不容易，农民可真有两下子，怎么看别人轻松得很，自己花了那么大的劲，还不讨好，弄出这副狼狈相呢？我又想，难道就那么没有用吗？学不会，决不罢休！我忍住痛又爬上去了。农民看我这副鬼相，就教我说："两

只手要抓紧杆子，不要把身体都压在伏杠上，身体挺直，离开伏杠，轻松一些，脚就像走路一样，一步一步不要歇。"我半信半疑地照他的话做了起来，真灵，果然效果很好，我会踩了。旁边有个农民说："有点像了。"我心里乐滋滋的。

我深深地体会到，学农活要胆大心细，像毛主席所说的，在战略上要藐视敌人，在战术上要重视敌人。同时感到农村确实是个大学堂，贫下中农是个热心的老师；我要干农活，就应该丢掉洋学生的臭架子，大胆向农民请教；学习时要认真踏实，要克服挡在我们面前的困难，不要被它所征服。

星期六下午，我们本来是打土块的。由于工具不够用，我们就去撒粪了。到了地方一看，不是我所想的化学肥料，而是猪粪、牛粪、烂草、人粪合在一起的，要多臭有多臭，烂稀稀的，可是还要我们用手抓。在城里时，我们脚上踩了一点尿，就好像踩到屎一样什么稀臭的东西，用棍子捣捣，就像搞到嘴里一样，更不用说用手来抓了。这时我想，真倒霉，刚才打土块多好，就怪我当时不"慎重"考虑，弄到这个地步。转而又想："啊呀！我刚才想了些什么？这想法真可怕。什么思想在我脑子里打转转？"我不是曾经口口声声说我要来锻炼，怎么这时竟这样想了呢？可是，这东西那么臭，真要用手，到底抓还是不抓呢？思想斗争得很激烈。无意中一看，几个农民正在笑我们，笑我们就是笑所有的城里的学生。一个人经受得起锻炼，难道是从平平常常的事情中体现出来的吗？这个时刻，就是考验我们能不能经受得起锻炼的时刻，我如果逃避了，就是逃跑了。当了逃兵，这决不能！于是，我硬住头皮，憋住气，猛地抓起一把就撒。一会儿过后，也不觉得怎么了。

粪虽然是臭东西，但是如果在生活中，劳动中与它发生了感情，就会觉得它很珍贵。我们吃的每一颗粮食，都是经过这样的劳动得来的啊！我又体会到，资产阶级思想对我们的侵蚀，就是找我们这个怕苦、怕脏、怕累、不爱劳动、想过安逸日子的缺口！这次我堵了，但我认识到，我并没有把它堵得严严实实。这是要一步步来的。

劳动结束了。我赤着脚走回宿营地。一路上，几乎全是石子路，戳得我脚底板生痛，直叫唤，一拐一拐的，像个大虾子，艰难地走着。一个老师叫我忍住点，坚持到家。我抬头向前看看，还有那么长一段路，一直要痛到家，就又哎哟哎哟地叫起来。我总想穿上鞋，免得活受"罪"，但又怕把鞋弄脏，看看两边，有老师、校长，我如果穿上了鞋子，他们一定会说我经受不起锻炼。我就真的经受不起锻炼了吗？我连撒粪都克服了，这个又不脏，只有点痛，难道这一关通不过吗？即使石子路走不到头，我也决不把鞋穿上。我下了这样的决心，就忍住了，一直坚持到宿营地。

这又是一次考验，对于我来说，是不容易的。但我看见农村的小孩赤着脚在草地上跑，被刺草戳，在路上跑，被石子戳，一点也没觉得痛。而我呢？那么一点路，就痛得忍不住了，这是由于我缺乏锻炼，经不起风吹雨打，离一个农民的标准还很远。过去，我曾经认为，如果我在农村干一辈子，大概只有挑担子不行，其余的差不了多少。现在，我已经初步看见了我有许多地方不行。这几次劳动，我只是初步锻炼了一下。这是开始，是万里长征的第一步。有许多地方还不够干脆，不够自觉，而是经过激烈的思想斗争在迫不得已的情况下才干的。下次再到农村来，我将不会像今天这样，一定要积极主动地干，和贫下中农打成一片，建立感情。

初二　顾ＸＸ

六、　学习毛选，克服困难

以前和别人交谈中，经常谈到遇到问题学毛选。这次下乡，我想实践一下，毛选是Ｘ能帮助我们克服困难。

十七日中午，我们小队帮助农民做好事。我负责带几个小女孩梳头。小孩头发乱蓬蓬的，又脏又有一股气味。梳了一只辫子后，手上都粘粘的，我真不想替她们梳头，心里很不高兴。这时候，我忽然想起我曾在《毛泽东选集》上看到的一段话："……干净的还是工人农民，尽管他们手是黑的，脚上有牛屎，还是比资产阶级和小资产阶级知识分子都干净。"对！正因为农民伯伯们为了每人都吃得饱，穿得暖，不辞辛苦的为我们劳动着，哪还有更多的时间呢？他们正是因为让广大群众的子女过干净、舒适，在忘我地劳动。我越想越觉得主席的话对。不知怎么，就觉得他们一点也不脏了，很快地帮助她们梳起来。梳完以后，我看见那孩子们的红红脸蛋上泛着幸福的微笑的时候，我觉得她们很干净、美丽、可爱了。

初二 黄X

七、 第一次生活对我的考验

下乡劳动的第一天就给我带来了考验。首先是那沉重的背包压在肩上，双肩说不出的难受。从学校走到下关火车站，一路上我时时地对自己说："一定要挺住，这小小的困难就能把我吓倒吗？我一定要战胜它！"就这样，我一路走一路想，解放军他们背着背包一走就是几十里、百多里，有时还是急行军，平时说学习解放军，现在怎么能说话不算话呢？于是，我咬着牙抗拒背包给我肩上带来的酸痛。结果我胜利了，坚强的意志确是个好东西。

一下火车，接着就是走七十分钟的路。背包是由汽车运的。这次的考验不是在肩上而是在脚上了。起先我并不感觉到累，兴致勃勃的。到了后来，我却老数着"嘀嗒""一分钟过去了，还有三十几分钟了。"到了后来，连数时间都不想数了，我的腿现在越来越不得劲，上一次的经验鼓舞了我，我自己在心里说："走，走，一直到目的地，十几里路没什么稀奇，根本不算远，只怪你平时不锻炼，难道现在还经不住锻炼的考验吗？"我一边呵斥着自己，一边坚决勇往直前。就这样，我又胜利了。

到了我们住宿的地方，我一看，啊，稻草就是我们的棉花絮，就睡在地上。但我又一想，革命就是艰苦的，就是要考验我们，看我们愿不愿意接受，愿不愿意做坚强的革命者。

今天的考验才是生活向前迈进的第一步。真正的考验还在后边！

初二 吴X

八、 擦亮眼睛，辨别是非

劳动已经结束了。在这五、六天的劳动中，在与贫下中农接触中，特别是听了张社长的报告后，我了解到农村阶级斗争的一些情况，我开始学习用阶级观点来观察分析问题。

本来，我一直认为农村的阶级斗争是不激烈的。我总是这么想：四类分子在农民群众监督和政府的管制下，还不是乖乖地劳动，就是想搞破坏活动还不是暗暗的，哪敢公然的搞呢？

听了报告以后，我不由地大吃一惊，农村的阶级斗争竟这样激烈而又复杂！

一九六二年备战的时候，四类分子就像造反一样：他们公开地向政府要土改时被没收的房产田地；大肆攻击毛主席、共产党；骂新社会，骂人民公社；还威胁干部说，"蒋介石来，我看你们神！到那时候，我先杀党员的头，再杀团员的头，最后杀你们干部的头！"他们还在农忙季节打瞎耕牛的眼睛。……瞧！他们多疯狂！同时，他们也是狡猾的，平时他们腐蚀干部，企图篡夺队的领导权；当人们要揭露他们的时候，他们就杀猪请客，堵住人们的嘴。

当我听到农村里这些阶级斗争的情况时，不由警惕起来，擦亮眼睛看看我们周围的情况吧。我意识到家里也有阶级斗争。我们斗争的对象是奶奶的旧思想。我奶奶满脑袋的旧思想，就像电影《千万不要忘记》里的岳母一样。不论是讲话，不论是做事，时时暴露出一些资产阶级思想。有一次，她问我："公公可怜不可怜？"我公公是个反革命分子，她意思是说公公劳改可不可怜？也就是说今天的反革命分子可不可怜？我想：我们对劳苦大众应该同情的，更重要的是和他们站在一道斗争反革命分子，我们对待反革命分子能觉得他们可怜吗？不！不能！如果我觉得公公可怜，那不就是站在反革命、反人民的立场上说话了吗？作为一个少年先锋队队员，吃人民饭长大的中国少年，我不能说这样的话。我毫不犹豫地对奶奶说："他不可怜。"因为公公是反革命分子，妈妈和他断绝了父女关系，妈妈对公公生活上的事不闻不问，奶奶就说妈妈"不近人情"呀，"心毒"啦。还问我:"你妈妈做得对不对?"我就坚决地回答:"妈妈做得对。"在平时,她也和我们说些农村怎样苦,怎样苦,就想不要我们到农村去。这不就是用资产阶级的思想来腐蚀我们吗?这不就是和无产阶级争夺我们下一代吗?

在社会上还有大量的阶级斗争的事情的,以后我要以阶级的观点来分析、批判坏思想。一定要站在贫下中农的立场上,工人阶级的立场上说话、做事。要做到这样,那么首先要听毛主席的话,读毛主席的书,按毛主席的指示办事。在做的时候,也要记住妈妈的话:"要全心全意,真心实意;不要三心二意,虚情假意。"

初二 陈 X

九、 劳动使我的感情起了变化

听说下农村,我高兴极了,十月人民公社是毛主席到过的地方,比不上朝阳也至少抵得上它的一半。

来到神巷生产队,老师把我分配在一个贫农的家里,我一进门就看见房里的东西,上面厚厚的一层灰,地上什么都有,成群的苍蝇飞舞着,我拎着行李喊:"有人吗?我睡在哪里?"老师说:"就睡在地上!"我大吃一惊,这湿湿的泥巴地睡后我保证要带上个风湿性关节炎回去,我很不乐意。口渴的难受,就动手找水喝。水要自己挑,自己去烧,我想起城里方便的自来水,心里一股子恼火,偏偏水桶捣蛋,我就是挑不起来。混混的塘水,说不定会得血吸虫病呢!看看我们房子乱七八糟,和我们城里的垃圾箱不相上下,再看看其他小道,真是"到处是蝇蚊,满地是猪粪。"晚上,小小的煤油灯又黄又暗,就跟没点一样,灯一熄,四周黑洞洞看不见人,偏偏我头边睡着一口又肥又大的猪,我总怕它踩在我的头上,和猪"同居"的日子,我从来没想到过的。洗澡也不方便,只有冷塘水,甚至大小便也气人,在又臭又脏地坑边,我生怕一失脚掉下去。总之,这里最初给我的感觉是:脏,卫生只能打零分,喝水睡觉不方便,房东也是冷冷冰冰,还是贫农,军属呢!我想:这个鬼地方我不喜欢,就是将来下农村我也决不到这里来。

"我们下来是锻炼身体，锻炼思想的，不是来享清福的。"这时老师的话突然响起，我上述的烦躁和恼火，不正是闯不过生活关，娇气的表现吗？为什么农民可以在这里生活，而我不能？我的思想准备太不够了。斯大林教导我们认真研究情况，从真实情况出发，而不是从主观的愿望出发，因为我把农村想得跟花园一样，所以才有这样的情绪。我应该去适应环境，而不是要环境来征服我，逐渐我认识到目前的情况正是对我的考验，是块试金石，闯不过这一关，后面的生活是无法过的。思想问题得到初步解决，劲也来了，觉得地铺十分舒服，塘水变得比自来水清和甜，挑水也能挑起来了，不觉得周围脏得一塌糊涂了（其实本来也不那么脏），甚至觉得猪也不可怕，它的鼾声也很中听了，这几间黑房子在夜间也好像充满了阳光，我开始爱上了这里。

一天在暴风雨来临之际，我参加了农民抢收稻子，农民那种冲天的干劲，对粮食珍惜的精神鼓舞和激动着我，我和他们一块儿卖劲地干着，和他们一块儿担心着粮食。XX淋成落汤鸡而粮食却放好的时候也和他们一会儿欢笑，回来时，他们拍着我的肩膀称赞所："你们学生真好。"我仿佛自己也成为他们之中的一员，更感到他们勇敢、直爽，感到他们不脏，他们是世界上最干净的人，我也更加爱上了这个地方。

原来我觉得农民笨，不热情，房东就是一个很好的例子：冷冷冰冰。其实不对，要相互结合，必须自己主动，在老师的启发下，我决心放下知识分子的臭架子去访问我的房东，开始我简直不知如何称呼，只干巴巴地叫着"老爷爷""老奶奶"．他们也根本不怎么理我，只是斜着眼"嗯"了一声，碰上这种不软不硬的钉子，我很快检查了一下，觉得自己不是真心去喊老爷爷，老奶奶，好像是憋出来的。这以后，早晚我不断地和房东打招呼，渐渐就熟了，通过拉家常了解他们的过去，从和他们的谈话中，看出他们热爱新社会，热爱共产党和毛主席，痛恨吃人的旧社会，尽一切力量为祖国的农村建设。当时有的同学说我嘴甜什么的，我开始不太高兴，后来一想又不对，碰上一点困难就受不了，打退堂鼓，这也是一种娇气，将来遇到更大的困难，该怎么办呢？这样一想就定了。以后我们帮房东扫地、挑水。他们感激地说："谢谢你们，刚搞熟，你们就要走了。"

通过和农民的接触，我感到我可以从农民身上学到我在任何地方也学不到的东西。看到农民的辛苦，他们过去的苦使我们更加珍惜今天的甜。

短短几天的锻炼结束了，但不等于火车到了站不再前进，这仅仅只是开始，将来我还要不断自觉地进行劳动、思想两锻炼，成为我们的党、我们的国家所需要的可靠的接班人。

初三 田ＸＸ

十、　毛主席著作给了我力量

这次劳动，我在体力和意志上都得到了锻炼。头一天掼稻，没掼多久，手臂就酸了，我就很想歇一会，可我一开始认为才干一会儿就歇，不是劳动带头，而是休息带头，于是不好意思歇。但我这样想，仍是觉得很累，后来我想到愚公移山，我能被困难击倒吗？毛主席在《愚公移山》这篇文章里说到革命战士应该有最彻底的革命精神去牺牲，去争取胜利。我体会到这就是要我们革命青年能以革命的精神去克服困难、磨难，想到这里，我劲就来了。

在学校里当干部，比较好当，到农村劳动时就有很多问题。九月四日那天天气不够安定，中午太阳当头，但吃饭还没有很好解决，同学们心中都有点不高兴，用水时间又不恰当，因为女生用水不便，时间长了，男生为此不满，进出各宿舍时都很反感，于是男女不团结，给群众影响不好。

这一切都使得我十分苦恼，想想没完成老师交给的任务，心里很难过，几乎想哭。在比较冷静的时候，我从书包里翻出《为人民服务》，在这时看这本书，有特别的效果，看着这本书，我心中的苦恼顿时散失了。我想，只要我有一颗为人民服务的心，不怕同学埋怨，不怕困难，多和同学商量，来解决困难，于是经过商量解决了问题。

一个问题解决了，一个问题又出来了，小队的男女生团结实在很差。男女争吵，晚上开会前的动员工作做了很久，会仍未开好。六日上午辅导员又向我指出女生团结问题。她说："别的小队男女生关系都搞得比较好，特别是在陈家 X 小队，他们女生帮男生洗衣，男生帮女生打饭，你们小队要搞好男女团结。"

中午赵老师也来讲这个问题，并要我们十分注意群众影响。当时我听了老师和辅导员的那些话，心里很不舒服，心想：小队的实际情况是那样不好，怎样搞好关系呢？中午休息时，我气呼呼地写了一份退职书，理由是：我不能胜任。这样折腾了一会儿，等性子发过，我觉得先前的作法不对头，心想，还是再看一下《为人民服务》，我又再一次看了一遍《为人民服务》。书上写着："因为我们是为人民服务的，所以，我们如果有缺点，就不怕别人批评指出。不管什么人，谁向我们指出都行。只要你说得对，我们就改正。"这段话正刺到了我的痛处。我生气不就是不愿意接受意见吗？下午劳动时我和女同学讲了注意男女团结和群众影响的事情，并讲了要那样做的原因，同学们都很好，大家都说，以后一定不争吵，可让的地方就不多搭腔，这样就不会争吵，而且尽量注意说话，态度不要过硬。

晚上我们都决定从九月七日早上一大早起来就为群众抬水扫地。从那天早上开始，地上的树叶就很少了，争吵的现象也基本上没了。

初三　江 X

十一、 七天和一辈子

在这几天劳动中，我看到《锻炼》快报上提出"七天要和一辈子比"这一问题，又结合自己实际的思想问题，感触很深。

下来劳动时，我只抱着劳动七天的概念，根本没有想到劳动一辈子的问题，觉得这事不可想象。"七天要和一辈子比"这问题给了我很大的启发，使我把这七天的劳动与未来一辈子的劳动，紧密地联系起来了。

　　七天，在人的一辈子当中是一个多么短暂的时刻。但是这七天，已使我感到农业劳动的艰苦，农村生活的艰苦。要我在这里干一辈子，能行吗？"行""不行"在我思想里展开了激烈的斗争。当我想到"小我"时，就觉得不行，但是当我想到过去的斗争年代中，多少革命的青年，像我这么大，甚至比我还要小，就奔赴疆场，担负起革命的重担。我爸爸也是同样的年龄，就成了共产党员，参加新四军，而我呢！连在农村干一辈子革命都不行，怎么能称得起革命的青年呢？我又想到今天，在三大革命运动中，董加耕、赵耘同志，还有我们学校的王ⅩⅩ、黄ⅩⅩ他们又为什么能抛弃城市的舒适生活，而到艰苦的农村中来呢？想到这些伟大的革命行动，使我感到"小我"多么的渺小，多么的卑鄙。

　　处理好"七天与一辈子"的关系，是我在思想锻炼中的一个收获。我决心好好地利用这短短的七天时间，努力锻炼思想、锻炼体力。让这短暂的七天在我干一辈子革命中发挥一定的作用。

高一　陈ⅩⅩ

十二、在革命的熔炉中锻炼自己

　　这次劳动不仅使我在体力上进行了一次锻炼，更重要的是，使我的思想得到了锻炼。

　　这次劳动的强度是我生平第一次，在初三时也下过农村劳动，但比起这个强度就差了。我们的劳动任务是打稻，在我第一天打稻时，阳光像火一般的烤着我，手臂不停地挥动，劳动了半天已是腰酸背痛，汗流浃背，我开始动摇了，然而当我动摇时，农民仍然在那儿打稻，心里觉得惭愧。我是一个城市知识青年，是响应党的号召来锻炼的，不是来享福的。我们之所以要锻炼，是因为我们的国家存在着阶级斗争，我们是无产阶级和资产阶级争夺的对象。帝国主义者、现代修正主义及各国反动派都希望我们做他们的后人，希望我们的国家资本主义复辟，希望我们的国家成为不自由的世界。如果我们青年人不愿参加体力劳动，不愿和广大的工农群众相结合，担负起社会主义的建设事业，我们的国家就会变质，这是多么危险啊！因此我们要吸取苏联的教训。

我们这些青年学生都是新社会成长起来的，旧社会的苦难根本没有尝过，这样的环境里，资本主义思想和共产主义思想进行剧烈的斗争，要使我国建成社会主义社会，青年人一定要革命化，一定要和工农相结合。要革命化必须首先劳动化。想到这些，劳动劲头更足了，我感到浑身使不完的劲。有些同学说，稻子搞得身上又痛又痒，我并不觉得。我认为这次劳动同革命前辈流血牺牲比起来要简单多了。太阳还散发着火般的热气，我的皮肤跟农民一样黑，那该多好啊！

在我们劳动的生产队里知识青年只有一人，这对于社会主义建设需要是不够的，其它广大的农村有知识的人也就更少了。生产队长说："咱们队里如果有二、三个知识青年，那么生产斗争、阶级斗争、科学实验也就不成问题了。"毛主席曾经说过："知识青年和学生青年一定要和广大的工农群众结合在一块，和他们变成一体。，才能形成一支强有力的军队。"因此我们革命青年就应该去农村改变一穷二白的落后局面。知识青年下农村不仅是移风易俗的革命行动，而且是在党的培养教育下，学习掌握农村印把子的行动。

我出身在革命家庭中，父母是革命干部。革命干部的儿女如果怕艰苦，仍然会成为资产阶级争夺的对象。革命干部的儿女要做无产阶级的接班人，也必须同劳苦大众特别是农民结合起来，与他们建立深厚的感情，成为为他们服务的人。

七天的劳动是坚持下来了，但是离下乡革命的标准还差得远呢。今后，我还要逐步促使自己劳动化，促使自己革命化，这样才能继承父母的革命事业，成为革命者。

高一　杨ＸＸ

十三、 我怎样开始和工农群众相结合

我深深体会到：要想与工农群众相结合，首先必须正确地认识他们。过去，我几次下农村，并没有真正放下学生架子，而是带着知识分子的自高自大来看农民，觉得农民什么优点都没有，又自私，又落后，又保守。心中对他们非常反感，根本就谈不上什么相结合了。通过这次劳动，我才有了比较正确的看法，我认为农民最可贵的品质是刻苦勤劳，勤俭朴素，淳朴善良，热爱社会主义社会。他们的缺点是有一定程度的自私、落后和保守，但这些缺点完全不是我过去所认为的那么严重。况且，这不能完全怪他们，完全是旧中国千百年来的封建剥削制度所造成的。解放十五年来，他们在这方面也有了不少的进步，我相信农民的这些缺点在社会主义制度之下一定会逐渐得到改造。

我这次在认识上之所以能够得到这些提高，是由于社员们以他们的实际行动教育了我，端正了我对他们的看法。在这七天中，我亲眼看见社员们怎样"公"字当头地在风雨中抢场，处处感觉到他们热爱社会主义社会的炽热感情。为了国家利益，他们宁愿放弃获利较多的西瓜等种植而改种粮食。其次，农民兄弟们的刻苦耐劳、淳朴善良也给我留下了极其深刻的印象。他们每天起早摸黑，一分钟都不闲着，和我们谈起话来那么爽朗、真实、亲切；衡阳一队的社员们对我们的照顾无微不至，他们不让我们洗冷水澡，不让我们睡地铺。看到我们在烈日下掼稻子，听说我们有的同学累病了，他们心疼得不得了。他们从心里舍不得。

怎样和工农群众相结合呢？我认为首先应当热心为贫下中农服务，和他们建立感情，把他们当自己亲人看待。这样，农民看到我们的实际行动，也会把我们当亲人。这次下乡，在我们住房的隔壁有一家贫农叫周永清，他有五个小孩，爱人又有病，经济很困难，家务事无人做。我在帮他们挑水时发现这个问题，于是就主动提出补衣服。我们抓紧一分一秒的时间补，一大早就起床补，中午牺牲休息时间补，时间实在太少，我们就连车水休息的时间都利用起来了。一天干

活下来，累了，困了，但后来认识到要想做坚强的革命后代，不经过磨炼是不行的，补衣也是一种牺牲，要革命就不能怕牺牲。这样想就坚持下去了，我们用的完全是自己的布，开始没想到农民的衣服是这样破旧，带来的布太少，于是就把自己的衣服撕了，周永清夫妻俩非常感动，周围的农民也都认识到我们是真心对他们好，并没有嫌弃他们的意思，我们的关系自然地亲密起来，他们对我们谈心里话，谈他们过去，谈他们对某些问题的看法，使我们受到不少教育。其次，要想和工农群众相结合，除了要做到上面这些以外，还要力求提高自己的生产技能，争取早日在生产劳动上让农民兄弟不觉得我们是不能干活的洋学生。

一个坚强的革命接班人，是要经过有意识地、长期地艰苦锻炼才能成长起来，我们已和衡阳一队的社员们联系好，放假时到他们那儿劳动锻炼去。董加耕说过："方向对了，就要大胆地走下去！"这次下乡，我已向与工农群众相结合的道路上迈出了一步，今后我是一定要沿着这条道路走到底的。

高二　高ＸＸ

第 11 章
江苏省中等学校政治理论课工作会议材料之八

积极培养学生辨别是非的能力

按：克服了片面追求升学的思想，减轻了课业负担，把学生从个人主义的精神束缚和沉重的课业、考试负担下解脱出来，他们才有可能去参加劳动，接触实际，有可能去学习政治、关心国家大事；一旦学生经受了一定的实际斗争的锻炼，初步掌握了毛泽东思想武器，他们的思想觉悟就会大大地提高起来，生动活泼、主动发展的局面就会出现，在革命化的道路上，就会推动他们走上一大步。

这里是从南师附中各年级本学期学生写的两千多篇周记、作文、政治试卷以及壁报稿子中选出来的一部分短文，文章内容涉及的面很广，其中大部分都有真实感情，阶级观点、立场鲜明，很有战斗性，值得介绍给同志们一读。这里使人深感有大力改革学校政治课教学的必要，有大力改革学校政治教育的必要。如何正确地考查学校政治课的教育效果，如何测量学校政治教育的深度，确乎不是考试分数所能为力的，应该从学生实际的言行中得到启示。

一、 错误的升中学思想

在几个月前，我要考初中了，那时心里很乱，怕考不取。邻居阿姨对我说："小 X，你考南师附中吧，这个学校教学质量高，考大学有把握……"我妈妈整天督促我复习功课，常常对我说："你还不好好复习功课，看你考不取中学怎么办！"我被她这一说，心里也更紧张了，心里成天默祷着："老天保佑我，要能考取中学就万事大吉了！"想起那时的情景，真觉得自己太糊涂了。我们今天升中学，是为了学习更多的知识，接受更多的劳动锻炼，将来更好地建设祖国，为人民服务。……把升中学看成为了考大学，把考取中学认为就万事大吉了，这不是"万般皆下品，唯有读书高"的思想吗？这种思想不正是现代修正主义轻视劳动，反对知识分子劳动化的那一套吗？这种思想多么危险呀！现在我才真正认识到，学习正是为了革命，为了劳动。

初一 潘ＸＸ

二、 我不能继承知识分子家庭传统

我接触最多的是家庭，家庭对我的影响也最大。父亲虽然在党的教育和帮助下做了副院长，但终究还是高级知识分子，他总是希望我们几个儿女能够好好学习，继承知识分子家庭的传统，不丢他的面子，个个考上大学，为科学作出一番贡献。母亲也是如此，这样，父母对我们学习抓得很紧，成绩差些就不行，因为我上面三个哥哥姐姐都上了大学，对我就尤其严。只要我一忙或一考试，家里便什么事都不要我做，尽让我吃好的。考试过后，如果有些科目成绩在九十分以下，便提醒我注意，要我加油。开始我对父母这样做，觉得没什么错，因为一方面三个哥哥姐姐都上了大学，我"自然"也要上大学啰！另一方面，我又自以为学得不错，家庭又有这个力量，我又为何不上大学。

通过学习毛选，通过一次又一次地下农村劳动，我认识到家庭这种做法和想法，实际上都是"唯有读书高"的贪图个人安乐的资产阶级思想。毛主席在《青年运动的方向》一文中说："看一个青年是不是革命的，拿什么做标准呢？拿什么去衡量呢？只有一个标准，就是看他愿意不愿意，并且实行不实行和广大的工农群众相结合在一起。"而现在家里和我思想中都要我自己只是上大学，而不同广大工农群众相结合。这样，即使我成了"科学家"，也是反革命的，对人民毫无利益，而只有害。党何必来培养你这个反人民的高高骑在人民头上的科学家呢？我对家庭中的做法和想法深深感到惭愧。劳动人民已经养活了我们家三个大学生，我还不愿意去为他们服务，还想在他们之上，这无论是在道义上还是在逻辑上都是说不过去的，我以前那样想全是因为资产阶级思想在作怪，完全是错误的。这种思想不抵制、不消灭，怎么能行？

高二乙　×××

三、　由照相谈起

我在初一、二时，特别喜欢照相。仅三个学期，便照了三张不同姿势的照片，有毛衣的，有穿夹衣带帽子的，甚至还有穿古装的。我把这些相片拿给同学们看，赞赏道："真好！"甚至还有几位"热心家"帮我评论道："这张姿势好！""这张笑得有神！"可也有些同学默默无声地看了看便走了，有位同学却直爽地对我说："你最好照得老实点！"我当时听了，心里有股说不出的味儿，总认为自己照得那么好，不去听别人的"泼凉水"！……我现在已初三了，难道那时的照片真的如此美吗？

这次到农场劳动，我接触到了农民，看到了那些赤着脚在田野里辛勤劳动朴实的贫、下中农，他们有黝黑的皮肤，经得起风霜的面庞，一双诚实有神的眼睛，茁壮的身体，尤其是他们的手：不白嫩，也不细致；而是粗壮有力的。这些都与我所认为的美是截然不同的。由这双为人类造福的手我想起了日夜保卫祖国边疆的英雄们，他们也有这样的手，为人民打下了江山，现在仍拿着武器，保卫着人民的江山。他们当中有些人为了人类的革命而失去了手脚和眼睛，甚至是全身瘫痪躺在病床上，但他们不愿放下手中的武器。他们拿起乐器、笔杆等，唤起人民继续不断地革命，为社会主义事业吹起了响亮的号角。难道这些革命残废军人不美吗？再看看，工人们，他们不分昼夜地革新、创造，再革新、再创造。不知疲倦地为社会主义地建设事业增添着一砖一瓦。例如：邱财康，这位钢铁人为了社会主义建设而烧伤了全身，脸上植了皮……还有为了保卫国家财产而失去了双手的徐学惠等，难道这些英雄们不美吗？

看看他们，再看看自己，实感太渺小了，我现在才认识到：如果美是专指献媚的眼睛、白嫩的皮肤或婆娑的姿态、卷曲的头发之类而言，那么简直丑化了无产阶级真正的美。真正的美不是指面貌、身材等，而是要有一颗全心全意为人民服务的心。

初三　聂ＸＸ

四、我怎样从轻视劳动到重视劳动的

通过做无产阶级革命接班人的学习，我体会到要使自己成为一个可靠的无产阶级革命接班人，首先必须使自己革命化，要革命化，就要劳动化，就必须参加实际的劳动。从前我最怕劳动，特别是体力劳动，我认为体力劳动太苦，不光彩。记得有一次我在家和妹妹两人抬水，看见有几个同学来了，我就催妹妹快走，免得被她们看见，太难看。平时，在家里，奶奶常对我说："用心读书，将来做个拿笔杆的事，风不吹身，雨不打脸的，多舒服啊！"因此，我就越来越怕苦，只要出一点力气，就叫累死了，在家像个小姐一样，真是扫帚倒了都不扶，一天到晚什么事都不做。这样一来，我对劳动就越来越疏忽，在学校经常忘了做值日生，同学们批评我时，我就强调"忘了"；不论做什么事都斤斤计较，挑肥拣瘦；当我在街上走的时候，看见那些体力劳动的工人，在农村，看见那些农民，就从心底发出一种看不起他们的感觉。由于怕艰苦、怕劳动，就使我对生活越来越考究，不愿穿破衣服，不合味的东西就不吃，看见那些高级东西就非常羡慕。

记得有一次有个同学向我提出，说我不艰苦朴素，那时我还非常生气，认为现在的条件好了，我们不穿好的，不吃好的，留着干什么呢？同时我对牛顿、车尔尼雪夫斯基等这些历史人物非常崇敬，认为他们才算是伟大的，我想自己以后也要成为一个有名望的人。同时，我还想到，今后，我最好干一样不出苦力的活，因此，一个女医生、女技术员的形象就在我心里成长起来了。前些日子，有很多同学都提出：现在劳动时间太短，我心里对这些人是非常反感的，但我又不敢表现出来，害怕讲出来别人对我印象不好。所以只好表面和着大家一起讲。但是最近，特别是通过做无产阶级革命加班人的学习，我对自己的看法，开始怀疑了。首先我想到，我的家庭是劳动人民出身的，怎会有这样的想法呢？同时，我想到党和国家培养我们这些年青人，是要我们将来做无产阶级的革命接班人呢？还是成为资产阶级代理人？

通过最近的学习特别是《九评》的学习，我终于找到了答案，像我们这样的年青人，是在和平的环境中长大的，根本不懂得旧社会的苦，而且容易产生和平麻痹和贪图安逸的思想，我正是这样的一个情况。在思想上对劳动人民和劳动的轻视，所以就抵挡不了资产阶级思想的影响，贪图安逸，怕艰苦，爱虚荣。我想：奶奶是从旧社会来的，她的思想上不免要留下一些旧思想，而我呢？天天受着党的教育，为什么还会有这些不健康的思想呢？其重要原因是我不劳动。因为我不爱劳动，所以不能吃苦耐劳，经不起大风浪的考验。党现在需要的是可靠的革命接班人，像我这样发展下去，是否能成为这样一个接班人呢？绝对不能。通过做无产阶级革命接班人的学习，我深深体会到我从前的那些想法、看法都是错误的，一个脱离劳动的人，就不会产生劳动人民的思想感情，在革命达到最高潮的时候，就会蜕化变质。那么，党培养这么多变质分子干什么呢？不论干什么工作，首先就要有正确的思想指导才行。要做无产阶级革命接班人，要劳动化，就必须从日常生活的一点一滴来锻炼自己，必须多参加一些体力劳动。因此，我现在每个星期回家，自己的衣服，坚持自己来洗。有时奶奶硬要给她洗，我就对她说："我自己来洗，让我锻炼锻炼。"现在我自己也从思想上体会到我们学校劳动时间实在太少，我觉得如果把每星期的课外活动改为劳动最好，那样既可以在体力上得到锻炼，又可以在思想上得到锻炼。由于我对劳动产生了兴趣，自然而然就对生活上的追求减少了。我有一件破的衣服，奶奶叫我穿在里面，我看那件衣服补补还可以穿，就自己动手补好了又穿在外面，也不觉得难看，相反，我觉得很好看。同时，由于自己补的，所以穿在身上也挺自豪。

另外，通过这次学习，我才真正体会到，一个参加实际斗争的人，要比我们在学校读书的人，所得到的知识多得多，他们才会体会到真正的生活。当前最能锻炼我们的就是农村，如果叫我在农村干一辈子,我干吗?现在我是完全可以回答:"干。"现在我真正体会到劳动的重要性,并且体会到当前农村是最需要我们知识青年的,不参加劳动的人就会变成修正主义分子,就是寄生虫,就是逃避革命,而只有通过劳动锻炼的人才会成为党所需要的,真正的无产阶级革命接班人。我今后要在行动上有所进步,多多参加劳动,锻炼自己,同时还要开导奶奶的思想,使她进一步了解劳动人民的伟大和劳动的重要。只有这样,自己才能成为一个真正的革命接班人,这些就是通过无产阶级革命接班人的学习,我在劳动方面的一些体会和认识。

高一　许ⅩⅩ

五、 读"挣脱家庭的束缚,做无产阶级的好女儿"后感

　　文章中这样真实地写着:"……他们对我特别照顾,……有时我要自己洗衣服,奶奶把衣服夺过去交给阿姨,说:'洗衣服不是读书人干的事,别浪费时间。'爸爸常常对我说:'我和你妈都老了,不中用了,我这一辈子没捞到留洋,很遗憾,我把希望寄托在你和你弟弟身上,你要给我好好读书,立志当科学家,给全家争光。'"看到这里,我不由自主地联想到,我父母不也对我讲过类似这样的一些话吗?虽然不像这样露骨,实质上又有何区别呢?现在,我的血液平静不下了,一件件往事,浮到眼前:记得去年夏天,我为升学后考不取打算下农村而和父母争吵的风波才平息,哥哥出国留学因身体不好没验上的消息更大大地刺伤了父母的心。从此,我父亲就把我培养成为"留学生"的决心下定了。当然他不会明白公开地对我讲的,因为我平时不大吃他那一套,但从他的话音中,我可以嗅听出来的。因此,当我录取附中的通知书一回家,他们就喜得合不拢嘴来,他们把我考取附中,当作教我向上爬的梯子了。开学后,星期天我回家要洗衣服了,他们就说:"洗衣服的时间你去读书吧!衣服由大人来洗。"虽然我在学校听了校长的报告,下了决心"能动手的尽量自己动手,能节约的尽量自己节约。"但是,当时我就软下来了,就由母亲代我洗一半,我自己洗一半,即妈妈擦肥皂,我自己只拿到河里去清一下,代

替了完全由我自己洗的方式。看了作者（方Ｘ）对家庭"特别照顾"的正确看法后，我觉得她的话说到我心里了。我也感到了："我的爸爸妈妈是多么地虚伪。开始意识到了，父母为我设计的那条路，那张'梯子'是多么危险。我决不能走父母为我安排的资产阶级知识分子的道路，而要走党给我的革命化的道路。"同时，衣裤、鞋子由我自己洗，革命青年不要"特别照顾"，我需要的是艰苦。后来作者又写了，"我每次回家，他们总说学校里伙食不好，说我在学校里吃苦了，回家好好补充补充，……"。我回家不也听到父母老这样讲吗？可是我却没有像作者那样正确坚定的立场，没有察觉出来，这种资产阶级的"父爱"对我的毒害。看外表，他们好像关心我的身体，关心我的前途。可是这关心，是一支无形的毒箭，会射走我的革命意志。现在，我每月比居民多吃 6 斤粮食，星期天回家，他们还硬要我带东西回学校来吃，怕我饿坏了。一回家，就说我瘦了，就说："平时我们舍不得吃好的，星期天你们回来一起吃好一些，……。"在这种情形下，我心安理得地吃得很痛快。可我就一点没有坚强的革命毅力来冲破这一关。今天，文章给我指出了方向，冲破家庭的束缚，应自觉严格要求自己，做无产阶级的好儿女。

　　上大学，在我的思想里还是根深蒂固的，个人主义的毒素，在我身上时隐时现，在我面前的革命化，资产阶级化两条道路明摆着。文章的作者——方Ｘ，已经冲破了家庭第一关，而我，离革命还很远呢！初三毕业时，母亲曾流露出一句话："你要下农村可以，我什么也不给你，你自己向国家去要吧！看你有什么好结果，……。"所以，我不难想到，三年后，不，就在今天开始，迎接我的严峻考验——冲破家庭围攻。面对着的道路就是斗争，革命，不是空话，对着父母的非无产阶级的爱，我也要像方Ｘ那样，能勇敢地大声说："不是你的儿子没关系，我要做党的好儿子！"并且用革命的实际行动来回答他们。

高一甲　ＸＸＸ

六、 语文学习感想点滴

本学期,语文教学上有了不小的改革。那种脱离当前伟大的革命斗争,脱离党的教育方针而吟诗弄文的调调愈来愈少了,代之而起的是越来越浓厚的革命精神、政治气息。

过去,不管是古今中外,只要是选入课本的文章便都被老师大大地赞扬一通。黑板上,写作方法甲、乙、丙、丁地罗列一大堆,我们呢?不是一个劲地抄,就是不漏字地听。听什么呢?听老师"娓娓动听"的讲解。其实,老师讲的是内心实话吗,是真情实感吗?不见得。因此,我们往往是受骗的。我们很少有自由发言的权利或是质疑老师的机会。而今天,不同了。今天的课堂,有欣赏,有争论,有批判;有个人发言,有三五个人的共同讨论;有老师讲解,也有同学发抒己见,无拘无束,畅所欲言。课堂所谓生动、活泼。

过去,我爱读我国古典文。觉得古人的语言精炼,句法灵活;写景时,造语用句很生动,令人身如其境;议论时,文理通顺,有条不紊等等。总之,我是只看写作的绝妙之处,哪管思想内容的正确与否。现在,革命了。通过连续几篇"千古佳作"的学习和议论,我意识到过去那种"艺术第一"的思想是多么地荒谬!我明确了对待国家的一切文化遗产,必须用马列主义的立场、观点、主席的思想方法区别其精华和糟粕。即便是精华,亦应批判地继承,千万不能鸡毛鸡肉一起吞。那样会害病的。对古人的思想、主张,要用历史唯物主义的观点和阶级分析的方法,从是否符合我们的时代精神、人民的利益来加以辨别和取舍。

过去,语文课上对于主席文章的学习,其方法与《五人墓碑记》《杜鹃》等没什么两样,无非是分层次,斟酌词句。今天,框框打破了。我们联系实际,结合个人思想来谈感想,于是,语文课上也有了激烈的思想斗争。我们一道放包袱;为了更好的开动机器,我们一块儿谈论"人的正确思想从哪里来"……。多好哇,我们得到了过去课堂上得不到的东西,课堂上有了朝气,有了革命的战斗的声音。

过去,写文章讲究布局、谋篇,打腹稿。我们托着腮,翻着眼睛,想呵，想呵，构思越新颖、奇特越好；词语越华丽越好；比喻越多、联想越丰富越好。总之，先考写作方法，然后再填内容，没有东西写就吹，矫揉造作，骗老师也骗自己。然而，偏偏老师甘心受骗，还赞口不绝地夸奖。现在，情况变了。我们写的是真情，抒的是实感，想要自己的思想斗争多，观察的东西、想的东西多，那么，能写的东西也越多。内容定了，方法也便定了下来，词语也就自动地跃然纸上，真好！

让一切有害于我们健康成长地方法、措施都废除吧，学校的课堂上也要大兴社会主义之风、行革命之道。

语文教学还要继续地改，彻底地改，切不能满足或是半途而废。

高二　李ＸＸ

七、 阶级斗争还存在

现在，在任何地方，都会有阶级斗争存在，就是我的家里也存在着阶级斗争。我家，是个复杂的家庭，爸爸是个共产党员，爷爷、奶奶以前开过诊所，爷爷的母亲（我们叫她老太），是个地主，爷爷、奶奶以前开诊所所得的钱给爸爸他们交了学费，剩下的钱买柴买米，到后来药渐渐用完了，没钱再买，写信向老太要几个钱，她连信都不看。爷爷奶奶只好拿了爸爸他们的学费买药。爸爸他们只好边帮别人干活边读书。解放后，老太才到了我们家。

老太经常用资产阶级毒素来侵蚀我和妹妹。爸爸经常对我们说，要站稳立场，坚决不听老太的话。

我清楚地记得在暑假里的一天，我们看了白毛女的电影，回来后，妹妹对我说："黄世仁真坏，杨白劳只欠他几块钱，他就硬要杨白劳卖女偿债，把杨白劳逼死了。"我说："地主就是毒辣，怪不得爸爸对我们说，地主在农民的白骨堆上建起了自己的乐园。"接着妹妹又把这个电影内容告诉了奶奶，老太在一旁听了，插嘴说："收债收利是理所应当的事，正大光明的，交不起就得用女儿抵债。他死了是他自己寻的，人家又没叫他自杀。"妹妹说："杨白劳只有一个女儿，地主不逼她，他会自杀吗？"奶奶说："地主的心肝是让狼叼走了，我在书上看到的一个农民借了地主几元钱，三年后就滚成一百多块。"老太又说："那是写书人造的故事，哪是真的？"我大声说："那雷锋叔叔只打了狗一下，地主在他手上砍了三刀，岂是假的？"老太又说："那是少数地主嘛，像我们这些开明地主，在荒年时候，就把自己家的粮食分给农民吃。"接着又疯狂地污蔑说："那时候东西真便宜，一块钱能买一担鸡蛋，现在样样东西都要票，东西又买不到，新社会一点都不好。"妹妹冲她说：你是寄生虫，解放前剥削惯了，当然觉得不好，我们可觉得好着呢。"老太听了这话大声吼起来："什么？我是虫？唉！真没良心。"她被我们说得理屈词穷，灰溜溜地逃跑了。我和妹妹对着她的背影，大声说："你才没良心呢，在农民的白骨堆上建起了自己的宫殿乐园！"

地主、资产阶级思想任何时候都会侵害我们，我必须站稳立场，和老太划清界限，培养劳动人民的思想感情，做个无产阶级可靠的接班人。

初一　管ＸＸ

八、　院子里的风波

人说，社会上有阶级斗争，学校里有阶级斗争，教室里有阶级斗争，就连小小的家庭里也有阶级斗争，一点也不错。以前，我总认为，社会上有阶级斗争我承认，怎么家里、院子里也有阶级斗争呢？自从听了政治老师的分析，看了学校里的黑板报"意味着什么"，读了毛主席著作，我越来越深刻地体会到：家里、院子里有阶级斗争，而且很严重呢！

我婆婆和同院的许奶奶，都是上了年纪的人，有一些旧思想。特别是许奶奶（听说是地主的女儿），可坏呢！尽对我们小孩说些政府的坏话。一个星期六的晚上，我高高兴兴地回到了家里。

"姐姐，带书了吗？"妹妹问我。

"带啦！你最喜欢看的《在资本家笑脸后面》。"妹妹兴奋地把书抢过去，认真地看着。

吃了晚饭，妹妹气愤地对我说："姐姐，资本家多坏！他们喝工人地血汗，来养自己！我看啊，地主也一定如此。"我刚想回答，没想到许奶奶插进来说："谁说的，你看见啦？才出世的毛丫头，懂得什么！你们没亲眼看见，怎么知道！我说呀，地主一定也不……""你胡说！这上面不是说得清清楚楚！你这地主的……"妹妹打断她的话凶狠地顶撞她，"地主的女儿"这几个字没敢骂出口，因为婆婆会骂我们"没上没下"，想不到许奶奶还赖皮地说："这书上是骗你们的，你们受骗了，刚满三岁的毛丫头！以前地主哪有这么凶！一个个都是和气待人的。放租子，那是理所当然的事，地主从来……""废话！"我也狠狠地对她说："世上哪有老虎不吃人的事！地主都是靠剥削别人过日子，把欢乐建筑在别人的痛苦上，杨立贝不是被地主逼得家破人亡，倾家荡产，儿子、女儿被折磨死，自己也落得四乡为家；还有那大地主刘文采，不也是……"

"啊呀！你，你看你家小X啊！""你怎么啦，喝了老虎血啦！不要没上没下的不听大人的话，小孩就要听！许奶奶见的事比你们吃的饭多！"婆婆吼我道。许奶奶见我不吱声，又扯起来：

"从前啊，过年的时候，哪家不磨米粉，蒸团子！要饭的到地主门前要饭，不是给他一大碗团子，就是肉啊，鱼啦的给。可现在呢，乡下年一过，农民早吃种子啦！买什么东西，还要什么票啊票的。从前的地主，可真和善啊！"

"哼！那书上说的，还有我亲耳听农民讲的，就不是真的！书上是吹，那农民也是吹吗？还有，天下乌鸦一般黑，哪有和善的地主！"

"小X啊！你疯啦！和善地主就是和善地主！有吵的时间，还不快给我看看书！"

"婆婆，你怎能这样说！旧社会，我的几个舅舅、阿姨怎么只剩下两个，你还经常对我们讲呢！"妹妹胆怯地顶撞婆婆。

"住嘴！我打啦！快看书！哎，你老人家受屈了，等会治治这毛孩子！别把气放心上啊！"婆婆厉声吼我们又缓声地劝许奶奶。

"没关系，没关系，小孩子家不懂事，要多教育教育！"许奶奶一边说，一边走了。事情也就这样平定了。

这看来是一件小事，在说说笑笑中进行，没有什么了不起。但我觉得这正是地主、资产阶级思想腐蚀我们青年的时机。婆婆在解放前是寡妇，受苦最深；可解放后却忘本，站在剥削阶级一面，替他们说话；而我们，生在新社会，长在甜水中，会不会变色，会不会被资产阶级夺过去呢？只要站稳无产阶级政治立场，就不会变色。只要放松对自己的要求，一时麻痹，就会被资产阶级思想腐蚀。许奶奶的话有着很多毒素，会刺伤我们，假若我和妹妹不常受教育，再加上婆婆的阻止，就很容易被她拉过去。书上的话是不是编的？政府是不是坏？新社会好不好？这些问题在听爸爸讲家史中，在听贫农作报告中，在学校受教育中，已经得到明确的答案。我们青年，正在萌芽，正在成长，正在接受社会上的新事物。此刻，也正是无产阶级和资产阶级争夺我们的时候，我们要站稳立场、分清敌我，热爱劳动，永远和工农相结合，养成艰苦朴素的习惯，才会走上正道，做个坚强的革命后代。

初二　曹ＸＸ

九、　我认清了右派分子爸爸的真面目

"必须分清敌我，坚决站在无产阶级立场，站在占人口百分之九十几的人民这一边，做坚决的革命派。"

分清敌我，是关系到我们站在哪一边，依靠谁，听谁的话，为谁服务的重大问题。也就是衡量一个人是否革命的一个准尺。可是，我过去对这个问题认识很模糊。

我爸爸是个右派分子，从一九五八年起就开始改造，到现在还没摘掉帽子。过去我认为右派分子是坏人，他们反党反人民。可是，我爸爸这个右派还不错，看起来他很拥护党和政府，从来没和我们说过反动的话，对人也很和气，和其它右派比起来是有区别的。

事实真是这样的吗？不，完全不是！妈妈最近对我们讲了一些他的事情。例如：婆婆对他说我在争取入团，叫他也要好好进步，争取摘掉帽子。可是他却轻蔑地说："入团，入团有什么用处，我连党都入过，现在还不是这个样子。"再如：鲍阿姨是个摘了帽子的右派，现在在浦镇中学教书，可是他跑到鲍阿姨家去讽刺人家，说什么鲍老师在为革命培养坚强的可靠的接班人，教育方针不对头等等。诸如此类的言行还很多。他每月拿五十多元的工资，给我们家二十元，剩下的钱就大吃大喝。他在农场不好好改造，却三天两头进城上高级馆，逛商店。（这些都是别人亲眼看见，告诉妈妈的。）

这些事情，使我明白了一些道理，我知道他是个伪装的坏蛋。但是通过这次政治学习，使我更加擦亮了眼睛，比较能够从本质上来看问题。我知道这就是阶级斗争，这就是革命。

过去同学们一说我爸爸是右派分子，我就难为情，甚至还哭，认为这是丢脸，见不得人。现在我知道，既然社会上有着复杂、尖锐的阶级斗争，它同样也会出现在家庭里。问题在于我们如何对待这些事情。通过"培养革命接班人"的学习，我知道非劳动阶级出身的青年必须要划清界限，站在劳动人民这一边。我姑妈姑爹都写信来说，党和人民辛辛苦苦地把他培养起来，他却反党反人民，如果他还不正视自己的错误，执迷不悟，我们之间就不存在什么亲属关系！我也要像姑爹姑妈那样和他划清界限，如果他痛改前非，党和人民是会欢迎他的，如果他还不悬崖勒马，那他就是我们的敌人。

另外，我还要加强思想改造，用毛泽东思想武装自己的头脑，站稳立场，热爱劳动，和工农结合，成为又红又专的革命接班人。

初二丁　×××

十、　　全心全意为绝大多数人服务　做无产阶级的接班人

通过无产阶级革命接班人的学习，给我收获最大的，就是要做无产阶级放心得下的接班人，必须要做到全心全意地为绝大多数人服务。因为革命事业本身就是个阶级事业，本身就是为了全世界绝大多

数人而不是为了某一个或几个人的。全心全意为绝大多数人服务，这是个根本立场问题。只有站在这个立场上，才能摆脱个人主义，把大多数人放在前面。只有这样的人，才能为了绝大多数人的利益，牺牲个人的利益。我们的革命导师——毛主席，教育我们，不要忘记贫农、下中农，不准反对他们；考虑一切时都要考虑到中国是个大国，永远在绝大多数人这一边。

如果一个人，是无心于为绝大多数人服务，或者半心半意地为绝大多数人服务，他就不能成为一个无产阶级放心得下的接班人。这样的人，在绝大多数人的利益符合他自己的利益的时候，他或许会为绝大多数人服务，不过，也顶多是半心半意的罢了。一旦绝大多数人的利益不符合他自己的利益时，他便不干了。

我的父亲是一个共产党员，可以肯定，他在某些时候是革命的，是为绝大多数人服务的。但他不是全心全意为绝大多数人服务的。因为他自己的父亲（一个大地主）被改造时，他便忘记了绝大多数人。他不顾绝大多数人的利益，为自己的父亲隐瞒历史，支持他逃亡，不接受改造。从这一点可以看出一个不全心全意为绝大多数人服务的人，是做不了无产阶级可靠的接班人的。

在这个问题上，我也表现出那种见不得无产阶级的个人主义肮脏思想。当我刚知道祖父是个逃亡地主的时候，思想斗争多么激烈啊！一会想到他是个逃亡地主，是违反国家法令制度的，是绝大多数人的仇敌，我有权将他揭发出来，和他做到底的斗争。一会儿又想到，他毕竟是自己的祖父，一块儿生活了这么多年，倘若他被抓去改造，……时，又觉得还是不管的好。一会儿觉得父亲这样做是决不应该的，一会儿却又想父亲这样做是神不知鬼不觉，面面顾到的。其实真正是无产阶级思想和资产阶级思想的斗争，是在革命和反革命的十字路口徘徊。我想，如果他不是我的祖父，而是别人的，我定会毫不迟疑地揭发，和他斗争。但为什么他是我的祖父，我就会出现这种情况呢？很简单，就是因为我没有坚定正确的政治立场，没有树立起坚决为绝大多数人服务的决心。

像我这样，或者像我父亲那样，能否做无产阶级放心得下的接班人呢？不能，这样的接班人会把无产阶级之班接到资产阶级手里。这样的人不能接班。这时，我仔细读了"九评"最后一部分，我感到像我、我父亲那样的人，党算是白培养了。深感到对不起党对我的培养。我下决心站在绝大多数人这一边，站在无产阶级这一边。因为我意识到，如果我愿意做无产阶级可靠的接班人的话，就一定要站稳立场，坚决为绝大多数人服务。只有下决心为绝大多数人服务的人，他才能在革命紧要关头，牺牲个人利益坚持阶级利益，革命到底——我决心做这样的人。

高一乙　ＸＸＸ

十一、谈作文

近来，发现班上有些同学在作文时，为作文而"做"作文。他们不是根据实际写作文，而是为老师的批语，为"甲"而"做"作文。比如，ＸＸＸ在写"到农村后的思想变化"时，居然凭空写出了一件抢场事件，加之会吹，得到老师好评。类似这样的情况还有不少，令人惊奇的是这些"好文章"都得到语文老师的大大称赞。同学们都很气愤，同样我也很气愤。我们写文章是为了表达自己内心感想，可是那样做文章，吹文章不是在培养资产阶级的虚荣性吗？嘴里说一套，心里想一套，行动上做一套，思想里没有这种想法也吹出来"为主题服务"，思想上没有这种感情也会抒出这种情，这简直是资产阶级惯用的手法。更值得批判的是，语文老师竟然不调查研究，就批改起来。这样下去，更加培养同学那种吹的习惯，助长同学的资产阶级恶习。今天同学是在作文上吹，以后在政治思想上，以及其它方面都会使用这套吹、拍、捧的手法，致使我国的革命遭到不可估计的损失。因此，这样是不符合无产阶级革命接班人的标准的。

在作文时，应该注意政治思想，有些同学只顾套词语，乱比吹，把焰火比成了亚非拉人民斗争的烈火，把焰火比成了党的光辉等，这些比喻都是有政治问题的，在下笔时就没有考虑到吗？……

这些问题看来似乎是小事，常被人忽略，但是提高到原则上来看，则是阶级斗争在作文教学中的反映。

初三丙　Ｘ Ｘ Ｘ

十二、 这是什么教学思想

　　我觉得学校中的阶级斗争比较集中地反映在"唯有读书高"的思想上，而且学校的部分老师也对同学灌输了"升大学"或"成名成家"的思想。比如初三时ＸＸＸ老师教我们物理课，就很喜欢报考试成绩，每次无论大小检查，总要化很多时间统计，班上谁的成绩最好，得了多少分，多少个成绩在九十分以上，而不是帮我们检查考试中发现的问题。这样无形之中就培养了学生的分数观点，培养了学生学习为了出人头地的思想。我觉得自己在这方面受的影响是蛮大的，自己总希望得到老师的表扬。

　　ＸＸＸ老师讲课讲到一个物理量时，如果单位名称是用某个物理学家的名字，她总喜欢说：比如像你们班上ＸＸＸ学习很好，将来很有贡献，就可以拿他的名字来做一个物理量单位的名称。现在通过学习，我感到我们学习好又不是为了成名，能留芳千古，只要我们对党、对革命事业、对人民有贡献，能全心全意为人民服务就行了，至于名利根本不是我们应该考虑的。

　　还有些老师讲课时，喜欢把高考试题给我们做，还说："这就是那年高考的题目。"

　　高一时，有一次英语课，Ｘ老师说："学习知识是一个艰苦的过程，是要靠日积月累，长期刻苦；而学习董加耕，思想改造是可以一下子提高的，通过一次政治活动，说不定一个人的世界观就可以改变。"我们对老师的话极不满意，老师要我们刻苦学习是对的，但刻苦学习为了什么？是不是刻苦学习就可以放松思想锻炼？相反，我觉得唯有思想的正确，有个明确的学习目的，才会刻苦学习，学习中才有使不完的劲。

　　所以，我觉得，生活在充满阶级斗争的社会中，对老师讲的，爸爸妈妈奶奶讲的，会上的话，我们一定要用阶级分析的观点去衡量是否对，是否正确。对，则听，错，则不听，还要斗争。

高二乙　ＸＸＸ

十三、对评选优秀生的意见

每学期评选优秀生，在我校已成惯例，每当新生入学，校方还阐述标准，把成绩这一项规定得严格又具体，其他各项就比较抽象，又加之在评选方法上脱离实际原则，造成了优秀生低劣的现象。比如我校高三毕业生中，有些优秀生也赖在家里不去农村，优秀生往往走上只专不红的道路。这是和我们评选方法有极大关系的。

我们的评选方法是由老师提出，教导处通过，直到第二学期开学同学们方才知道，而这些人是否优秀呢？得打个问号。比如我自己，高一两学期都算是优秀生了，然而学习目的却是不明确的，学习态度也不对，这不但给同学也给我自己造成只要学习好就行的思想，这就导致我们走只专不红的道路。因此，我建议优秀生应通过同学们评分酝酿和讨论，而推选出真正优秀的同学，作为大家学习的榜样。只有这样，才能发挥评选优秀生制度的作用，像老办法，则是评选不如不评选。

高二　李ＸＸ

十四、评《朝阳》的倾向

《朝阳》创刊很久了，可是看的同学不多。当问起时，有的同学说："内容太丰富，和我们连不起来。"有的说："文艺性很强。"言下之意，即是政治性不够，战斗性不够强。《朝阳》是全校同学的刊物，大家都希望它办得很好，现在起的作用不够大，是应该好好改进的。

但又有另一种意见："《朝阳》是文艺刊物，应多登文艺性强的作品，政治怎么上黑板报呢。"这话不对。《朝阳》是文艺刊物，可是应该是什么文艺呢？文艺要ＸＸ么，为什么服务呢？我们的文艺是无产阶级的文艺，应该反映社会主义时期的现实，应该为无产阶级政治服务。这应该是毫无疑问的。无产阶级是最先进，政治目光最远的，使命性最强，最富于革命彻底性的阶级；无产阶级的文艺，就应该是革命性最强的，它决不在小问题上纠缠，它也不在一些无足轻重的事情上空发感叹，而是要针对实际问题，要具有极强的战斗性。无产阶级的文艺决不同于资产阶级或其它什么的作品，是作为一种斗争的武器，为无产阶级政治服务的。社会主义时期是尚有阶级和阶级斗争存在的历史时期。在这个时期要进行阶级斗争、生产斗争、科学实验三大革命运动。革命到底，走向共产主义。反映社会主义时期现实斗争的文艺只能是反映三大革命运动，特别是阶级斗争的文艺。毛主席的《在延安文艺座谈会上的讲话》中有这么一段："……要使文艺很好地成为整个革命机器的组成部分，作为团结人民、教育人民、打击敌人、消灭敌人的有力武器，帮助人民同心同德地和敌人作斗争。"革命者永远是以战斗的文艺作为自己的有力武器的。在修正主义出现的今天，战斗的文艺更是我们必不可少的重要斗争武器。

可是《朝阳》呢？虽然也登了一些反映阶级斗争的文章，谈及政治思想问题的作品，但在同学看来，还是以描写大好河山，充满抒情气的为多。难怪同学们要得出"内容不丰富"的结论来了。学校中是有阶级斗争的，同学们时常要接触到，自己也时时要进行革命化的思想斗争；那许多华丽的文章，只能使人陶醉于美景，确是"和我们连不起来"。写了景来抒情的文章未必也就不好，可是不紧密地联系生活、联系阶级斗争，就削弱了文艺的力量。那么抒的是一片什么情意呢？就不会是革命之情多，而是软绵绵的小资产阶级情调多了；加之花团锦簇的词藻，感情很"充沛"的诗句，难怪有点像公子哥在观花赏月了。《朝阳》的画，艺术性也很强，可是不少是山水，除去向日葵外，也就大多是四季鲜花、四时鲜果。能不能多画些像《红岩》封面那样富有革命意义的画呢？当然可以，而且画起来也是可以的。

当然《朝阳》的革命气息是越来越浓厚了，但是作为一个要对全校同学革命化起促进作用的刊物来说还是不够的。就在这一期《朝阳》上，老师有一首诗写道：智叟不欺，愚公不愚，接愚公班，穷山移矣。这首诗就很好。《朝阳》多登有这样革命精神的作品多好！实际上这样的文章是不少的，同学们写得不少，黑板报也常登。同学的作文老师一一过目，其中有不少好的，为什么不多多选出登载呢？黑板报要发动对若干问题的讨论，可是篇幅太小，《朝阳》不正可大显身手吗？如果在《朝阳》上能出现战斗性极强的小品，那正是同学所期望的。这样的稿子不是没有，只要发动同学写，就会有很多。

总之，我们认为：《朝阳》应配合当前的阶级斗争、政治斗争和思想斗争，以有力的战斗的文艺促进全校同学的革命化。只要这样，《朝阳》一定会成为被同学喜爱并受到积极支持的刊物。

高二、陆Ⅹ、王Ⅹ、于ⅩⅩ
张ⅩⅩ、叶ⅩⅩ、柯ⅩⅩ、赵ⅩⅩ

十五、 合不合时代精神——对语文教材的意见

在语文教学上，总觉着政治性不够强，当然与过去比是强多了，但觉着赶不上时代精神。从教科书上来看，前几年的书和今年的书没有多大的改动。可从时代的变化来看，那是太大了。前几年雷锋、董加耕还没有成为所有青年的榜样，现在，已出现成千上万雷锋式的，董加耕式的好青年好农民；前几年，国际共产主义运动中的公开论战还没有开始，今天，我们已取得胜利；前几年我们没有原子弹，今天我们有了原子弹，我国在国际上威信更高了，起的作用更大了，朋友更多了。还有越南南方人民的斗争，非洲的、拉丁美洲的民族独立运动的高涨……所有这些，在教科书上看不到。

用血和泪写成的"南方来信"难道及不上"变色龙""我的叔叔于勒"？外国文章，同学中爱读的甚少。可是，为什么时代气息浓厚的文章不选呢？为什么工人创作，农民创作，解放军战士的创作不选呢？没有吗？不可能。解放后，许多人摘下帽子，在生活中，创作出生活气息浓厚，反映祖国变化的好文章。如胡万春（工人）、王老九（农民）等，难道就只有老作家、名作家的文章才好吗？不见得！

如果教科书不可能编得非常及时（半年中也会有很大变化的，当然四五年不换课题），那么报上的文章是不是也可作为教材呢？报上的许多文章是短小精悍、通俗易懂。

另外关于课外阅读的辅导也是必须抓紧的。我们认识水平低，不可能所有文章都分析（对于大辩论文章可以看），比如一部外国小说、小人书，以及很早以前出版仍有的书等。加强课外辅导，规定一部分不要看的书，介绍一部分好书，对抵制资产阶级思想的影响，是一有效措施！

初三　郑ＸＸ

十六、 读了"小扁担啊，我永远不抛弃你！"

（人民日报 64.10.25）

劳动人民的子女抛弃扁担，这意味着什么？这意味着你抛弃了本阶级最可贵的品质，这意味着那"唯有读书高"的肮脏思想在脑子里偷偷地占了上风而排除了"最光荣"的美德。

抛弃或留下扁担是阶级斗争在我们思想意识中的反映，是一场兴无灭资的斗争，抛弃它，带着"劳动，永别了"的思想去上大学，这是我们的社会所不允许的。今天我们上大学，是为了将来更好地参加劳动。我们活一辈子，就要劳动一辈子，否则思想上就要起质的变化，渐渐地脱离劳动人民的队伍，背叛无产阶级的利益，步赫鲁晓夫之流的后尘。因此，可以说抛弃扁担就是丢掉无产阶级的思想武器。

其实，在我们的日常生活中，何止"抛扁担"这样一件值得以小悟大的事啊，ＸＸ烧得苦了，抛掉它；旧鞋破袜穿了难看，弃掉了；红被绿单太乡气，换了它；而留下的是什么呢？维纳斯的塑像，演员的照片，幽静、典雅的风景图片。这些与"抛扁担"表现形式不同，其思想本质却有何两样呢？

高二　李ＸＸ

我想，我虽然没有一根小扁担，但我却有类似李成友同学的情况。上了中学南师附中的门槛之后，总有这种感觉，在学校中应穿得好些，认为穿得朴素了就土土的。在当时我没有体会到这种思想的危害性，总认为"想吃好穿好"是"人之常情""不足为奇"！现在想想就感到这种思想多么的危险了。"想吃好穿好"是什么常情，是资产阶级的常情，是剥削阶级好逸恶劳贪图享受的常情，不是劳动人民的常情，不是无产阶级的常情。

高二　张X

每年暑假过后，我从故乡回来时，妈妈总是对我说"我给你买条扁担挑行李好吗？"我总是拒绝，说不要。我想只有农民才拿扁担，他们是"一字不识的，土里土气的，衣服是破了又补的。"如果挑着行李到南京，人家……肯定会笑我。

……我的思想没有跟上时代的发展，然后最重要的是我忘记了我们吃的、穿的是从哪里来的。这些都是从被我认为是土里土气的农民那里来的，他们为了祖国，忘我的劳动，扁担挑来粮食、棉花。正是他们，用被我瞧不起的扁担挑着建设新农村的重担，我却连扁担也不愿意拿。这些思想是道道地地的资产阶级思想，是产生修正主义的主要根源。李成友的文章，像警钟似的敲醒了我。这次回家，我一定要买一条扁担，不是为了用的，是为了以后好挑重担。

高二　李X

十七、政治课改得好

说到政治课教改，我真是要翘起大拇指道一万个好。说真的，政治课教改还不到一学期，真正学到的东西比过去十二年学的多得多。

过去，学政治，"改造"思想，是最不需要动脑筋思考的了，根本谈不上什么思想斗争。要学好政治，那最容易，老师满堂课地灌，你就一个劲地抄。注意，最好别丢掉了道道条条，一个字。老师要测验，你就拼命地背"第一点如此、如此、如此，第二点这般、这般、这般……"注意，千万别丢了一点点。考卷发下来，碰到死题目，那就把你知道的全部搬上去。注意，多答没关系，少答可要倒霉。碰到活题目，那么，就算你倒霉，就得一个劲地猜呀猜，这是什么意思，这大概与什么原理有关。只要有一丝联系就写上去，注意，这要必须使用全部智力，要碰得准……

这就是我过去学习政治的经验。现在听起来很可笑，可是过去的我，不，不仅仅我，还有许多同学，就是用这种方法获得了"优良"的成绩。正因为采用了这种学习方法，使我们都成了思想懒汉，不会思考问题，不喜欢思考问题，只喜欢老师一点一点地教；结果，我们都成了些"条条"专家，只会背死的条文，不会解释活的现象，只能应付考卷上的试题，不能对付社会实践中的考试；结果，老师是越教越吃力，我们是越学越不感兴趣，越学就越呆板；结果，年年学，年年忘，学了十二年，真正学到的却少得可怜。这样学下去，我们必然会成为小教条。

多亏实行了教改，政治学习的风气才变得主动活泼起来。在政治课上、在政治课后、在小组会上、在班会上，大家分析形势，漫谈思想，大家揭"阶级斗争的盖子"，肮脏思想的根源，大家翻"毛选"，找根据，解决实际中的种种问题。这样，我们才真正学到了思想方法、政治理论；这样，我们才真正开动了脑筋，展开了思想斗争。只有这样，政治课才能获得预期的效果，才能发挥它应起的作用。

高三 蔡X

十八、参观阶级教育展览以后

昨天，我们参观了阶级教育展览会，里面存放着巫婆神汉以及人装鬼神骗人之物，使我解决了心里一件大事。

原来，我以前较信鬼神，碰到稀奇古怪的事，总以为是神灵作法，夜晚连厕所都不敢去。记得有一天傍晚，有人给我讲了鬼的故事，当时听着，心里直打着颤，晚上在厕所大便，总以为鬼跟着我，虽然心里在给自己壮胆,可是眼睛不住地东张西望,毛骨悚然,好像能在什么地方看见什么似的。

通过看阶级教育展览会,我开始知道,一切妖魔鬼怪都是统治阶级编出骗人的,他们从中诈取人民的血汗,有的巫婆神汉利用迷信,骗取人民几万元钱,他们用"签"给穷人治病,不知害了多少人的性命。解放前有一个工人请神汉治病结果死去,巫婆神汉现在还想兴风作浪,那是办不到的。我想:迷信害死人,我再也不能相信迷信,我还要告诉相信迷信的人,叫他们也不要相信,在社会主义国家里仍然存在着阶级敌人,有的人是特务,却装着巫婆神汉掩护自己,因而,我要提高警惕,不上敌人的当,不再讲或听鬼神的故事了。

初一 干ＸＸ

十九、 一次资产阶级思想的袭击

目前,无产阶级和资产阶级在思想领域的斗争是很激烈的。社会上的一些人或自觉或不自觉地给你灌注一些资产阶级的东西。有一次,我把同学的自行车弄坏了,到车行去修理。修车的人见我像个学生模样,就问:"你上初几?"我说:"上高中二年级。"他听了先大吃一惊,接着夸耀我说:"好好读,有希望,将来考上大学,你那时只不过二十岁,那时候,你就用不着来修你同学的自行车了。"我问:"为什么?"他说:"你用不着骑自行车了,坐小汽车。"

对于这些话,一开始,我还满得意,觉得自己确实了不起,十几岁就读初中、高中,将来不上大学,是有点可惜,觉得他的话是有点道理。可是后来,我觉得不大对,这不是旧的思想在我脑子里发芽了吗?我很害怕,想不再到那些小街小巷里去,免去和那些人接触。再想想,不到那些小巷子里去是可以办到的,但是要不碰到旧的思想是不能的。所以,不能回避它们,要和他们作斗争;在斗争中,慢慢地锻炼自己,培养辨别是非的能力,逐步坚定无产阶级的立场。否则的话,一旦有个风吹草动,就站不稳。事实也是如此,一个人不经锻炼,是成不了人的。

第 12 章
学校革命化方案（草案）

我校自试行"全日制中学暂行工作条例（草案）"以来取得了一定的成绩。目前存在的主要问题是片面追求升学率的思想还没有完全克服，教学中主观主义与形式主义的毛病仍然存在。具体表现在教师课内教得多，课外作业布置多，教材、习题补充多，笔记、本本多，考试测验多；总之，学生课内练得少，独立思考、钻研少，自由支配时间少，主动性差，学习能力差，活动能力差，生活独立差。教师本人由于忙着改作业，备课时间少，接触学生，调查研究少，关心学生思想健康少，创造性少。这样师生终日疲于奔命，时间、精力浪费多，党的教育方针未能正确贯彻。

为了正确贯彻执行党的教育方针，使我校成为一座革命的大熔炉，革命化的学校，除继续认真试行"全日制中学暂行工作条例（草案）"外，必须着重抓好以下几件事：

一、 大学毛主席思想，大学人民解放军

1、全体领导干部、教师、职员应首先反复精读《毛泽东同志论教育工作》一书中有关教育方针部分，特别是"关于社会主义的教育方针"一段，以及陆定一同志《教育与生产劳动相结合》一文，用以解决方针思想，明确教育应为谁服务，应培养什么样的人。反复精读改造资产阶级知识分子，培养工人阶级知识分子部分（同上书），用以解决轻视劳动与劳动人民的思想，懂得怎样来提高自己教好学生。反复精读《改造我们的学习》《整顿党的作风》《反对党八股》用以克服主观主义、形式主义，重视深入实际、调查研究、刻苦学习。然后，

进一步学习《实践篇》《矛盾论》《正确处理人民内部矛盾》以逐步改造世界观，不断改进思想方法与工作方法。各人还可针对自己存在的思想、工作上的问题，选读一些主席文章。工人及一部分职员可以选读《为人民服务》《纪念白求恩》《关于群众工作、改进工作方法》等待，以明确工作目的，改进服务态度。学生要求学好语文课本中的主席文章，以及主席时青年的教导的有关语录。以明确学习目的，树立远大的革命理想与革命志气，努力争取德、智、体全面发展。

2、学习要做到少而精，学到手，记在心，见于行，必须活学活用，达到改造思想改进工作的目的。要学习雷锋与好八连的学习经验"问题——学习——实践——总结""一读、二议、三对照、四行动"。

3、领导要保证学习时间，要经常了解学习情况。要着重表扬学习后能运用毛主席的立场、观点、方法来观察问题，认识问题，改进工作，改进学习的人，要帮他们总结并推广他们的先进经验。工会"教工之声"应作为交流学习心得的主要阵地。领导干部应带头学习，作出榜样。

4、教师要学习郭兴福，要带着与资产争夺后代的阶级斗争观点，带着培养坚强的革命后代与提高科学文化的根本任务，带着党的教育方针思想，带着学生思想，学习中的问题，来教好学生。

要学习郭兴福的教学方法，做到：①以毛主席思想为指针，从阶级教育与劳动教育入手，抓好活思想，提高学生的自觉性。②既练业务，又搞思想。用思想带来业务，从业务中体现思想。③发扬教学民主，集中群众，教学相长。④抓住重点，照顾一般，因材施教。⑤由简到繁，由分到合，启发诱导，正误对比。⑥严格要求，以身作则。

5、要学习董加耕。要学习董加耕那种积极响应党的号召，以农为乐，勤奋耕耘，自觉地献身于建设社会主义新农村的革命志气；学习他不畏艰苦，不怕困难，严格要求自己，认真改造和锻炼自己的革命决心；学习他那种大公无私，克己让人，勤勤恳恳，任劳任怨，为集体，为阶级兄弟谋福利的高贵品质；学习他那种，立场坚定，爱憎分明，敢于和阶级敌人进行斗争，敢于和一切旧的习惯势力公开决裂的战斗精神。

通过学习董加耕,要提高学习自觉性,要带着远大的革命理想与革命志气,带着实现四个现代化走向共产主义的历史任务来学习,要勤奋学习积极上进,加强劳动锻炼,正确处理升学和参加劳动的关系。要像董加耕那样有理想,有志气,功课好,身体棒,能顺从祖国需要,毫不计较个人得失。

6、要在师生员工中树"样版"作为大家学习的活榜样,并有领导地开展比学赶帮运动。

教师:比红比专,比对工农态度(对工农子女录取什么态度),比对学生态度,比教学方法(不加重负担,引导好),比全局观点(国家、学校、班级、德智体三者关系和全局)

职工:比政治思想,比完成任务,比勤俭节约。比团结互助,比服务态度。

学生:比思想品德,比刻苦学习,(包括态度、习性、方法)比坚持锻炼身体,讲究卫生。

二、 加强劳动锻炼,参加实际斗争

1、凡能参加劳动的干部、教职员,分期分批参加农村社会主义教育运动,其中一部分教师轮流带高初中毕业参加农业生产的学生下乡。平时初三以上教师每学期随班下乡劳动,初一、二教师随班在校劳动。

根据现有编制,初步确定参加社会主义教育,第一批 3 人第二批 6 人第三批 12 人第四批 12 人,他们在锻炼期间所遗工作由在校人员分担。带毕业学生下乡劳动根据需要每次 1-2 人,半年为期。

2、凡不能参加劳动的干部、教职员,每学期学生下乡劳动时,可组织前往参观访问。每年组织部分教师前去探望参农学生,并进行参观访问。

3、初三以上学生每学期到十月人民公社劳动一周,与贫农、下中农同劳动同生活,使学生熟悉农村情况,培养劳动人民感情,进行一定的体力锻炼。并使他们懂得农村需要知识青年去参加建设，知识青年也需要到农村去进行锻炼。

自1964年暑假起，高二学生改在校内机械厂劳动，各班轮流，时间仍为每学期一周。在劳动期间组织参观工厂并请老工人作报告。

初一初二学生每学期在校集中劳动一周，分两次，每次三天。劳动内容是种植活动，绿化校园，建校劳动，公益劳动等。每年秋季到附近公社劳动一次，以接触劳动人民。

4、注意日常培养勤劳俭朴的习惯与为集体服务的精神。坚持各班卫生、绿化包干区制度，每天由各小组轮流打扫与管理定期检查评比。应教育学生为集体服务，如为学校修补装订报杂志，修理桌、椅、板凳，粉刷墙壁，帮厨等。应教育学生自己洗衣、补衣。

5、结合初中植物、动物生产知识课及高一生物课，搞好农业实验园地、动物饲养与果木管理工作。由生物科教师负责组织指导。通过这次活动，培养学生对农业的兴趣，贯彻理论与实践结合的原则，使学生获得一定的农业生产知识和技能。平时应教育学生加强园地管理工作，定期进行检查、考核。

三、 改进教学方法及目的

改进教学方法，减轻学生负担，提高教学质量，使学生德智体诸方面生动活泼地主动地得到发展。

1、教师必须认真钻研大纲教材，了解各类学生学习情况，认真备课，根据教科书进行教学。不另找提纲，要善于分清主次，讲课少而精，不平均使用力量，不额外增加教材。堂上应充分适用教科书，学生已经懂的或基本懂的东西，教师可不讲或少讲，只作些指点学生难于领会的重点，难点则由教师精讲。讲课应敢于打破老框框从效果出发，注意启发学生积极思维引导学生活练。不要规定学生抄笔记。

复习课不应简单重复过去讲过的东西，而要指导学生自己动脑筋去系统掌握知识，综合运用知识。

2、适当控制课外作业，减少本本，课堂教学应有讲有练。除语文、数学、外语、物理、化学，可适当布置一些课外作业外，其余各科一律不留课外作业，初中理、化也要尽可能不留或少留。有关五科应将课本习题排队分类，有的可作为思考题或在课内口头回答，有的在课堂上练习，有的作为课外书面作业，并且一律不在课本以外补充作业题。在课堂上要解决关键性习题使学生掌握审题解题规律，作业主要起熟练和巩固知识的作用。为了控制课外作业分量，据规定高中每周自习18小时，初中12小时，大致作业如下分配：高中：语文、数学、外语每周各五课时（本学期高三数学4课时）

物理每周二课时　　化学每周一课时

初中：语文、数学、外语每周四课时

物理、化学每周不超过一课时

作业内容包括复习课文，朗读背诵，书面作业等，上述时间上的考虑应从中等程度学生出发。具体自习时间由学生自己掌握，作业规定必须严格要求。

语文外语背诵课文不能超过课本上要求，初三以上外语背诵不超过50%。

预习一律不作硬性规定，必要时可放在课内进行。

减少考试科目与次数，改进考试方法。

取消单元考试，期中只考政治、数学、外语三门，高中加考物理、化学。平时15分钟以内的书面考查次数也要控制，尽可能采取练习形式。历史、地理、生物等科目口头或书面考查，必须在课内复习的基础上当堂进行。

语文主要考作文，也可以考阅读（包括翻译）背诵，同时还可以考查口头表达能力。

外语应加口试。理、化应加考实验。

学期、学年毕考一学期内容，毕业考试考一年内容。取消学末学年考一年，毕业考三年的规定。

改进评分的办法。期中不考的科目一律不要期中评分。学期评分应看发展,不死评。

减少每天学习的科目,一部分科目(如语文、数学、物理、化学、高中政治)试行两节连排。

不要指定学习好的同学去帮助有困难的学生。教师应耐心辅导,不要叫学生到学生小组长那里去背书,可以用课堂齐背、抽背相结合的办法来检查。

要正确处理教与学,讲与练,课内与课外,统一要求与因材施教,讲授新知识与复习旧知识等各个方面的关系。要更好地调动学生学习的主动性。课余时间应由学生自己支配,要创造条件积极引导如组织学科小组,出版学术墙报,举办各种讲座,指导课外阅读,改进图书馆工作,开放实验室,充实体育部,适当开展各种体育文娱活动使学生在德智体各方面能生动活泼地主动得到发展。

四、 认真改进领导作风

1、要抓方面。必须吃透两头。一要吃透党的教育方针、政策以及党中央毛主席有关教导工作的指示明确培养目标。二要吃透学校师生的实际思想、工作、学习生活等,要出好主意。

2、要抓主要措施。必须抓牢毛泽东思想的学习、师生的劳动锻炼、教学改革等三件大事。要一抓到家。学校其他工作则由各部门按常规办事定期作些检查。

3、要抓效果,表扬先进要经常检查效果。表现好的苗头给予表扬鼓励并进一步帮助其总结指导,高校现倾向性问题及时帮助研究改进。

4、要抓实验,树模版,深入一个班,一个级,做些实验,树立样板,也要注意培养树立好教师、好学生的模版。

5、要以身作则在思想、工作、学习等方面要为师生表率。要让师生同劳动同生活同商量。

第13章
南师附中教学改革蹲点计划

（讨论稿）

一、 南师附中教改试点

六四年春，主席春节讲话之后，教育厅即确定在南师附中搞教改试点，开始时，只是派人到校指导工作，十一月初，派出工作组住点。

一年来，学校工作，特别是学生的精神面貌起了很大变化，但问题是严重的。学校某些领导干部与教师中新老资产阶级知识分子结合起来，以升学唯一，知识第一为目标，占有课堂教学的阵地，上下结合，内外结合，采用两面手法，用过多的作业和考试来压抑和束缚学生，千方百计地抵制党的教育方针，来和我们争夺青少年一代，这是学校中阶级斗争的一个突出的问题。此外，学校中一套旧的方法、制度，也从各方面来压抑、束缚学生，在不同程度上，都成为资产阶级教育思想藏垢纳污的阵地；教材还包括一些有害的内容，特别是文科教材中，封建主义、资本主义，和带有修正主义思想色彩的作品，占有不小分量。

以上两方面，有学校领导干部的问题，也有教师的问题；既有学校本身的问题，又有教育行政部门带来的问题；有学术思想问题，有认识问题，还可能有政治问题，错综复杂。问题的实质是，社会主义与资本主义两种思想、两种道路的斗争，是资产阶级知识分子和我们争夺青少年一代的斗争。而问题的焦点又集中在课堂教学上。这一场革命是干部和教师队伍世界观的革命，是兴无灭资的革命。有了干部和教师队伍的劳动化、革命化，就从根本上保证了教育方针的贯彻，保证了课程、学制的改革。

二、 教改内容与细节

从这一情况出发,根据党的教育方针、主席春节指示,我们的教改试点,打算继续从思想上改,从方法上改,进一步发展到教材、课程上改、制度上改。

①严格按照中央批转教育部临时党组织报告的规定,减轻学生过重的课业负担,为学生生动活泼地主动地全面发展创造条件。

②促进教师改造思想。坚持学习毛选,坚持劳动,特别是组织教师轮流下乡参加农业生产劳动或参加社会主义教育运动,争取在两年左右,使能够下去的干部、教师,都经过三、五个月或一年不等的劳动或阶级斗争的锻炼。

③进一步改进教法。政治课要结合讲课,指导学生读书,对学生中带有倾向性的问题,要广泛组织讨论;一面读书,讨论,一面组织学生参加社会实践,不断提高他们的社会主义觉悟;语文课,要课堂上指导学生读书,课后指导学生参加社会实践,使学生掌握了工具,有了真情实感,就指导他们勤于写作,不断提高学生的思想水平和写作能力;理化课要加强实验,要使学生亲自动手,通过实验来更好的掌握理论知识;外语课要让学生学会使用工具书,加强口语实践,着重解决语音不准和学生的自学能力问题;数学课要着重研究启发学生思维能力和培养学生解决问题的能力。

④从高中的一个班或一个年级开始,试验带学生下乡去一面参加劳动、群众运动,一面学习。这种学习,先从文科开始,采用自学、小组讨论和上课相结合的方式,摸索教学上理论联系实际的经验。这样做的好处是使学生在完成学习任务的同时,就能够得到一定实际斗争的锻炼;促使教师接触群众,深入实际,改造思想;在一定时期内,学校里可以腾出身子,加强理化实验活动;搞得好,在设备条件不变的情况下,还可以多招学生。

⑤适当的调整课时安排。根据年级、学科的不同特点,该集中教的集中,该分散教的分散。

在现行学科不减少的情况下,第一步考虑某些课程先开,某些课程后开,能够不同时开的课,尽量不同时开,以减少课程门类。例如历史、地理、物理、化学,对一个年级都可先开一门,或者在学期前一段开某科,后一段开某科。

各年级都增设生产知识课。对现行学科,在取得经验之后,再考虑某些课程的减少或合并问题。

关于教材问题,在现行教材未变动的情况下,先就语文、外语两科中某些不适当的内容,经过慎重研究后,作适当地调整补充。

对若干制度、办法,如考试、升留级、行政管理等,做必要的改进,以适应教改的要求。

⑥随着课堂教学的改进,随着课时安排的调整,课程门类的减少和从减少考试中节省出时间;逐步适当增加劳动,使学生能较多的得到锻炼,有较多的接触工农群众、接触社会实际的机会。

⑦加强政治思想工作。目标是教师队伍的劳动化、革命化,培养学生成为无产阶级革命事业的接班人;从思想内容,组织形式上,必须在党的统一领导下,使政治课、团队活动、班级工作,密切配合起来;在工作过程中,必须放手发动群众,充分发挥师生的主动性、自觉性;提倡艰苦朴素作风;并且引导师生适当地接触群众,参与实际斗争,增强他们的感性认识,增强他们的群众观念。

在改革的过程中,必须坚持:培养坚强的革命接班人的目标,要十分鲜明;学生的文化程度要不断地提高;要使理论与实践结合,教育生产劳动结合起来;要放手发动群众,贯彻群众路线;学校的领导干部,要带头革命;要不断培养教师骨干,要在教改中树立好的榜样,一切工作要通过试验。

三、 重新组成学校的阶级队伍,培养革命接班人

①通过实践斗争,形成一个政治思想好,执行方针坚决和有良好作风的新的领导核心。

②培养一支能够基本上按照党的教育方针工作的教师队伍。

对某些有抵触情绪的干部和教师，要让他们充分发表意见，要通过实际斗争来教育干部和师生；对他们本人要从团结的愿望出发，经过批评和斗争，争取他们的思想能得到改造。对坚持错误，妨碍运动发展和不适宜继续留在学校工作的人，则在问题搞清楚之后，做适当的调整。

③通过实践，创造一套能够保证执行党的教育方针的方法、制度。在这一套方法、制度中，要体现出便于放手发动群众，贯彻群众路线，能够使理论与实际相结合，教育与生产劳动相结合；能够发扬艰苦奋斗，勤俭朴素的作风。

④对于学生的要求是，在他们在学校学习期间，对为谁学习、为谁劳动的目的性要基本上求得解决，学习任务要完成的好。使绝大多数人都具备一定的革命思想，毕业之后，成为有社会主义觉悟的有文化的劳动者，除了一部分人升入高一级学校的外，绝大多数都能积极参加劳动，特别是农业生产劳动。

四、要达到上述要求，南师附中的教改试点，暂以一年为期。

教改工作组必须加强。现有成员，除以苏州高中、常州高中等校调来的十五个中学校长外，还有从南京市调来的干部四人，南师调来的干部一人，加上朱ＸＸ同志共廿一人。这些同志，除个别人因特殊情况须做调整外，一般不动。调来的干部与南师附中一部分干部加上南京师范学院副院长张ＸＸ同志组成工作组，成立领导小组，下分政治思想、数学、外语等六个小组，每个小组设组长，领导小组由朱ＸＸ、张ＸＸ、李ＸＸ、沙Ｘ、史ＸＸ、许ＸＸ、毛ＸＸ等七位同志组成。朱ＸＸ同志任组长，张ＸＸ、李ＸＸ、沙Ｘ同志任副组长。

工作组在教育厅党组直接领导之下，根据六三年五月十八日省委批转省教育厅党组报告（〈63〉苏发110号）的精神，对有关执行党的教育方针，和中央、省委关于教改工作的指示一类的问题，直接部署学校的工作。关于学校党支部和行政的日常工作，仍按原来的领导系统进行工作。

江苏省教育厅教改工作组
一九六五年一月二十六日

第 14 章
关于南师附中教学改革试点的计划

（编者注：此文内容为原件 132 页～135 页打字定稿，与原件 136～141 手写稿内容相同。本书采用定稿。）

一、一九六四年，我们组织传达、学习了毛主席春节指示、全国教育厅局长会议精神和中央批转教育部临时党组的报告，对于克服片面追求升学率，减轻学生课业负担，改进教学方法，采取了一些措施。同时我们还直接在南京市七中和南京师范学院附中进行教学改革的试点，开始见到了一些成效。南京市七中的点搞得不好，但也取得了一些反面经验。现在根据教育部指示，经厅党组研究决定，就南师附中这个点继续试验下去，以便取得全日制中学教学改革的直接经验，指导、推动面上的工作。

二、根据党的教育方针、主席春节指示，我们的教改试点，打算继续在思想领先、思想改造的基础上，从教学方法、考试方法上改，进一步发展到教材、课程上改、制度上改，同时研究学制改革问题，使学校成为名符其实的社会主义学校。

一、 要求

（1）通过实践斗争，形成一个政治思想好，执行方针坚决和有良好作风的新的领导核心。

（2）培养一支能够基本上按照党的教育方针工作的教师队伍。对某些有抵触情绪的干部和教师，要让他们充分发表自己的意见，要对他们耐心帮助，教育等待，争取他们的思想能得到改造。对坚持错误,和不适宜继续留在学校工作的人,则在问题搞清楚之后,按组织手续,做适当的调整。

(3)通过实践,创建一套能够保证执行党的教育方针的方法、制度。在这一套方法、制度中,要体现出便于放手发动群众、贯彻群众路线能够使理论与实际相结合,教育与生产劳动相结合;能够发扬艰苦奋斗、勤俭朴素的作风。

(4)对于学生的要求是,在他们在学校学习期间,对为谁学习、为谁劳动的目的性要基本上求得解决,使绝大多数人都具备一定的革命思想;在同样条件下,学习质量、健康状况要比本校往届好,比一般学校好;要比本校往届高,比一般学校高;毕业之后,成为有社会主义觉悟的有文化的劳动者,除了一部分人升入高一级学校的外,绝大多数都能积极参加劳动,特别是农业生产劳动。

二、 工作

(1)严格按照中央批转教育部临时党组报告的规定,减轻学生过重的课业负担,为学生生动活泼地主动地全面发展创造条件。

(2)促进教师改造思想。坚持学习毛选,坚持劳动,特别是组织教师轮流下乡参加农业生产劳动或参加社会主义教育运动。争取在两年左右,使能够下去的干部、教师,都经过半年或一年不等的劳动或阶级斗争的锻炼。

(3)进一步改进教法。政治课要结合讲课,指导学生读书,对学生中带有倾向性的问题,要认真组织讨论;一面读书,讨论,一面组织学生参加社会实践,不断提高他们的社会主义觉悟;语文课,要课堂上指导学生读书,课后指导学生参加社会实践,使学生掌握了工具,有了真情实感,就指导他们勤于写作,不断提高学生的思想水平和写作能力;理化课要加强实验,要使学生亲自动手,使实验和听课结合起来,更好地掌握理论知识;外语课要让学生学会使用工具书,加强口语实践,认真解决语音问题和学生的自学能力问题;数学课要着重研究启发学生思维能力和培养学生解决问题的能力。

调整学生下乡劳动的时间，由过去的全天劳动，改为半天劳动，同时带一部分课程下去学习，一面适应学生体力状况，一面摸索教育与生产劳动相结合的经验。

（4）适当的调整课时安排。根据年级、学科的不同特点，该集中教的集中，该分散教的分散。

在现行学科不减少的情况下，第一步考虑某些课程先开，某些课程后开，能够不同时开的课，尽量不同时开，以减少课程门类。例如历史、地理、物理、化学，对一个年级都可先开一门，或者在学期前一段开某科，后一段开某科。

各年级都增设生产知识课。对现行学科，在取得经验之后，再考虑某些课程的减少或合并问题。

关于教材问题，在现行教材未变动的情况下，先就语文、外语两科中某些不适当的内容，经过慎重研究后，作适当地调整、补充。

对若干制度、办法，如考试、升留级、行政管理等，做必要的改进，以适应教改的要求。

（5）随着课堂教学的改进，随着课时安排的调整，课程门类的减少和从减少考试中节省出时间；逐步适当增加劳动，使学生能较多的得到锻炼，有较多的接触工农群众、接触社会实际的机会。

继续改进卫生保健工作，使学生的健康状况，特别是视力，能够继续有所改善。

（6）加强政治思想工作。目标是教师队伍的革命化、劳动化，培养学生成为无产阶级革命事业的接班人；思想内容，组织形式上，必须在党的统一领导下，使政治课、团队活动、班级工作，密切配合起来；在工作过程中，必须放手发动群众，充分发挥师生的主动性、自觉性；提倡艰苦朴素作风；并且引导师生适当地接触群众，参与实际斗争，增强他们的感性认识，增强他们的群众观念。

在教学改革的过程中，必须坚持：培养坚强的革命接班人的目标，要十分明确；学生的文化程度要不断地提高；要使理论与实践结合，教育生产劳动结合起来；要放手发动群众，贯彻群众路线；学校的领导干部,要带头革命;要不断培养教师骨干,要在教改中树立好的榜样;一切工作要通过试验。

三、 步骤

试点工作暂以一年为期。本学期第一季度:小结以往工作,为教改初步理出路子;初步整顿行政组织,使它基本上适应教改要求;调整课时,安排课程门类,促进教法的进一步改进;继续安排一部分教师下乡劳动锻炼。第二季度,全面检查和开始调整部分教材的内容;重点检查和加强毕业生工作,使毕业生基本上能够达到计划中所提的要求;分别安排高初中学生下乡劳动锻炼;继续改进若干制度问题,使它更进一步适应教改的要求;开始研究学制问题;总结上半年工作,提出第三、四季度的工作部署。

四、 加强组织领导

教改试点工作组,由教育厅、南京师范学院、南京市和其他县市部分中学校长及南师附中的领导干部二十九人组成。由朱ＸＸ同志任组长,张ＸＸ、李ＸＸ、沙Ｘ同志任副组长。工作组在教育厅党组直接领导之下,根据六三年五月十八日省委批转省教育厅党组报告(〈63〉苏发110号)的精神,对有关执行党的教育方针,和中央、省委关于教改工作的指示一类的问题,直接部署学校的工作。关于学校党支部和行政的日常工作,仍按原来的领导系统进行工作。

工作组每半月应有一次书面汇报,教育厅党组每季度研究一次这个学校的教改工作问题。

以上系初步计划,通过第一季度的实施,由党组再讨论修改。

教育厅党组
一九六五年二月十九日

第 15 章
南师附中教改试点汇报

南师附中前身是伪中大附中。这个学校历史长，资产阶级思想也较深，解放后未经过彻底的改造。教职员中老的成分不少，其中干部和高级知识分子的子女数量多，学校在社会上有较大的反响。当时选定在这个学校搞教改试点，主要是因为学校领导较为单纯，主要领导干部能够合作。至于学校在社会上的影响，则既不利，又有利。动到旧的一套东西，反映多，阻力大是一面；但学校改得好，对全省学校都有较大的影响。

一、 汇报一

一年多以来，这个学校的教改，经过三个段落。先是完全靠学校的力量开展工作，没有派工作组。去年11月份从外地调了一部分校长来，和学校干部一道组成了工作组，组织上实行了三结合。今年一月份接教育部指示，要求学校遵照主席春节讲话和中央两次指示的精神，不受部里原有各项规定的约束，放手发动群众革命；经教育厅党组讨论并报请省委宣传部后，计划又作了一些调整，但学子仍未放开。

到目前为止，这个学校主要解决了一个办学的方面问题。领导都能够认真地执行方针，广大师生基本上从片面追求升学思想的束缚和沉重的课业负担里解放了出来。进一步通过主席著作的学习。下乡劳动，参加社会实践和教学、考试方法、管理制度上一定程度的改革，学生的精神面貌就发生了显著的变化，学校开始出现了生动活泼主动发展的局面。学生要求革命，自觉劳动，艰苦朴素，主动学习，努力锻炼的情况以及知识水平提高的速度，都是以前所意想不到的。

　　学生的精神面貌，在短时间内，所以能够发生很大的变化，从大多学生的作文、日记和毕业班学生的自传里，都可以看出来。这几年来国际上的反修斗争，在青年学生中有很大的影响；雷锋等先进人物，特别是董加耕、侯隽等知识青年下农村对他们的影响更具体更直接。这就给他们提出许多问题，需要回答，引起了他们思想上尖锐的斗争。有了斗争，有了不能解决的矛盾，就促使着他们去学习毛选。而学生所以能够大量地、普遍地学习毛选，同时能够积极地下乡劳动、接触贫下中农，教改则是一个重要的条件。毛选给青年学生指出了明确的方向，两下农村、接触贫下中农，就为他们的革命思想的形成，提供了良好的环境基础。

　　下边一些同学的思想情况。可以从不同角度上说明以上这个变化过程。高三学生刘ＸＸ说："看完了董加耕的事迹，心里激动得要命。他，一个共产党员，学习又那么好，却不去考大学，而要下农村当农民。他为什么要这样做呢？他的革命的理想，革命的精神，使我不能平静。我也想下农村，但又丢不开升大学，晚上斗得睡不着觉。"自我斗争，热烈的讨论，矛盾解决不了。就从学习毛主席著作中去找答案。"看一个青年是不是革命的，……这就要看他愿意不愿意，并且实行不实行和广大的工农群众结合在一块。""农村是一个广阔的天地，在那里是可以大有作为的。"这两段话给学生指引的方向十分明确，给学生的教育极其深刻。

　　一旦下了乡，接触贫、下中农之后，"谁的生活最艰苦？""谁培养了自己？""应该为谁学习，为谁服务？"……这一类从贫下中农一起劳动的现实情况中提出的新问题、新矛盾，很自然地会逐渐触及头脑里原来思考较多的个人的前途、名利，吃亏、不吃亏，可惜、不可惜一类的问题，而在自己头脑中逐步形成了一个贫、下中农的形象，逐步树立了为人民服务的信念。高三学生董ＸＸ在自传里写道："我亲眼看到贫农小李家的生活，一天吃两顿稀饭，冬天没有棉衣棉鞋穿……。他们家五口人，有四人劳动。小李、凤英、都没有我大，但都下田劳动养活自己。……为什么我不劳动，却比他们吃得好，穿得好呢？是广大贫、下中农和他们的子女用自己辛勤的劳动养活了我们。"

高三学生吴ＸＸ从农村劳动回来写小结："贫、下中农在农村不声不响地劳动，他们创造了财富，让我们在城里无忧无虑地念书，而他们的孩子却因为要劳动没有时间念书。……既然明白这点，那该为谁学习，也就十分清楚了。我决心为迅速地使贫、下中农在生活上来个大翻身而好好学习，为天下三分之二受苦受难的劳动人民解放而好好学习。"

学生思想的发展，完全符合毛主席的指示："人的正确思想只能从社会实践中来，只能从社会的生产斗争、阶级斗争和革命斗争这三项实践中来。"在毛主席思想的指导下，在和贫、下中农接触中，他们不仅战胜了自己个人的什么欲望，而且进一步对自己提出了更为严格的要求。高三学生于心雁有一次去为贫、下中农代表补袜子。当她拿到那双大大小小布满了十多个补丁的袜子时。她一面补，一面想："这双袜子已经破得不像样子了，但贫、下中农代表还在穿着它。他们穿着它进行生产劳动，他们穿着它进行阶级斗争，他们穿着这双千补百衲的袜子，他们发扬了贫、下中农艰苦朴素的本色。"最后她想到："我还没有这样一双袜子，更重要的是我脑子中还缺少一样东西，那就是艰苦朴素。……贫、下中农的袜子教育了我，不是我在帮他们缝补袜子，是他们帮我缝补了头脑上资产阶级思想的缺口。"

高一学生杨ＸＸ讲他自己在劳动中腰酸背痛、汗流浃背时就动摇了，但当他看到农民仍然在那里打稻时，他心里就觉得惭愧。他说："我出身在革命家庭中，父母是革命干部。革命干部的儿女如果怕艰苦，仍然会成为革命的对象。革命干部的儿女要做无产阶级的接班人，也必须同劳动大众特别是农民结合起来，与他们建立起深厚的感情，成为为他们服务的人。"

去年以来，同学们向往着农村、向往着贫、下中农的感情越来越浓厚了。每逢假期，同学们三三两两自己跑到农村去，到贫、下中农家里去住几天，劳动几天，或者利用星期天跑下乡去看一看的情况是不断出现的。据最近的了解，在全校同学中脑子里开始有个贫、下中农形象的人数，要有百分之八十上下。

贫、下中农的观念，驱使着他们产生下乡的愿望，鼓舞着他们克服困难的勇气。

刘ＸＸ在克服了她思想上的矛盾之后说："贫、下中农多么希望有革命志气的青年去为他们服务，带给他们文化、科学知识，给他们讲党的方针、政策、路线，讲马列主义、毛泽东思想，给他们办耕读小学，办夜校、冬校啊！他们在眼巴巴的望着我们，我能不为他们服务吗？能不与他们共同奋斗、同甘共苦吗？"

董ＸＸ也说："农村目前是艰苦的。正因为农村穷白，我们才要去改变它。下乡后多和贫、下中农比比，多看看远景，就不会感到苦，而会从艰苦的斗争中获得无限的幸福。一代人有一代人的任务，革命前辈抛头颅，流鲜血，打下江山，今天我们为贫、下中农的彻底翻身，为建设社会主义新农村吃点苦，又怕啥呢？

学生的觉悟提高了，他们的认识并不停留在下农村这一点上，他们进一步要考虑的是全世界人民大多数的问题，是中国和全世界的革命问题。高二丙班出的墙报原名叫《劲草》，后来他们改名为《第三代》，在发刊词中，他们说："第三代"这不是寻常的一代，他们是无产阶级革命前辈们对之寄予深刻希望，希望能把自己手中的革命红旗接过来的一代。……帝国主义分子一直在祷告着祈求我们这一代也像伟大革命导师马克思、恩格斯的第三代伯恩斯坦、考茨基一样，也像世界上第一个社会主义国家——苏联的缔造者列宁、斯大林的第三代赫鲁晓夫及其追随者一样变色变质，葬送革命前辈辛辛苦苦创立的事业。但是沿着革命化大道奋勇前进的我们新中国的第三代，将会用事实告诉他们说："先生们，你们的主意打错了！我们是要把无产阶级革命进行到底的第三代！"

做无产阶级革命后代的责任感促使着他们严格地要求自己，使他们能够严格地要求别人，互相规劝，互相勉励。

高三学生张ＸＸ为了激励一个同班同学潘ＸＸ地努力，他给他写了一首词《奋发篇》：

"父母忠贞为国酬，何曾怕断头？

而今天下红遍，江山靠谁守？

业未终，鬓先秋，濒伛偻。

你我后辈，忍将夙志，付诸东流！"

潘读了词后很感动，也写了一篇文章《读词有感》表示要相互激励，共同进步。

高二丙的团支部书记张Ｘ，对他同坐的一位同学的落后感到担心。他在自己的日记中写着："ＸＸＸ是革命后代，她落后，正是需要我们大家一齐伸手去帮助她，不能眼看她落后甚至堕落下去。我们要对她负责，更要对人民、对革命负责。不能让她成为将来我们所指的敌人，不能在几十年后让躺在土里的革命前辈骂我们。我们有责任帮助她。她在我旁边坐一学期，我要"管"她，坐半学期要"管"，坐一星期要"管"，坐一天也要"管"！她在我们班上一天，我们就要"管"一天，就是她走了，我们也要设法让别人"管"她。这就叫对她负责。"

有了要革命、要锻炼自己的强烈愿望，同学们学习毛选就得到进一步发展了。学习的人数不断在增加，据了解现在全校经常学习毛选的有80%左右；通过毛选的学习，学生中无所作为、瞧不起自己的观点也正在不断地改变。

高三的叶Ｘ曾五读《纪念白求恩》。她说："一读《纪念白求恩》，我联系雷锋同志，决心学习他毫不利己、专门利人的精神，不要在个人得失上转圈子。二读《纪念白求恩》明确了对工作要极端负责任，对同学要关心。三读《纪念白求恩》懂得了对学习、工作要精益求精。四读《纪念白求恩》，检查了自己听到别人赞扬而有些沾沾自喜、自以为了不起的坏思想。五读《纪念白求恩》，进一步明白了一个人能力有大小，自己应该尽自己的能力做有利于人民的事情。

初中一年级的小同学吴ＸＸ、张ＸＸ本学期以来都学习了九篇毛主席的文章。她们说："在未学毛选以前，总觉得自己满不错，可是一读毛选，和毛选的要求一对照，感到十分惭愧，自己差远了。"毛主席著作使她们增长了上进心。她们想："班上五十四位同学，每人都有长处，如果把他们的优点归纳起来，不是有了值得自己学习的最好的榜样了吗？"于是她们划了一张表表示："在主动发展方面向ＸＸＸ学习，在艰苦朴素方面向ＸＸＸ学习……。"她们一共和十二位同学排了差距。有一回，吴ＸＸ和一位同学吵了架，起初不知道自己不对，于是就学习《中国共产党在民族战争中的地位》。毛主席说："那种以为只有自己好，别人都不行的想法，是完全不对的。"她想："我不正是这样吗？以为只有自己好，对别人的一举一动都看不顺眼。"于是她就和那位同学和好了。她们两个有个共同点，就是爱面子，怕别人提意见。在学过《为人民服务》以后，就改变了过去的态度，主动征求别人的意见，还备个本子记录下来，看看是否改正了。她们认识到，学习毛选必须学以致用。她们说："每做一件事就努力地联想到毛选，就要考虑一下，这对人民是否有利。如果有利，就去做；如果没有利，就不做，同时还要禁止别人做。"

毛选的学习和贫、下中农的感情，给了同学们无穷的动力。他们在劳动、行军、体育锻炼和学习中遇到困难时，想到毛主席的话，想到贫、下中农，就产生了无限的勇气和毅力，就能坚持到底，取得胜利。高二学生李Ｘ在一篇作文《在雨花台挖坑种竹》里，写到她们三个同学挖坑时的情况："工具不全，有的又是赖巴巴的，但是我们憋着一口气；既然愚公移山，我们定能挖好它！挖，挖，挖！脑子里就有了这么一个概念。功夫不负苦心人，我们终于挖好了一个坑。我自己自卖自夸，称咱们是'愚妹'。"

今年寒假，有六十多个高中同学组成了一个春节慰问团，步行到盱眙县访问贫、下中农和新农民，往返行程近五百里，在路上走了七天。当他们走得疲倦，脚上打了泡，甚至感到支持不住时，一看到前面同学背上挂的毛主席语录牌，一听到"下定决心，不怕牺牲，排除万难，去争取胜利"的话时，顿时就精神百倍，浑身是劲。他们在行军途中，还创作了三十首充满了革命乐观主义精神的快板，一天遇到风雨，路滑难走，他们就齐声高唱：

"路烂不可怕，我们藐视它；

行军五百里，困难脚下踏。"

下面这首诗当时在行军途中，对他们发生过很大的鼓舞作用：

"学习解放军，立志干革命；

　学习解放军，走路过得硬。

　革命不怕苦，怕苦不革命，

　吃得苦中苦，方为接班人。"

高三学生杨ＸＸ过去一向不爱参加什么活动，教改以后，主动要求锻炼自己。最近开校运动会，她报名参加 80 厘米低栏比赛。过去她从来没有跨过栏，但她想："不会跨就从头学，黄ＸＸ她们能从头学会游泳到武装横渡长江，我难道连跨栏都学不会吗？"练习时，也遇到了很多困难。第一天练了一节课时多，只跨过去两次。第二次起跑了近十次，竟没有一次跨过去。她思想斗争剧烈时，就去看毛主席著作。当她读过《为人民服务》之后，她说："看看主席的话，再想想自己，我觉得自己首先应该为革命树立雄心壮志。在革命斗争的年代里，革命前辈在那样困难的时候能看到成绩，能看到光明，提高勇气，取得革命的胜利。可是我竟然连跨栏的信心、勇气都没有，我还能做什么呢？想到这些，我就有了真正的勇气。横在我面前的不是 80 厘米高的木栏，而是一道革命的跑线，跨过这道栏就是革命的前奏，跨过这道栏就是对世界上革命人民的一点支援……，我决心勇敢地跨过栏。为了自己，我可能永远跨不过去；为了革命，我有足够的勇气跨过去。"这样，她就以革命的理想坚持艰苦的练习，在比赛的时候，顺利地跑完了全程。

初一学生朱ＸＸ原来认为"自己不是学外语的材料。"理由是：学不进，背不熟，记不住，写不好，用不着。"后来，她读了主席的指示："人类总得不停地总结经验，有所发现，有所发明，有所创造，有所前进。停止的论点，悲观的论点，无所作为和骄傲自满的论点，都是错误的。"她想："认为自己不是学外语的材料的论点，不就是主席所指出的悲观的论点、无所作为的论点吗？……我学习外语，应该和徐寅生打乒乓球一样：在困难的面前树立信心，拿起笔杆，想到革命。……书是死的，人是活的。写不好，可以多练；背不熟，可以多读；记不住，可以多想；而且外语将来的用处也很大，作为一个无产阶级革命事业的接班人，就应该学好它，掌握它，使自己掌握更多的本领，好为人民服务。"最近，她的外语学习已有一定进步。

学生听毛主席的话，解决实际问题，在学习一门功课时是这样，就连解一道题也是这样。高三学生孙ＸＸ、孙ＸＸ做一道解析几何题，她们先仿照书上的例题的做法得到了证明。但是，她们感到硬套书上的方法太繁了，可不可以用其他比较简单的方法来解呢？她们说："以前我们是不敢这样想的，主要有两方面的原因：一、认为自己学习不好，似乎觉得只有少数对数学"有研究"的人才能想出一些别的方法来。二、没有那么多的时间。在过去，如果这一题要花那么多的时间，那么别的题目就无法完成了。现在这两个原因对我们都不存在了。毛主席的指示照亮了我们的心，使我们懂得了悲观的论点、无所作为的论点都是错误的，而应该有"有所发现，有所发明"的雄心壮志。因此，我们下定决心，不找出简单的方法决不罢休。另外，在时间上我们也不担心了，这是教改给我们创造了有利条件。"她们经过努力，得出了五种方法，其中有两种是很简便的。

学生有了强大的思想上的动力。对自己的要求是高标准的，他们能够把文化科学知识学好，这应该是没有疑问的。

最近，我们曾对初一到高三六个年级各一个班的一次作文（274篇）作了一次分析，内容直接写到三大革命运动的占 52.1%，关于学习先进人物的占 36.5%，绝大多数文章中都反映了同学们是在学习运用主席的思想、观点去分析国际、国内的阶级斗争，去分析生活中的各种事物，去分析自己的思想言行。在 274 篇文章中，思想观点正确、内容充实具体的占 94%。文章一般都能做到思路通畅、通篇没有病句的，占 88%，通篇没有错别字的占 35%。高一学生徐ＸＸ讲了他自己作文水平提高的情况："毛主席的书，给我指出了一条广阔的道路，那就是深入实践，到实践中去把自己空虚的脑子充实起来，沿着这条道路前进，真是越来越广阔。现在写文章，我总觉得有许多话要说，写文章也不感到是难事，自己感到需要写文章，写了以后感到思想上也有所提高。这正是因为我参加了实践，参加了劳动。现在写文章不是"吹"，而是把感性知识变成理性知识的一个过程。现在写文章变成促进我革命化的手段。谁深入实践，谁参加劳动，谁肯在实践中开动思想机器，谁就能写出真正的文章来——这是我本学期写作的最大体会。"

外语学习的变化，主要是学生听话、讲话、使用工具书的能力提高了。教师完全用外语讲课时，初三以上的同学一般都能够听懂70%-80%。在课内外，高三有些小组能整理运用俄语进行讨论，有些学生与教师谈话，能连续谈半小时。一般学生都能借助工具书阅读课文，如初三丁学生自学英语课文《毛主席和伤病员》（这课共有326个字，22个新词），有一半同学能在一课时内读完，少数差的同学也不超过两课时。

从初一到高三学生都能写外语作文。高三同学一般能用俄语写200个左右词汇的短文，或用英语写300个左右词汇的短文；有四分之一的同学基本上没有语法或拼写方面的错误。

数学学习中，绝大多数同学可以自己读懂教材，大体上能掌握教材的关键和重点。高三丁班有70%的同学对书上某些定理能够独立地推导出来。初二代数解方程应用题，初二乙班学生用两种以上解法的人数占90%；初三代数作行路速度的应用题，初三丙班出现了十种不同的解法；高三乙班一道解析几何题，要求证明三点共线，一个小组在讨论时得出了八种不同的解法。

学生的学习有了革命的动力并且掌握了学习的主动权以后，能力是无穷的。高三有部分同学已提前看完了本学期的全部解析几何教材，还做了作业。高三丁学生周ＸＸ通过自己的钻研，发现并证明了抛物线相似的性质；董ＸＸ看了《双曲线函数》这本小册子以后，应用双曲旋转的方法证明了双曲线的一些性质。类似这样的情况，据初步了解已有二十八人。

从以上情况看，学生目前学习和劳动的强度较过去都是大的，但学生的健康状况较过去却是好的：

视力普遍有所上升。根据初一到高三各一个班311个学生的检查，1964年10月份视力1.5的159人，1.5以下的152人。现在视力原在1.5以下的152人中，110人有不同程度的上升，占72.3%，311人中视力下降的25人占8%。

学生中常见的慢性病，63年患肺结核的9人，64年下半年还有5人，目前仅有1人。63年因患神经衰弱休学的8人，64年以来，未发生一例。以往每学期患胃病或消化不良的都有10余人，现在仅有1人。

在最近的校运动会上，跑、跳、投掷平均都超过了以往的纪录。

在劳动中也反映出学生的体质比以前是大大增强了。本学期有一次全体高中同学到雨花台挖坑栽竹，劳动6小时，往返步行40余里，同学们都能坚持下来，第二天仍照常上课。

二、 汇报二

一年多来，从各方面证明，学校的基本问题是：无产阶级与资产阶级两种教育思想、两条教育路线的斗争。这一斗争的性质在较长的历史时期内是不会完全改变的。但每一个不同的发展阶段，又有其不同的特点。在教改开始时，最突出的问题则是片面追求升学率，即只升学、不劳动和培养学生成为有社会主义觉悟有文化的劳动者的两种方针的对立。

这个学校和很多学校一样，在片面追求升学思想指导下，学校各方面的工作都受到不同程度的支配和影响。课多书多的情况本来就是严重的，但教材又无限量地增加了，进度无限量地加快了，教材之外又大量印发了补习提纲；考试本来就是突然袭击，把学生当敌人了，但考试的次数又无限量地增加，考试的内容也越来越复杂了。不仅这样作，而且还给自己找到了理论根据，说是："取法乎上，仅得其中。"结果是：削弱了政治，放松了劳动，影响了学生健康，促使学生思想僵化，助长了学生名利思想的发展。

片面追求升学的思想在当前成为主要问题，两种方向、两种方针的斗争规定或影响着其他矛盾的存在和发展。这是一个问题。但这个主要矛盾的主要方面又是什么，这个矛盾的双方又是怎样在开展斗争呢？毛主席在《矛盾论》中讲过主要矛盾和在同一过程中其他诸多矛盾的关系之后，指出：不能把矛盾平均看待，"矛盾着的两方面中，必有一方面是主要的，他方面是次要的。""事物的性质，主要地是由取得支配地位的矛盾的主要方面所规定的。"在这个学校，一年多来，根据大量的事实又证明了，矛盾的主要方面在于领导，尤其学校的主要领导干部。他的片面追求升学的思想，在一定的情况下，影响着学校师生努力的方向，左右着学校工作发展的趋势。

因此，在教改开始时，首先解决学校主要领导干部片面升学的错误思想，就成了解决这个学校问题的首要问题。六三年下半年，教育厅到外地视察工作，吸收该校主要领导干部参加，省委书记刘顺元同志来校做过指示，又反复学习了主席春节讲话，接着就由学校主要领导干部亲自动手，对部分往届毕业生作了调整。从中发现在学校政治思想好的学生，毕业出去后一般仍是好的，在学校思想表现不好的学生，出去后绝大多数还是不好，有的甚至更差了；同时发现，除去升学的以外，参加劳动的都比留在家里的好。把主席的指示和这一情况结合起来，看到了问题的严重性，看到了自己的错误，自己的责任，领导思想上的问题也就迎刃而解了。伴随着统一指导思想而来的若干问题，也就相继得到了解决。

学校主要领导干部的思想一旦解决之后，学生过重的课业负担也就减轻了；组织师生学毛选，组织师生下乡劳动锻炼的工作加强了；毕业生升学后参加农业生产的工作抓出了成绩（六四年高中毕业生升学的超过六三年的 8.4%，城市学生下乡参加农业生产的超过六三年 4 倍），在农村建立了毕业生插队和组织教师下乡去劳动锻炼的场地；同时，领导干部的作风也有改进，积极改进教学的教师骨干开始培养起来，通过这些工作，就使学生在不同程度上丢掉了思想包袱（片面追求升学的个人主义思想和沉重的课业负担），在一定程度上发动起来了，要革命，要劳动，要过艰苦朴素的生活，要努力学习，要从各方面自觉锻炼自己的空气，就在学生中一天天强调起来，生动活泼、主动发展的新的局面就开始出现了。

一年多来，这个学校的思想斗争经过了三个阶段，64 年上半年以前，除了前边讲的一些工作之外，教学上只有少数教师自觉教改，多数人未动，一套教学方法、考试方法都未动。这时，校内还没有什么尖锐的斗争，社会上对学校也还没有什么批评。这算作学校教改的第一阶段。

暑假高考后，在动员学生下乡参加农业生产，还是留在城市待来年再考学校这个问题上，部分家长和学校之间的斗争就展开了。这一斗争的胜利，鼓舞了在校学生自觉革命的志气。64年下半年，由于学生辨别能力的增强，在课堂上就出现了很多问题提出来教师不能回答的现象。接着在教学领域内两种思想的斗争也就展开了。一直到64年期终考试前连续半月的大争论（期终考试时在开卷、不开卷，负责、不负责的问题上展开了讨论，结果使大部分教师明确了考试的目的，改正了错误的做法，多数学科把自学、小组讨论和教师指导结合起来进行开卷考试，使学生原来不懂的问题搞懂了，原来模糊的问题清楚了，长期理解错误的问题也得到了纠正。并进一步出现了大量一题多解的情况，发展了学生的创见），进一步扩大了教师积极分子的队伍，发展了学生的主动精神，壮大了革命的力量。这是这个学校教改的第二个阶段。

期终考试斗争的胜利，群众进一步发动了，学校出现了更好的革命形势。这学期开学后，工作进一步有所发展：适当增加了劳动和社会实践的时间；组织高中两个班的学生以一个月时间下乡边劳动边读书。摸索教育与生产劳动相结合的经验；为了更好地发挥学生学习的主动性，调整了课表（能连排的课两节连排）；为了进一步减轻负担，减少了课程门类，史地、理化几门课一部分先开，一部分后开，同时开放了实验室和图书馆，以便更有利于学生的自学和实践。这些措施，引起了一些社会人士的非议，他们说："劳动多了，知识质量要降低了。"社会反映也影响了学校内部。这些反映为原来思想不通的干部和教师撑了腰，他们响应了社会的"舆论"，也说"学生的精神面貌是好的，但是书背少了。"在社会影响的压力下，连教师中的某些积极分子和部分学生，思想上也产生了混乱，对知识质量到底提高没有，他们也感到"心中无数"。这时，斗争出现了较为复杂形势。接着我们采取了以下的措施：从党内到党外，从领导到教师、学生，组织学习主席关于什么是知识和为什么要学习知识的指示，认清教改形势，统一思想认识，明确方向，增强信心，鼓舞斗志；发动群众搞调查研究，用事实教育教师和学生；召开家长会议，讲教改的目的意义，并给他们看学生的作业、进步，消除某些怀疑，取得他们对教改的支持；加强教学中的某些薄弱环节，调整了学生的作息时间，减少了会议，使脑力劳动和体力劳动、劳和逸更好的得到调整。这一段的斗争已经取得了初步成果。但是当前的情况还是很复杂，要取得斗争的彻底胜利，还要作很多艰巨的努力。

从一年多的斗争来看，资产阶级教育思想严重的人，和我们的斗争方式，大体上有以下几种。

从学校内部讲，他们的方式是：把持阵地，不许你插手，他们说："我分工管的，你就不要过问"；如果你决定要怎样干，他就消极怠工，用你的办法，把事情办坏了，再反过来反对你；工作中出现了某些情况，你强调稳，他就乘机反攻；攻其一点，不及其余。从某些学生的家庭和社会人士来讲，有人从望子成龙、唯有读书高的思想出发，用名利来引诱学生，引诱不成就施加压力，甚至打骂。与此同时，向学校提出责难，在社会上散布流言蜚语。也有一些口头上拥护党的教育方针，希望学生成为无产阶级革命接班人，但是旧教育的影响在他们脑子里根深蒂固，他们不是首先强调革命，而是一味强调防止偏差；他们不是很了解我们党的教育方针的实质，也不去实地考查问题的真实情况，只想到革命过程中可能出现的若干偏差，而却看轻了产生修正主义的危险。

总之，资产阶级教育思想的特点不外是：追求读书，升学，成名，成家，反对劳动，反对做劳动者。从这一点出发，他们主张教育第一，书本第一，反对教育与生产劳动相结合，反对理论与实践相结合；他们迷信专家，迷信教师，不相信群众，不相信学生。从方法论讲，他们是外因论者，不承认事物发展的内因论，只允许教师盲目地灌，不允许学生主动地学；他们相信考试的压力，而不相信学生的政治觉悟。他们是唯心论者，是机械论者，只相信书本越多越好，不承认实践是知识的源泉，看不到群众中蕴藏的极大的革命积极性，他们只承认继承性，不承认创造性，尤其不承认在社会主义社会，在毛泽东思想指导下，青年学生中存在的无限的潜在力量。

这一个时期，我们工作中点滴的经验、教训，也作如下简要的分析。

（一）首先有一个明确的方向，历年来，毛主席对教育工作的指示都是经常想到、讲到的。这次要搞试点了，就想来亲自作一作，这就是开始时我们的思想准备。如何执行毛主席春节讲话中的指示？我们先后主要学习了《关于正确处理人民内部矛盾的问题》和五八年毛主席在天津大学的讲话。根据前一个指示，坚持了培养学生成为有社会主义觉悟的有文化的劳动者的方针，坚持了勤俭建国的方针，开始抓了有关教师思想改造的工作。根据第二个指示，坚持了群众路线和把教育与生产劳动结合起来的原则。这个学校学生精神面貌所以能够在较短的时间内起这样大的变化，根本原因是在实际工作中开始把毛主席早已指示给我们的原则交给了群众。尽管现在还有很多工作没有作，但可以肯定，只要能认真执行毛主席的指示，在教学上群众的革命运动是一定可以充分的发展起来的。

（二）组织上能够解决两个关系。首先一个是工作组和学校领导之间的关系。工作初期，没有派工作组，工作主要是依靠学校同志干的，这样就慢慢培养起来了学校内部的坚决的革命派。不派工作组，没有学校内部的坚决的革命派，教改试点搞不起来；派了工作组，没有学校内部的坚决的革命派，工作可以搞起来，但关系问题将会纠缠不清。因此培养学校内部的坚决的革命派是解决工作组或上级行政部门和学校关系的一个关键问题。再一个是学校内部的领导和教师、教师与学生的关系问题。在这个关系问题上，要避免领导上和教师一道压学生或发动学生搞教师的情况，关键问题又在于领导干部，特别是主要领导干部真正能够带头革命。

（三）组织师生下乡劳动，对改造学校、改造人都起着巨大的作用。

历年来毕业生下乡参加农业生产后，在短短的时间内一般都发生了很大的变化，他们进步的速度远非在学校学习期间所能比，他们所学到的东西，也是在学校内根本不可能学到的。我们组织教师和在校学生下乡，开始时是借用了毕业生下乡这个经验的。现在逐渐又有了组织在校学生下乡的经验，也有了学生自行下乡访问、"探亲"的经验，但更重要的是农村这样一个环境对教师、学生这样一批人的教育。一个城市学校、学生头脑里能有一个贫下中农的观念，这是已往从来没有过的事。这件事，在改造旧的学校，在培养新的一代人，在避免产生修正主义的斗争中，将会起着深远的作用。

（四）工作好坏看学生，也要看教师。已往那种只看教师，而不问把学生培养成什么样子的情况是不对的，我们是以更多的注意力看到学生。这里的问题是，要看到学生所以能够起来，一定程度上还是由于教师（不管是主动的还是被动的）先有了动作。在学生已经动起来之后，就必须更多一点的看到教师，看教师队形的变化，抓教师的工作。教改这一仗，是从教学中开始的，最后一定还要在教学中得到个结果。这里正确的教育、改造和使用教师就又成了一个关键问题。

（五）坚持一切经过试验，不断纠正工作中可能成为倾向性的问题。这一段工作中，在较为重大的问题上，凡是没有经过试验就执行的，几乎是没有不出毛病的。而这些毛病的发生又往往是在工作开展得顺利，有了革命形势的情况下出现的。如去冬的开卷考试问题。这学期开学初的教法改革问题和改变学生吃饭方法的问题等。工作一旦在某些方面出了毛病立即纠正就不致于发展成为倾向性的问题。能够消灭错误于萌芽状态，关键问题在于自己了解党的政策，主观上没有偏见。

（六）要听反映，也不怕反映。教学改革作为一场革命斗争来的，它是不能在每一件事情上都得到所有人的同意的。也不可能使这项工作的改革都为所有的人了解，随着工作的发展，学校的若干工作必然会反映到社会上、家庭中去，意见自然也会接踵而来。我们首先是要听，好的、坏的都要听，听了还要分析。就我们已经掌握的意见看，不外乎有三种，一种是为了维护旧的一套教育制度；一种是对新的事物一时接受不了的；一种是我们工作上有了毛病。这里有的要解释，有的要斗争，有的是要作改正的。思想上有了这个准备，工作上就能够有主动权。

三、 汇报三

最近再谈一谈，当前工作中的问题和下一步工作的设想。

在基本上克服了片面升学的思想之后，当前学校的主要矛盾是什么？从这个时期反映出来的大量事实看，这个学校在克服了两种方针对立的矛盾之后，两种方法的斗争就转化为主要矛盾了。在新的发展过程中，由于这个矛盾的存在和发展，仍将规定或影响着其他诸多矛盾的存在和发展。作为资产阶级的凯洛夫的一套方法，就是关、压、灌、管的方法，就是把学生关在学校里边，让他们与世隔绝，与三大革命运动隔绝，让他们除了上课之外几乎不知还有天地；就是用科目多、课时多、作业多，用门门五分来压抑和束缚学生；就是由教师满堂灌来使学生没有动手的机会，没有独立思考的余地；就是用考试，用制度，用一律化、一个样，用数不尽的清规戒律把学生的一切活动都死死地管起来。问题严重的是，建国十几年来，我们有不少同志还是拿这一套东西来和我们党的教育为无产阶级的政治服务，教育与生产劳动相结合的工作方针相对抗；来和我们少而精、启发式的方法相对抗；来和我们提高学生的政治觉悟，鼓励学生生动活泼主动发展的精神相对抗。由于他们在具体工作中反对了无产阶级的路线，实际执行了资产阶级的路线，不管口头上怎样说，实质上他们就不可能真正执行无产阶级的方针，而只能自觉不自觉地去执行资产阶级的方针。

在完成前一段改革的任务，解决前一个时期的主要矛盾的同时，在教学方法、考试方法的问题上，也解决了一些问题。满堂灌减少了，考试方法改变了，作业减轻了，课程安排作了一些调整，不少教师的教学方法有了改进，特别是学生辨别是非的能力、主动学习的能力开始培养起来了，等等。这一些在教学领域里都占有了一定的地位，开始为课程、教法彻底的改革创造了条件。但教学中没有解决的问题还很多，课程多、教材内容杂的问题还没有动，旧的一套教学方法、考试方法，在不少教师的教学中还起着较大的作用，特别是资产阶级的教育思想，对人们的影响还很深，从社会到学校以至于教师积极分子的脑子里都还未能完全摆脱其束缚。因此，在教学问题上，讲起力量的对比来，当前资产阶级的教育思想体系较诸无产阶级的教育思想体系，它还是占着优势的地位的。这个对立面的斗争，表现在人的身上，重点又在于教师。

根据这一情况，对今后的工作，作如下的设想。

（一）明确教改的方向：面临大量全日制中学的改造，这个学校教改试点的方向，不应该仍是现行的全日制，也不可能在很短的时间内，就变为半日制。因此，这个学校改革的方向应该是为三大革命运动服务的，为贫下中农服务的；应该是教育与生产劳动结合、理论与实践结合、脑力劳动与体力劳动结合，使学生在德育、智育、体育诸方面都能够得到生动活泼主动地发展，成为有社会主义觉悟的有文化的劳动者，成为坚强的无产阶级的革命后代。

（二）关于计划的设想：

学制，拟仍维持六年，适当增加劳动，适当提高程度。

课程，综合现在中学的全部课程为：语文、外语、数学、政治（史地课的内容分别并入语文和政治课中），生理化、文娱体育六个学科。

教材都以服务于三大革命运动为纲，按照主席认识论的观点，即按知识是生产斗争和阶级斗争经验的总结的观点选材，在使学生接受间接知识的同时，对各个学科都给以参加社会实践，充分提高学生的政治觉悟，增强学生的体制和提高学生理解、掌握和运用知识的能力。

教学安排上，每天不超过三门课，真正作到少而精；文科理科可以间日安排，知识理论课和实践课一般按二比一安排（知识理论二，实践一）；每天学习、劳动总时间控制在八小时左右；学生的学习不完全限制在教室内，课堂上课和自学研究结合、校内活动和适当的社会实践结合。

（三）积极开展教师的工作。本着学习毛选，参加劳动，接触工农群众和教学业务上敢于革命的精神，分别不同类型的教师，鼓励教师们各按步伐前进一步，特别是认真帮助各科教师中的积极分子，把凯洛夫的一套东西和我们应有的自己的一套东西弄清楚，不要迷失方向；帮助他们把各科教学中已有的点滴经验进一步发展起来，在一定时期内，都弄出一条基本的路子来。在思想改造的基础上，进一步改革方法和课程；在教师积极分子工作进一步开展的基础上，影响和推动大多数教师前进，团结绝大多数干部和教师共同工作。

（四）工作方向确定后，要有步骤地前进。这个目标和计划是个较长远的没有经过实践的设想，从现在学校的基础看，还不是一下子就能实现的，但它是可能实现的。工作中必须坚持彻底革命的精神，不能遇难而退。但也必须分别若干步骤，在一个较长的时间内，逐步达到这个要求，并在实践过程中不断修正和补充这个设想。

从教材上来说应该先以现有教材为主要参考，在实践过程中逐步挑选、补充，逐渐脱离原有的旧体系，建立设想中的新体系，进一步能有一套全新的教材。

教学的安排上，应该先在一两个班上试点，经过试验，经过总结，成熟一步，推行一步。若干问题，一时不能得出可靠的结论时，应该继续试验。

从年级上看，对高中和初中，尤其对初中一、二年级各种措施，都应有较大的区别。

教育厅南师附中教改工作组

1965．4．

第16章
江苏教育学院农师班访问南师附中学生座谈纪要

按：这个座谈纪要是对我们的鼓舞和鞭策，我们应该更高的举起毛泽东思想伟大红旗，坚持教改方向，把教育革命进行到底。

通过三天的访问，十八位同志共同反映：这次访问时间短，感触深，效果大。收获远远超过原来的估计。现将几次座谈内容整理如下：

一、 张ＸＸ（武进县奔牛中学）

（1）对培养什么样的革命接班人具体明确了，过去像坐在戏院末排看舞台，看到的人物是模糊的，现在看清楚了。

（2）同学们和新农民分不清，新农民和农民分不清。如高三倪ＸＸ（女）一担水挑起来就走，就像劳动者的形象。同学的思想感情变了，从很多小事中可得到反映。过去女孩子以脸白而自傲，可附中同学见到一位刚养病回来的新农民，异口同声地说："脸白得可怕！"一次盛菜，有一小片菜叶掉在有灰的灶台上，同学就把菜叶拾起吃了。同学让出铺位给我睡，她和老大妈同床合被。我南下时和农民睡在一起还怕虱、怕脏，思想斗争很激烈，同学却很自然。

我参加农师班学习，认为农中可望而不可及，看到南师附中改得这样好，具有说服力。前些时我在镇江中学搞教改，认为自己没有升学包袱，看了附中，我应该承认自己是有升学包袱的，包袱非放下不可。

二、　张ＸＸ（泰兴中学）

我这次是放包袱来的，我背着一个大包袱。我校没教改，学生负担重，学生"晚上做梦，白天头痛，上课瞌充。"不教改就会出呆子，我校高一、高三都出了呆子，看到附中我感到不革命不行，不教改不行，不走出校门不行。

三、　谢ＸＸ（海门悦来中学）

附中同学给我的印象是：政治觉悟高，阶级感情深，劳动干劲足，知识学得活，团结友爱好。

四、　史ＸＸ（沛县中学）

附中能突出政治，师生以毛泽东思想为指导，改造自己，在小组会上敢于暴露思想，学习上劳动上碰到了问题能以主席思想来解决。目前试行的小小组作用很大，方法很好，也容易做思想工作。我们过去做思想工作是大而空，小小组做思想工作更落实一些。

五、　许ＸＸ（江宁县秦淮中学）

（1）把学生放在三大革命运动中去锻炼，对城市学生来讲特别重要。这样做的好处有下列四点：①马坝地区人民生活艰苦，对学生教育很大，使学生时刻记住为改变农村落后面貌，为贫下中农而学习。②教师与学生四同，同吃、同住、同劳动、同改造思想，师生一起到三个革命运动中去锻炼，为三大革命运动而学而教。③盱眙是新农民所在地，可以互相促进。④学生得到全面锻炼，自己烧饭烧菜，轮流挡锅，培养集体主义思想。

（2）附中领导升学包袱放得彻底。学生有的放了，有的未放，但是一致认为"做社会青年是剥削、可耻的。"

（3）敢于破框框，革命精神很足。如我们学校把考试作为学习的动力，而附中把它作为总结提高的手段。教师深刻体会到，一比一，学生不如教师，一比五十，我不如学生。在破课堂教学形式方面：①有一定水平的学生可以不随堂听课。②采取小小组的学习形式是新的尝试。

六、 赵ＸＸ（太仓浏河中学）

这次访问的收获超出我原来的估计。首先突出政治，活学活用主席著作。反映在：①学生自觉锻炼，到盱眙去最多的已有四次，假期探望贫下中农，称作"回家"过年，自觉进行锻炼，要当革命接班人。②主动访贫问苦，和贫下中农找差距，要当革命接班人的愿望很强烈，因此处处自觉暴露思想，要求进步。学生唐ＸＸ准备毕业后不考大学当社员，为了说服母亲，带母亲到雨花台以烈士事迹教育她，在家中展开辩论，并争取叔叔做他父母的思想工作。到了农村和贫农贾宝如找差距，每当端起饭碗就想到贫农贾宝如一家吃野菜糊糊，自己感到心不安理不直。③在小小组复习中，通过学习《整顿党的作风》，解决了理论联系实际的认识和活知识能不能对付死题目的问题。

附中这样做对自己教育很大，对如何贯彻党的方针有了启示。朱厅长讲："这个不敢动，那个不敢动，就是党的方针敢动。"这话给我教育很深刻。

七、 孙ＸＸ（镇江中学）

附中是：一不怕苦，二不怕旧的习惯势力，一心为教改，一切为了培养坚强的革命接班人。支部的同志都是如此，党员是教改的闯将。群众路线很突出，师生关系好，重视发挥学生的作用，朱厅长、沙校长到马坝,首先与学生交谈,开座谈会先让学生发言,情况抓到了,主要矛盾也抓住了。不断实践,不断革命,附中的领导讲"革命不能停顿。"敢想、敢说、敢破,而我们搞搞就回头。

八、 郭ＸＸ（射阳中学）

通过访问对应该培养什么样的革命接班人比较具体了。附中学生德智体得到了全面发展。为了解决理论联系实际问题,学生跑到三河闸去了解教材。我们只停留在课本上。附中重视实践,教师和学生都有闯劲,问题得不到解决就找毛主席著作,以毛泽东思想贯彻始终。学生正确理解苦与甜的辩证关系,为贫下中农服务不是苦而是甜。革命和思想改造挂起钩来,学生的确学得活泼主动。

附中的师生关系的确是新型的师生关系,在大熔炉里看不到师生界限,生活上师生打成一片,教师能虚心接受学生的意见,学生对老师提意见也是赤裸裸的,根本不顾有外人在。生活上吃菜不分,体现集体主义思想,而我们学校学生吃菜要分三级(从班到组,从组到人)。

学生全年劳动时间长一些,比时间短一些好。到盱眙更好,生活艰苦,有新农民,又是革命根据地,真正能了解贫下中农的实际,与思想改造真正挂起钩来。领导重视发动群众走出校门,为三大革命运动服务,才能真正把教改搞好。

九、 单ＸＸ（宿迁大新中学）

附中领导善于抓思想苗头,一步一步的深入。学生经常考虑如何改造自己、锻炼自己,如何做接班人,升学问题考虑不多。明确复习不是为了高考,因而采用革命的复习方法。追求升学包袱他们已彻底放下,我们还没有放下,感到自己没有必要去背了。

十、 蒋ＸＸ（靖江中学）

虽然三天时间，收获很大。对领导的看法：（1）方向明。我们平时讲方向明是口头上的，他们开展各种活动，特别是劳动，不是为劳动而劳动，而是通过劳动解决学生的世界观，树立上山下乡当农民的思想。他们是有目的、有计划地把学生放在三大革命运动中去锻炼、培养。（2）决心大。高三毕业班学生在高考前下乡劳动一个月，反映了领导坚决丢掉升学率包袱的决心。据说这次下乡劳动，有些学生家长有意见，领导如果没有决心，歪风是顶不住的。（3）干劲足。校长、教师能以身作则，要求自己严格，带着学生行军，他们四十几岁干劲这样足，我们则做不到。

对学生的看法：一个明确，四个自觉。学习为了将来为贫下中农服务，把自己培养成为革命接班人，绝大部分同学都是为革命而学习，这是领导一系列教育的结果。学生要求改造自己的愿望强烈，学好功课的决心很大。因此平时能做到四个自觉：①自觉的劳动：他们把劳动看成是锻炼自己和为贫下中农服务的手段，不怕脏、不怕累，高三丙班10个同学一天下午做了四块秧田，数量质量都超过了当地的老农，生产队长及群众反映很好。倪ＸＸ同学扫牛粪，人站在下风，不怕脏。②自觉的学毛选：我们看了好几位同学的日记，内容真实，有事情、有分析、有观点。饭后或晚自习都看见他们自觉的在学毛选写日记。③自觉的学习功课：无论是学外语或过民主生活或讨论功课都是自觉的活动，没有老师督促，有的同学在读外文的《纪念白求恩》，看外文杂志《中国建设》，余ＸＸ、钱ＸＸ两位同学去三河闸搞理论联系实际，一天才回来，目的不是为个人，是为集体、为革命而学习。④师生自觉的做思想工作：学生的独立工作能力很强。他们之所以如此是学习目的明确，有改造自己的强烈愿望。

十一、 朱ＸＸ（沭阳中学）

（一）培养目标明确，能坚决克服"三脱离"，逐步在三大革命运动中培养革命接班人。政治思想工作很突出，把政治思想工作、教学、劳动拧成一股绳，把政治深入到教学、劳动中去，克服"三脱离"，敢于接触实际，敢于面对现实，在三大革命运动中走自己的路。他们的领导、教师、学生自觉革命的愿望很强烈，劳动不是为劳动而劳动，而是为了改变农村一穷二白的面貌。我们过去也谈要克服"三脱离"，也懂得要在三大革命运动中培养学生，但没有做到，领会不具体，看了南师附中以后，现在比较具体了。

（二）在教材、学制改革方面，他们是敢于革命，善于革命，打破了旧框框走自己的路。如课堂教学，先是老师讲学生听，后来是教师少讲学生多活动，现在发展到几乎全是学生自觉的学习，教师适当的辅导。就"小小组"的形式看也是逐步发展起来的，仅仅从形式上学是学不到手的。革命的方法来自革命的思想，没有共同的思想基础，不可能出现这样生动活泼的学习局面。看来没有明确的方向，仅仅在方法上转圈子解决不了问题，我们的老师为什么在教改方面打不破框框，就事论事，原因是没有从根本上解决方向问题。

十二、左ＸＸ（王集中学）

（一）对办什么样的学校培养什么样的人，过去天天讲，总没有具体的形象。这次看了附中同学及新农民后印象非常深刻。他们培养的是革命者，处处想革命，想的是农村的一穷二白，想的是贫下中农，想的是世界上三分之二的人民。他们的学生，对走什么路，人的一生应如何度过，方向明确，立场观点十分鲜明。我们的学生想的是自己，虽然多数是贫下中农子弟，毕业后也会回农村，但不是作为新的革命一代去的，而是找出路，被动的去，想的最多是一个生产队或一个公社。我们对学生的要求是不反党不反社会主义，看来标准太低了，应当培养他们要革命、要当革命接班人。

（二）对如何进行教改学到了方向和方法。教改在我们那里还是老大难，还是在老框框里转，根本问题没解决，很惭愧。南师附中教改主要在两方面：（1）突出政治，突出毛主席的教育思想，培养革命接班人。(2) 与劳动结合、与三大革命运动结合。我们农村中学条件比附中好，但仍然是关门办学，劳动当任务、为劳动而劳动。附中的劳动不是消极应付当任务完成，而是主动争取，是教育人，改造人的手段。

十三、孙ＸＸ（南菁中学）

虽然三天，感受很深。谈收获半天也谈不完。去盱眙是看方向，是在动中看，看的更具体，更亲切，看到人家在那里真是坚决在贯彻党的教育方针。

听说附中在大闹天宫，很想看看。但，田院长动员我们去盱眙看看南师附中的升学率包袱是否放下，我认识不足，只想在城里看，不想去盱眙，不相信南师附中的升学率包袱已经放下。认为劳动锻炼没看头。通过去盱眙有如下收获：

（一）从高楼大厦到茅房草屋，从江南到江北，这条路是南师附中毕业生走过的一条路，是南师附中师生走过的路，这是一条革命的路，我们今天也走这条路。

国家一穷二白，我们生长在江南的人却考虑很少，这次过江一看，土质、水源、庄稼越向北越坏，但是越向北越是我们党革命的根据地，是我们革命先烈与三大敌人浴血战斗的地方……到马坝本身就是受教育，对一穷二白有了深刻的感受。

一路上，领导对我们很重视，关怀，附中的师生、新农民，教院的老师也热情招待，欢迎，为什么？目的是要我们走这条路，要我们走自己的一条路，这三天为我们今后以毛泽东思想来指导闯出一条路，帮助很大，相信这条路是可以闯出来的，一定闯出来！如果说今后我们的教改能在较短时间内取得一些成绩，能有所创造，与这三天的参观分不开的，应归功于南师附中。

（二）高考前为毕业班安排一个月劳动，来回步行，这是创举，本身也是激烈的斗争，是给资产阶级教育思想的一个大的冲击。他们半天劳动，半天学习，不是毕业前老一套的高考复习，而是突出政治，要学生立志立革命的方向，立共产主义的大志。他们把学生放在大风大雨中去锻炼，在劳动中教育很具体，要学生与贫下中农比差距，与新农民比革命干劲。与怕苦、怕累，为名为利的"我"字作斗争，大长革命志气为毕业后打下稳固的思想基础。我们对政治与业务的关系还是平起平坐或业务第一，劳动中没突出政治。

（三）学生的思想健康，精神面貌给我们教育很深。

学生的精神状态好，感情很健康，学生想的不是一个月劳动，而想的是一辈子，想的不是一个马坝公社而是"身居学校，放眼全球"，抱负好、风格高，胸怀宽广、眼光远大。他们经常与别人比，但不是比吃得好、穿得好，而是比吃苦，比贡献。因此，他们能自觉学毛选，自觉劳动，能讲老实话。有一个学生在日记中写道："晚上做了一个梦，被保送到高等学校念书。"以此检查自己的唯有读书高的思想。他们思想开朗、活跃、没包袱，脑子里是"公""共""革命"等字当头。我们的学生胸怀狭窄，目光短浅，脑子里只有"我"字，最多想的是一个生产队、一个公社，他们对班主任也不讲老实话，并且对班主任说："我的生死都掌握在你的手里……"学生中有不健康的感情，有出世没落的思想。以前听别人说南师附中的升学率包袱放下了，我怀疑，这次我相信了，他们是放下了包袱而我没放下。

（四）对领导、教师的印象很深。

一见吴ＸＸ同志（党支部副书记）就觉得像个农民，一点都不像知识分子，沙校长也像个农民，两个人都是黑面孔，平顶头。教师与学生同吃、同住、同劳动、同改造，在改造的基础上求团结建立新型的师生关系。葛ＸＸ老师住的地方漏风、漏雨，他仍坚持辅导、坚持劳动，这都证明了南师附中这样做，方向是对的。

（五）新农民给我们上了课。

他们对自己的任务很明确，改造自己，改造农村。他们讲话很深刻，实际上是寓言、是语录。如方Ｘ："革命的担子越重，就越想集体的事，革命的担子越轻就会想到自己。"

刘ＸＸ："担子挑的越重，跑的越快，身上没有担子就会跑得慢，甚至会落后。"

方X："我在学校里与在农村里想的不同，兴趣不同，在学校里想的是成名成家，扬名千古。在农村想的是谁养活我，想农村如何翻身，再想名利就感到是可耻的。"又说："我对学校提个意见，我们学校名义上是办社会主义学校，实质贩的是资本主义货色。基本功没练好，"老三篇"没学好，到农村打个借条，还要抓头皮。希望学校把教改改下去，学以致用。"方X对南师附中提的意见，实际上是对我们提的。"名义上办社会主义学校，实质上搞的资本主义"这句话火辣辣的值得我们深思。因为这句话对现在的南师附中已经不适用了，而倒适合于我们。

这次参观给我们教育深刻，新农民这一堂课是深刻的一课，要立志革命，坚决革命到底。总的有几点看法：

（一）他们确确实实是放下了追求升学率的包袱，怎么放的呢：突出政治，政治统帅业务，根据主席指示办事，把办学校同反修防修、消灭三大差别、为三大革命运动服务，培养革命接班人联关起来了。他们的出发点和落脚点是对的。敢于走自己的路，大胆实践与创造，教改打开局面，解决培养什么人，用什么方法来培养的问题。

（二）走群众路线。他们相信教师、相信同学，相信群众是可以破资产阶级框框的。不是领导第一，专家第一，而是群众第一。

（三）把师生放在三大革命运动中去培养，到大风雨中去锻炼。

十四、 提出两个问题

1、理论联系实际。从书本出发去找实际，是否教条主义，如物理分成四个部分去复习和联系实际，是否妥当。（沛县中学史XX）。

这次在农村理论联系实际问题还没完全解决，在方法上有问题，在思想上也有些问题，按教本的系统去联系实际，还是未打破旧框框。（镇江中学孙XX）

2、小小组学习，成绩好的没问题，成绩差的怎么办？

第17章
春节慰问新农民的心得、创作节选

南京师范学院附属中学

1965.3

一九六五年寒假,我校七十多名师生(六十多高中同学,七个青年教师)自动组成慰问团,步行到盱眙县马坝公社访问贫下中农和慰问去年下去安家落户的毕业生——新农民,行程往返近五百里,在当地劳动和进行慰问活动六天,过了一个革命化的春节。

要使青年学生成为坚强的革命后代,应该让他们经风雨,见世面,在革命实践中学习干革命,在艰苦磨炼中逐步养成吃大苦、耐大劳的品质。这次步行慰问,是学生自觉接触社会、经受锻炼的一种形式,效果是好的,是平时学校生活中所不能得到的。

学校每年都有寒暑假,看来,适当利用一些时间组织一部分学生去参加各种社会实践,是可能的。这样能使学生获得为社会主义革命和建设所需要的真才实学,能使学生更加生动活泼地主动地发展。这次参加春节步行慰问的同志,一致认为,这个春节,这个假期,是过得最好、下面是从六十余篇心得和三十余首诗歌中节选出来的一份材料。

南京师范学院附属中学

1965年3月

一、 行军

1. 一班于一月廿七日向六合进军时创作

"学习解放军，立志干革命；
　学习解放军，走路过得硬。
　革命不怕苦，怕苦不革命；
　吃得苦中苦，方为接班人。"

2. 一班于一月廿九日向马集挺进时创作

"路烂不可怕，下雨笑哈哈，我们藐视它；为咱把油加；行军五百里，雨越大，劲越大，困难脚下踩。老天对咱没办法。"

"头上淋的清凉油，天上下雨地下滑，脚下踩的润滑油；战士行军决心大；鞋里灌的机器油，为了加速革命化，要为革命加把油。天大困难都不怕。"

3. 一班于一月廿九日向仪涧挺进途中创作

"起泡不要紧，
　我们有干劲；
　走出铁脚板，
　学习老红军。"

4. 一班于一月卅日黎明向马坝进军途中创作

"太阳出来圆又圆，
　大家脸上红光闪，
　一气走了二十里，
　路长长不过我们的铁脚板！"

5. 四班于返校途中创作

"走路就是干革命，

革命青年骨头硬；

团结友爱风格高，

革命歌声四处飘。"

6. 高三Ｘ班 胡ＸＸ心得

听妈妈说，盱眙是新四军军部驻地，是老解放区，妈妈受伤的地方——大王庄离马坝不远，这次我们徒步去马坝慰问贫下中农和新农民，我高兴极了。

我想，我就要沿着革命前辈的脚印前进了，就要在他们曾经为之流血牺牲的土地上战斗了。我知道，祖国的寸土片石都浸透了革命先辈的献血。但是，盱眙的山山水水、村庄田野，对我说来，更为亲切，更有吸引力。

我学习了《中国青年报》上甘祖昌将军写的一篇文章《不吃苦中苦，难为接班人》。我从小到大，一直是耳边听的颂歌，嘴里尝的蜜糖，只享过革命的福，没有吃过革命的苦。这样下去，我将来怎么能接班啊？

还有半年就要毕业了，我在"一颗红心，两种准备"方面，做得很不够，我想，到盱眙去，要好好了解贫下中农的生活，看看他们，比比自己，以激发自己的革命责任感。

我带着这些想法，踏上了征途。一路上，我经常想着："我是来吃苦的！千万不能给革命前辈丢脸！马石山上十烈士、指导员王吉文、九个炊事兵的英雄形象总是在我脑子里盘旋，不断地鼓舞着我。我也有思想回潮的时候，在特别累的时候，有时，我就想立刻躺下来，不走了；有时，还想，在家里多舒服啊！但是，另一种想法，就会很自然地涌出来：妈妈当初参加革命的时候，能够抛开温暖的家庭生活；现在，我为了锻炼自己改造自己，难道就舍不得离开家吗？我是来干什么的？我是来干革命的，来吃苦的。我是要接班的！如果我

第17章 春节慰问新农民的心得、创作节选

老是想享福，我会变成修正主义的。想想过去，战争年代里，革命前辈背着我们闯南走北，希望能把我们背成革命的接班人，我可不能给革命前辈的脸上抹灰啊，再读读毛主席语录："下定决心，不怕牺牲，排除万难，去争取胜利。"这样，就挺过来了。所以行军途中，我的劲头很足。

我在行军中体会最深的就是：革命真艰难啊！我们今天的幸福生活得来实在不容易。沿途，有许多革命烈士殉难处。看见这些成片的坟墓，我心里很沉痛：你们为了人类的解放，后代的幸福，默默地倒下了，很多人连姓名都没留下。现在我们唱着歌，喊着口号走过来，你们要是能看见，能听见，多好啊！我又想起路金栋同志的讲话："一代人有一代人的历史任务，我们一代，完成了民主革命；建设社会主义新农村，把社会主义革命进行到底，这是你们年青一代的历史任务。"

7. 高二X班 XXX心得

革命歌曲我过去唱了不知多少支，却从未产生过这次行军中这样大的动力。革命故事我过去听了不知多少遍，却没有一个像在宿营的晚上所听的那样感人。

第二天离开六合，天下着牛毛细雨，路是那样难走，这时候多想坐下来歇歇啊！在这困难的时候，只要我们一唱起革命歌曲，劲头马上就大起来了。因为只有在这种时候，我们才会很自然地联想到歌曲中的内容，在最困难的时候我们唱起"长征的时候跟着毛主席"，特别是那两句"翻过大雪山走过水草地。"红军当年长征的情景，便出现在眼前，我想到：红军二万五千里长征，而我才二百二十里，红军爬雪山过草地，我们走的是公路，红军有敌人前后围追堵截，我们却是在和平的环境里行军。这样一比，现在的困难算得了什么呢？在我走不动，想休息的时候，唱到"我们是一支不可阻挡的力量"我想：凭我这样儿动辄就跑不动，想休息，能成为不可阻挡的力量中的一员吗？有时唱到"毛主席领导革命队伍披荆斩棘奔向前方。"我真觉得毛主席就走在我们面前，领着我们向前进。

第三天晚上休息的时候，一班的同志给大家读了"三人行"和"红军飞夺泸定桥"的故事。这两个故事都是讲述红军长征的事情，当我听到指导员王经文身负重伤，还一个人背着两个人爬出草地的时候，当我听到红军顶着大雨空着肚子，在极度疲劳之下一天一夜行军二百四十里的时候，我敬佩，感动，又感到惭愧。我想：是什么力量使得他们具有这样坚强的意志呢？是因为他们有一颗为大多数人服务的心，今天我们在行军中学习他们这种精神，不只是为了完成行军这个艰巨任务，主要是为了在实践中把这些高贵的革命精神学到手，再用到今后的实践中去。

正确的思想是从实践中来的，过去我也说过革命歌曲好，可是究竟怎样好，却说不出来。现在，在实践中我认识到：革命歌曲，革命故事太好了。

通过行军也认识到，行军途中的宣传活动，特别是群众的自发的鼓动工作是十分重要的，闷声不响的行军十分容易疲劳，因为人的头脑不可能是真空，不吸收好思想，坏思想就有可能钻进去作怪，因此行军时要注意不断地给自己增添正确的东西，不断地进行思想斗争。

行军的过程，实际上也是一个学习的过程，一个思想斗争的过程。

8. 高二X班 陈XX心得

走着走着，我支持不住了，身上的被子、书包都被别人夺走了，还是无济于事，就在那个时候，后面上来两个人赶紧撑住了我，我发现他们是高二X班的徐XX、孙XX。后来躺在板车上的时候，又有人为我盖被子怕我吹风；扶着我怕我掉下来，到了目的地六合，下了车，我正想去整理东西，徐XX和孙XX却把我拉到宿舍，要我坐下休息。她们忙着帮我铺床，当时我的行李都没有拿来，她们毫不犹豫地拿出了自己的铺盖。我实在过意不去，她们已经很累了，还在为我忙碌，我真不知道说什么好，一个劲地叫她们去吃饭，直到别人闻声赶来之后她们才走，临走时还嘱咐我一定要好好休息，保养身体。革命队伍中真是个个是亲人。她们走了，别人来了，高三X班的王X

第 17 章 春节慰问新农民的心得、创作节选

X、黄ＸＸ等人又帮助铺被、整理东西，高三Ｘ班的张ＸＸ打了洗脚水来给我洗脚。同志们这些大公无私，一事当前先想到别人的共产主义精神，使我深深为之感动。后来，他们听说我还没有吃晚饭，又忙着去找饭。终于饭送来了，是我班董Ｘ同学拿来的。我拿着饭，怎么吃下去的，我自己也不晓得，一幕幕的激动人心的情景，从我眼前掠过，我完全融化在集体的温暖中了。革命战友的爱感动了我，鼓舞了我，我还有什么理由不好好锻炼呢？

9. 高三Ｘ班 吴ＸＸ心得

这次行军一开始我还比较轻敌，我想七十几里咬咬牙就能过去了。浦镇还未走完时，我就觉得不像我想的那么轻松了，想起了校长的话："走路就是对你们的最大考验。"在第一天的行军中，走得累的时候，就看看董ＸＸ身后背着的毛主席语录牌子："下定决定，不怕牺牲，排除万难，去争取胜利。"我想：我本来是比较娇气的，怕艰苦的，这次行军就要打掉娇气，就不能怕艰苦，既然来了就不能怕苦，怕苦就不能革命。我想：现在走路碰到的困难就是腿酸，脚痛，跟主席讲的"不怕牺牲、排除万难"比起来这点小困难又算得了什么呢！我想现在不怕腿酸、脚痛就是在逐步打掉娇气，这就是在革命嘛！想到这儿我感到特别有劲。在行军路中我们一直主动地担负起鼓动工作。跑了一趟后，我觉得的确怪累的，老这么跑，体力消耗较大，以后行军我能坚持下来吗？但我又想：大家走得比较累的时候最需要的是精神上的鼓舞，怎么只顾自己的体力不够呢？所以几次能跑上前，而鼓动时自己却先受到了鼓动，喊道："学习解放军，立志干革命，学习解放军，走路过得硬。"就想到：我嘴里这么喊出来了，行动就应该跟上。就应该表现在吃大苦、耐大劳方面，不怕腿酸脚痛。越走到后面的时候，呼这些口号不像是从嘴里喊出来的，这些字好像从心里　口气地往外喷。第二天行军时所遇到的困难更多了，一开始行军时走路脚就痛，这时我想起《党和生命》一书中的尹青春，他的脚都走烂了，石子和脚底板的肉连在一块，他简直不是用脚在走路，而是用心在走路，我想：我脚上不过打了几个泡而已，这有什么了不起呢！干革命就是不能怕吃苦，甘祖昌老红军的话又在我耳边响

起了:"不吃苦中苦,怎能成为接班人。"我自己生来吃的苦太少了,锻炼太少了,不多吃些苦,怎能知道甜,怎能成为坚强的革命接班人,这时我就觉得我心甘情愿地要吃这些苦,对待苦的感情不同了,也就不怕腿酸、脚痛了。

  走在路上,沿途有些老百姓出来看我们,我想起胡ＸＸ来时说的:"她妈妈在这儿打过游击,我就想前辈在这儿打过仗,流过血,今天我们走的这条路,是前辈们打下来的,我们不仅是在走路,而且也是在走革命前辈所走过的革命路。行军对我来说的确是困难的,但在革命化的路上迈步必须付出更多的代价。想到自己在走革命的路,自然而然地信心足了,劲头大了。在由马集到仪涧的路上,由于穿着棉衣走,又背着干粮袋,负担重,走了不到一半时,心里似乎要发呕,这时我有两种心情:一种心情是对红军爬雪山,过草地的艰苦有了些体会,以前只知道二万五千里长征艰苦,但究竟怎样没什么体会,这次有了一些体会,我们才走二百多里就这么累了,红军那时不知比我们艰难多少倍呢!另一种心情是红军那时那么大的困难都能克服,现在我们遇到这点困难就怕了吗?我心中暗自说:"一定要坚持下来。"也就跟着大家唱着:"长征的时候,跟着毛主席……"走到了仪涧。最后一天的行军任务是更重了,晚上睡觉时,我有些畏难了,明天的行军能完成吗?早晨起来时张ＸＸ见我捶腿就问我:"吴ＸＸ,你行吗?"这一问把我问难过起来了,我想自己怎么这么软弱呢?怎么不相信自己能走下来呢!我是一个青年团员,能在困难面前先动摇吗?不能,以前红军夺泸定桥一天一夜行军二百四十里,而我们二百多里分四天走还走不下来吗!一定要走下来。这时申Ｘ在我旁边鼓励我:"吴ＸＸ前三天都走下来了,还有这点路都不能坚持吗!一定能走下来。"在六合时接到同学一封封鼓励的信,我想这次行军是我校第一次,只能胜利不能失败,我一定要坚持下来。这次行军尹青春,江姐……老出现在眼前,在同学们的鼓舞下,终于到达了盱眙。虽然行军任务完成了,我觉得还有问题:路上行军时克服困难的劲头大,一到住的地方,思想松懈了,就懒得动,就害怕走动,这也疼,那也疼了。思想不能放松,最怕的是思想上的懒劲。

10. 高二X班 李X心得

这次行军真是有生以来第一次，感受大极了。不仅炼了两条腿，更重要的是炼了思想、毅力。

在整个行军过程中，我深深体会到主席思想的伟大：在战略上要藐视敌人，在战术上要重视敌人。

行军前我也考虑到自己是平脚（轻微）能否走下来，听别人讲脚上打了很多泡，我这个平脚要起多少泡啊！后来又想想：人家能走下来，我为什么不能？还不是怕艰苦？！想想老一辈打了几十年仗，我一个革命后代连行军都怕，不可耻吗？嘴上讲革命，不怕苦，一遇到实际问题就退缩了，这最可耻了！我下定决心：不管多么艰难，我一定要走下来！"要想成钢就不能怕进熔炉！"我抱着这个思想参加了行军。

第一天行军因为我体力好，不怎么累，所以我把行军想得很简单。我想：走六十八里也不过这样，再走两天也累不到哪里去！我看见别人的腿走拐了，还笑别人。自己挺神气的。

哪晓得第二天行军我就尝到了滋味了。只觉得肩上的背包重，压得两肩酸的要命，越走背包越重，就想把背包甩了。一休息背包一放，觉得身子轻的要命，似乎要飘起来似的。我从来没觉得空手走路舒服过，这下可知道了。浑身的肌肉都松下来，往背包上一靠真是从来没有过的享受，可惜休息时间太短了，又背上背包走。一个人的脑子里如果有一点贪图享受的思想就不行。我那天就恨不得把背包甩掉好享受轻松。这样越走越没劲，就想赶快休息，好放下背包。中午的时候我们学习《毛主席语录》，毛主席说："我们宁肯把困难想得更多一些。……我们要承认困难，向困难作斗争。世界上没有直路，要准备走曲折的路，不要贪便宜。"毛主席说："不要贪便宜"给我的启发很大。我想甩背包，想休息不就是贪便宜吗？下午其实只有二十四里路，我就预备走30里，把它想得多些。我想到自己平时有意识地锻炼自己不够，这次就应该有意识地锻炼自己才对。背包就能锻炼我的毅力，我一定要背到底！这时倒恨不得背包重一些才好。我的脚上打了泡，后来一看程ＸＸ，她的脚上也打了泡，坚持走，她的坚强毅力鼓舞了我。我也用英雄人物、毛主席的话鼓舞她坚持走下去。我昨天笑人家，今天自己也拐起来。从女生宿舍走到男生宿舍去开会，两条腿怎么也不听话，要是平常这点路二分钟就到，我呢，走了起码十分钟。自己不想拐，想走快一些，可是腿就不听话，当时又是恨、又是笑。恨自己太娇气，笑自己这个狼狈样。反正当时这十分钟脑子里什么想法都有。远至二万五千里长征，近至中印边境自卫反击战都想遍了。真是感到这些英雄太了不起了。我们才走两天就累得这个样子，他们走了一半，走了七天七夜，背几十斤重的东西，那还不是今天这个大路，是雪山、草地、山川啊！还有敌情，真是太伟大了！这一天就不像第一天那样神气了。思想斗争很多，饭也吃不下，觉也没睡好，浑身的筋骨都松下来，动也懒得动。加上别人说："腿都走成这样子了！"我听了鼻子都发酸。过后又是一场思想斗争：累、酸——不累、不酸。

第三天行军，心里想着：坚持到底，就是胜利！当我走不动的时候，我看见倪ＸＸ走得更艰苦，给我的鼓舞大极了。我忘了自己的疲劳，在一旁鼓舞她走。看见她，我浑身都是劲，什么也不怕了。这次我才知道集体的力量。一个人走是无论如何也走不下来。

三天的行军，我明白了好多的问题。过去嘴上讲：要革命，要做接班人。一张嘴，也不费什么唾沫就说了。可是实践呢，流了那么多的汗，经历了那么多的思想斗争。实践就是不简单哪！革命就不能怕苦，就不能怕牺牲！今天我更感到英雄人物的伟大！学生们是要付出高代价的，不是说说就算了。当接班人要吃得苦中苦，我们今天才算尝到了一点滋味，还要准备吃大苦、耐大劳才行！

老一辈打江山不容易啊！就是这么一步步走下来的！他们那时的情况又是何等的艰苦啊！毛主席说："夺取全国胜利，这只是万里长征走完了第一步。……中国的革命是伟大的，但革命以后的路更长、工作更伟大、更艰苦。"这伟大而艰巨的任务不是要我们完成吗？不吃大苦怎么能完成呢？！担子重啊！娇气十足是不能挑担子的！我一定要磨掉娇气，做一个坚强的革命后代，把担子挑起来！一定要多参加实践才行啊！

二、 向贫下中农学习

1. 一班创作

"广大贫农、下中农，
农业战线树标兵。
夺取粮棉千万担，
颗颗红心向北京。
向北京，向北京，
全国人民一条心。
永远跟着毛主席，
世世代代干革命。"

2. 三班创作

"打起背包就出发，
步行二百到马坝；
行军途中热气高，
天大困难脚下踏。

打起快板唱起歌，
慰问贫农、下中农，
挨家挨户送上门，
唱得社员乐融融。

阶级斗争不能忘，
一忘敌人就猖狂；
紧紧依靠贫下中农，
人民江山万年长。

打起背包就出发，

革命精神带回家；

自觉锻炼不放松，

加速自己革命化！"

3. 高二乙班 王淋心得

这次到盱眙，看到了贫下中农的一些优秀品质。为了保护耕牛，牛栏里必须保持干燥，牛的大小便，都要倒到室外去。牛在夜里大小便，饲养员每夜都得起来两三次，为牛接小便。但是，饲养员把桶拿来了，牛不一定马上就小便，那么饲养员就只好站在旁边等，有时要站上几十分钟。这儿的农民是光着身子睡觉的，饲养员们半夜都要光着身子在牛身旁站上两三个几十分钟。冬天，外面寒风在吹，大雪在飞，不冷吗？但是为了耕牛，他们坚持这样做，甚至过年都不回家，年三十和初一，人家都在过年，休息，我看见贫农成康还在牛栏旁打扫整理。看，这品质是何等可贵！

今年过年，贫下中农不再请"天地君亲师"和财神老爷的象，而是请毛主席的象。在城里，我们都讲买张毛主席的象，没哪个会说个"请"字，而农民都用"请"。现在他们不"请"神，而是"请"毛主席的象，足见他们对领袖之爱是多么深了。在访贫问苦时，我观察了一下，每个贫下中农家都请有主席的象，每谈到毛主席和共产党，他们都感动得流泪。每逢这时，我的脸就没地方埋。我也是穷苦人家的孩子，我小时候被送了人，是毛主席，是党把我要了过来，党和毛主席是我的救命恩人。但是我没有把党和毛主席像救命恩人那样看待啊。爱集体、爱公社、爱党和毛主席，恨那些四类分子，这就是毛泽东时代农民的品质，也是最值得我们学习的地方。

4. 高三X班 孙X心得

这次下乡，贫下中农的阶级感情对我的影响很深。大老王上街挑粪，买了一张毛主席象，等不到回家，就在粪堆前面跪着看了起来。

第17章 春节慰问新农民的心得、创作节选

别人问他为什么跪着,他说:"毛主席救了我,给了我今天的日子,我要好好看看毛主席呀!"新农民送给小李子家一张毛主席象,他们回家马上就平平展展地贴在墙上,第二天我们给他家送春联,小李子和他妈都说:"把顶好的春联放在毛主席象旁边。一付春联上写着:不忘当年苦中苦,珍惜今朝甜上甜,刘萍南念给他们听,他们都说:"忘不了,忘不了。"小李子和姊妹四个,小李子最大,十七岁。解放前小李子的爸爸因为替别人扛活累病了,死了。这几个孩子从小就跟着妈妈过日子。妈妈好不容易把他们拉扯到这么大。别人夸妈妈真了不起,说他一个人拉扯四个孩子,真不容易,可是妈妈却说:"你们别夸我,我的孩子是毛主席拉扯大的,没有毛主席,我母子几个活不到今天。"别人安慰说:"过几年你家孩子大了,劳动力强了,生活就好了。"她说:"我才不愁呢,有毛主席,我什么都不愁,我们家的日子会越过越好。"他们对党和毛主席特别信赖。贫农代表老李说:"如果按毛主席的指示办事,庄稼种不好鬼才信呢!"小李说:"毛主席的话没有错,毛主席最懂得我们!"小李和弟弟小马都小,可是却争着去参军,他们说:"保卫祖国,我们不去谁去?毛主席不是让我们全民皆兵吗?"毛主席说一句话,他们就做一句,这和我们多么不同啊!我看毛主席著作,看了,有的甚至背了,就是做不起来。为什么?因为我对毛主席的热爱没有他们深、没有他们具体。所以毛主席的话只能听不能做。向贫下中农学习,听毛主席话是个很重要的方面。

5. 高二Ｘ班 阮ＸＸ心得

年三十前一天晚上,我们参加了"训话会",地富反坏沿着墙根坐着,草屋里只有一盏昏暗的油灯,公社党委书记那满怀阶级仇恨的话音在屋内回旋:你们玩手段,耍花招,想骗过共产党?告诉你们,共产党有天罗地网,你们就是骗过几个干部,也骗不了我们广大贫下中农!有的人又在村里头翘尾巴了,怎么办呢?用斧头砍,砍不动用锯子锯,直锯得它血拉拉的,才叫它晓得痛!我静听着,看看那些地主,好像觉得自己对他们从心里恨不起来,转脸一看,只见公社党委书记瞪着的两眼似乎在冒着火光,那种对地主的恨呵,我当时是怎么

也体会不到！的确，我没有受过地主的剥削、压迫，不知地主鞭打长工的滋味，我没有阶级仇恨，我的阶级觉悟太差了！

我想，如果没有阶级仇恨，就不可能理解先烈们牺牲的意义，就不可能在今天的社会主义建设中有一股冲天的革命干劲。党为什么坚决依靠贫下中农？因为他们的阶级仇恨最深。党为什么要我们向贫下中农学习？因为他们的革命立场最坚定。

6. 高二丁班 倪安澜心得

党很早就提出了"依靠贫下中农"的政策，在校时我对这个问题总认识不清，不知道走阶级路线的重要性。在农村，我听了公社党委书记的两次讲话，党委书记的报告和访问贫下中农代表孟学孔后，我感到贫下中农是最拥护党的政策，最可靠的。

党委书记的两次讲话是在一天中听的。上午对大队的贫下中农布置新年期间的工作，一点架子也没有，所以上午他给我的印象是一个非常和蔼可亲的人。可是，晚上我又看到他对四类分子训话。训话会上，油灯映红的书记的脸，他脸上再也看不到笑容，愤怒的眼光刺着地、富、反、坏分子。他对这些人的情况了如指掌，他说："你们还想翘尾巴？你们的尾巴非得让贫下中农用斧子砍，砍不掉就用锯子锯，锯得血拉拉的，叫你们知道痛！"我听了以后，感到有说不出的痛快。看到四类分子那付假可怜像，我真想也骂他们几句。（可是没有强烈的阶级仇恨是骂不出来的。有一天我们去挑肥，一个地主嫌两个贫下中农小孩铲得慢，凶声凶气地讲了几句，我当时看了，真想骂他："你对贫下中农小孩是什么态度，你还想骑在他们头上啊！老实点！"可我却没有骂出来），通过党委书记的这两次讲话，我们可以看出公社党委书记对党的无限忠诚，对贫下中农的无比热爱，对地、富、反、坏的无比憎恨。贫下中农把印把子交到这样的干部手里是完全靠得住的。

7. 高三X班 董XX心得

公社党委书记给我们做的报告讲到一个贫农齐英，她所在的生产队队长变质了，盗窃国家粮食，贫农齐英坚决要求看场。队长就使坏点子打击她。别人看场有工分，她看场一分不给。一分不给她也要看。白天劳动夜里看场。队长不准她在场上看，她就在田场上搭一个棚子看。她在粮食上做了记号，队长就派人破坏。干同样的活别人得10分她只得7分。这一切都没有使她动摇后退，她坚持干到底。我听了之后觉得贫下中农确是了不起，她们立场坚定，斗争性强。齐英心里想的不是自己，而是集体和贫下中农的利益。这一点非常值得我学习。我由于考虑个人得失，平时对一些不良的现象和一些不正确的思想，不敢大胆开展斗争。向贫下中农学习就要把这一点学到手。干什么都把自己置之度外，一心想到党的利益，就会有最大的勇敢。

8. 高三X班 李XX心得

贫下中农阶级立场坚定、艰苦朴素，这些都值得我学习。但有一个问题我总是这样认为："在学习毛选上，贫下中农不见得比我高明吧！一天帮助贫农小李子家挖过水沟，休息的时候，我们和他全家一起学习毛选"树立贫下中农的阶级优势"，我读得很慢。有时读着、读着，自己的脑子里就打转转："他们听得懂吗？"我一边读，一边解释，但心里总是担心一个问题：就怕他们听不懂。我于是问："小李子，毛主席的话对吗？"他回答道："毛主席的话没有一句是错的。"我又问："大妈，懂吗？"她说："懂哦！"然后她举了不少地富反坏猖狂进攻的例子，又讲了一首富农编的诗："拖拉机，嘟嘟嘟，一天吃二两粥，……。"我们有的同学说："这是富农说拖拉机不好。"我觉得这个解释不对，可又说不出什么，于是说："大妈！你说说这首诗是什么意思。"她说："坏蛋对集体化不满，心里不高兴呢！"真是一针见血，一语道破事物的本质。表面上看我们确实是很会学毛选，说起道理来夸夸一大堆，可遇到具体问题却看得不深不透，浮于表面。毛主席的书就是工人贫下中农的书，他们最容易领会毛主席所说的道理。而我们呢就不行。要学习毛主席著作必须带着强烈的阶级感情，否则只会在概念上兜圈子，什么也学不到的。

9. 高三X班 吴XX心得

农村的生活艰苦，才去几天只了解到一点，可是对我的启发就很大。贫下中农，一年到头在地里干活，创造了巨大的财富，却过着艰苦的生活。现在他们已经翻身了，已经当家作主了，但绝不向党讲条件，他们一点怨言都没有，他们认为这是理所当然的，是他们应该做的事情。贫下中农在农村不声不响地劳动，他们创造了财富，让我们在城里无忧无虑地读书，而他们的孩子却因为要劳动没时间念书。想想吧，如果没有他们一犁一耙的耕耘，哪有我们的今天。想想过去，我们在学校里嫌这样不好，那样不好，挑来挑去，像个样吗？跟贫下中农比比，就会知道，我们的生活水平已经比他们超出很多很多倍了，我们毫无理由讲这个条件，讲那个条件，更没有理由把自己所学到的知识作为向党向人民讨价还价的本钱。

既然明白这点，我们应该为谁学习，也就十分清楚了。我决心为迅速地使贫下中农在经济上也来个大翻身而好好学习，为天下三分之二受苦受难的人民而好好学习。这些都不应当是口号，而应当成为我行动的指南，应当时常问问自己：你忘记贫下中农了吗？你忘记还在受苦受难的人民了吗？你忘记你所下的决心了吗？记住，千万、千万不要忘记！

10. 高一X班 张XX心得

我出身剥削阶级家庭，读高一时在班上比较落后，主要是因为我背着家庭包袱，思想上和组织有一段距离。这严重地阻碍了自己的进步，是多么可怕！要改变这种情况，必须革命。主席指出，要"把自己的思想感情来一个变化，来一番改造，没有这个变化，没有这个改造，什么事情都是做不好的，都是格格不入的。"二月三日我来到赵庄，下午参加了挖河泥，看见别的同学脱了鞋袜站到泥水里去，我也照办了。很冷，马上脚就麻木了。但农民不是经常这样干么！如果我不到农村来，也许正舒舒服服地在家看小说，而多少农民却正在广大的田野上冒着严寒劳动。粮食，就是靠这样艰苦地劳动生产出来的。是谁养活了我们？我现在不仅在口头上，也在心里面真正认识：是农民养活了我们。我在泥水里干了一会儿，就感到农民真是了不起，正是他们生产了粮食，为革命和社会主义建设作了伟大的贡献。我挑了几担，看看一望无际的田野上，只有我们几个人在劳动，心里有一种很别扭的感觉，心想，默默无闻地到农村来，这样干一辈子。我行吗？又想，革命是要自我牺牲的，农民"默默无闻"地劳动，创造了财富，养活了我们，我为什么不能这样？我满脑子资产阶级思想，正应在这种"默默无闻"地艰苦劳动中改造，过去我看不起农民，以为他们自私，真正是可鄙可耻！我又想，广大农村只有我们几个人在挑肥吗？笑话！广大的贫下中农正在进行轰轰烈烈的革命和建设，我们现在也正是干着这伟大事业的一部分。这样，眼光放远些，想到革命，劲就足了，心胸就开广了。再也不觉得别扭了。思想感情起了一定的变化，对农民觉得亲了，对农业劳动觉得亲了。

第一天挑肥，肥料是牛粪尿和泥的混合物，很重。我怕压坏了肩膀，穿了一件又长又大的棉大衣，挑了两担，大衣妨碍动作，想脱去又不敢，正在犹豫，一位高三同学说："你把大衣脱了吧！"我一下脸红了。我是来干什么的？像我这样怕艰苦、怕锻炼，能成为一个革命者吗？能改造思想吗？我来时是怎样下决心的？我说："好！"一下子脱掉大衣，挑起担子就走。是有些艰苦，走到后来简直是跌跌闯闯了。但我想，干革命就要吃苦，就要坚持。锻炼就在这时候！我咬咬牙，结果就挑到了田里。要革命，就要敢于吃苦敢于坚持，我如果还穿着棉大衣，那里会有这样的收获！经过两天挑肥，挑担的本事是学到不少。贫农对我们很关心，他们挑得比我们还重，总是走到远远的田头，真令人感动。在劳动中表现出来的劳动人民的思想感情，是最珍贵的，我应该好好向贫农学习。于是我尽量挑到远的一头再放下担子，开头，多走这几步路就觉得满吃力，坚持下来，也就好了。肩膀硬一些了，走起来比较轻松，劳动一上午也不觉得十分累了。

三、　　向新农民学习

1. 二班、五班创作节选

"新农民,逞英豪,

　革命红旗举得高;

　立下革命凌云志,

　誓把穷根来挖掉。"

　　　　　(五班创作)

"盱眙的水来盱眙的山,

　盱眙的新农民不简单。

　马坝安家四个月,

　贫下中农齐称赞。

　爱社爱队心意坚,

　坚决跟党把革命干。

　平凡的劳动炼红心,

　阶级斗争中稳稳地站。

　　　　　(二班创作)

2. 高三X班 宋ＸＸ心得

我们住在上庄,那里有五个新农民汤Ｘ、郑ＸＸ、秦ＸＸ、陆ＸＸ、李ＸＸ。我一去,第一个感觉是他们对我们十分热情,对我们太照顾了,好床让我们睡,他们有的睡厨房,好的让我们吃,热水让我们先洗。本来我觉得新农民没有什么了不起,才下乡几个月,和我们有什么两样呢?四个人是考不取再下农村的,说不定还不如我呢?可是和他们在一起六、七天后,我的看法就完全改变了。他们很好,我比他们差得远呢,他们身上有很多值得我们学习的东西。他们怀着革命的火热的心,来到这里,看到这里艰苦的环境,更加坚定了务农的决心。汤Ｘ从立下务农志后,从未动摇。她说:"农业也是尖端科学,贫下中农培养了我,我要为贫下中农服务!"她向贫下中农学习,学习毛选,确立了革命的生活方向。秦ＸＸ没考取大学,没有一点震动,她说:"我一定要干一辈子革命,五年不回家,我要做无名英雄。我不能辜负党的培养,党指的路不会错。"他们真正是干革命,他们真正是无产阶级革命事业的接班人。以前我想革命就是轰轰烈烈的场面,我要干"大事",而这里看到的却是和小毛孩打交道,一锹一锹地挖,一担一担的挑,还有洗衣、烧饭这类平凡的"小事",这怎么能算革命呢?这个问题新农民给了我最好的回答。他们完全领会了董加耕所说的"没有一犁一耙的耕耘,就没有社会主义新农村。"他们把每一件小事,都和革命联系起来。在劳动上,新农民比我们强多了,我在那里共挑了六趟肥。一担只有五、六十斤,挑四里多路。他们挑起来非常轻松,汤X还可以一下不歇。我第一趟挑时,歇了四、五次才挑到底,压得真够呛。我这才感到自己锻炼太差了,毅力也不行,光想歇。汤X说,她挑担子时,想到这是挑的"穷白"重担,想到要革掉它,就能坚持下来了。第二天一早,我一起来,又去挑了,这次大概轻一些,又加上想起了汤X的话,出乎意料,我坚持到底没有歇,我真高兴极了。连着又挑一趟,我走在路上,心情非常舒畅,看着一望无际的土地,想到再过半年我就要来落户,高兴得一路唱着歌,唱给自己听。那个心情是无法形容的。第二趟只歇了三次。我体会到了一点劳动的幸福,我一定要加强锻炼,做好过劳动关的准备。他们新农民之家是个新型的革命家庭。他们对这个家都很有感情,把这个家叫做"家",南京的家叫做"老家",学校叫做"娘家"。他们之间完全是新型的革命同志的关系,互相关心,互相帮助。生活上不像我们斤斤计较,而是不分你我。

3. 高二X班 李X心得

在农村和新农民的接触中,我感到他们和我们大大的不同了!四个月前,他们也是同样的学生,但在四个月后的现在和我们学生完全不同了,从装束到思想(从外到里)都变了。他们许多事是可以作我们的榜样的。

首先他们以主席的思想作为一切行动的指南,在主席思想的指导下,他们恨贫下中农之所恨,爱贫下中农之所爱。他们愿为贫下中农的利益去做一切的事，他们坚持党的政策，大公无私，他们的一家是革命的家，是共产主义的细胞。谦虚是他们的共性。一月中他们每逢三、八晚上坚持自学毛选，每逢十就大家讨论交流学习心得。他们学了主席著作能活学活用。当地的贫下中农在我们去访问时，异口同声的称赞新农民好，地、富、反、坏见了他们都怕得很。新农民有个张ＸＸ，特别能训地主。他说："我们要有贫下中农的立场，就要恨贫下中农之恨，贫下中农恨地主，我们也应该恨地主，所以我就要训地主。"大年初一，我们到贫下中农家拜年，看见一个地主家的门对"总路线万岁"贴得颠三倒四，张ＸＸ一见就气冲冲地过去说："你这是什么意思，贴得颠三倒四！"严肃的指斥，把地主训得无话可讲，只好说："我不识字。"张ＸＸ又说："马上撕下来，重贴！"我看了后，深感自己不如他。我平时看到地主也恨不起来，认为他们和贫下中农穿的吃的也差不多，最多不和他讲话罢了。根本没想到训他们。我感到如果我们再不到农村去锻炼，现在是对地主恨不起来，以后就会和地主和平共处，同流合污。新农民方ＸＸ把自己的钱拿来给贫下中农的孩子们买课本、买本子、买铅笔，把自己的棉背心送给贫下中农小孩穿，他们为贫下中农栽树、种葡萄……他们的事简直举不胜举。

黄ＸＸ很谦虚，当人家讲到她时，脸上都红了，很难为情。黄ＸＸ说："我见毛主席见得太早了，如果以后我没有在农村坚持下去，就会损失党的威信。"我们给张ＸＸ说："你们在农村起了很大的作用。"他很谦虚的说："我们在农村做的事可太少了，即使有一些成绩，也是党的领导、党的政策的英明；我们只不过是执行的党的政策而已。"他们为什么会变得这样快，这是因为："他们愿意并且实行了和工农群众相结合。"所以他们革命了。他们在短短的四个月中学到了我们十二年所没有学到的东西——劳动人民的感情。

4. 高二Ｘ班　ＸＸＸ心得

提起新农民，贫下中农一片连声地称赞，因为他们是站在贫下中农这边的，为什么他们立场这样坚定呢？我觉得这是因为他们具有了贫下中农的阶级感情。他们是真正做到了恨贫下中农之恨，爱贫下

第 17 章 春节慰问新农民的心得、创作节选

中农之爱的。我们朱庄的新农民中有一位张ⅩⅩ，他们是盱眙县第一个下乡插队的知识青年，别看他平时干什么都是文文静静的，训起地富来比谁都凶，那些地富背地里骂他，被敌人反对是好事而不是坏事，张ⅩⅩ的做法，赢得了贫下中农的信赖。另一方面，他们对贫下中农的疾苦是非常关心的。黄ⅩⅩ和方ⅩⅩ经常利用空余时间到贫下中农家去串门，帮他们补衣、扫地，给小妹妹梳头，有位老奶脚上生了疮，连她的孙儿孙女都嫌脏，方ⅩⅩ却天天去给她上药。有人问他们，你们不怕脏吗？他们说："革命，苦都不怕，还怕脏吗？看到贫下中农的生活不好，我们只觉得身上的担子太重大了，要尽我们的全力去担起它。"为了让贫下中农的子女都读上书，方ⅩⅩ担任了耕读小学的老师，她用自己的零用钱买纸笔送给孩子们，对贫下中农的子女她耐心地一遍又一遍地教他们，农忙的时候，她一天跑几个地方，在田头给孩子们上课，他们所做的这一切，不是只凭一时的热情，也不是凭着一种怜悯（这两点是我们这种小知识分子的通病）那是决不可能坚持到底的。他们所依靠的，就是那种火热的阶级感情，那颗甘为贫下中农服务的心，这是我们所特别要向他们学习的。

5. 高二Ⅹ班 洪Ⅹ心得

寒假半个月，到盱眙去锻炼了一次，收获真是"胜读十年书"，回来后，我的最大感触就是正如一首快板所说的："教育方针真伟大，领我们走上革命道。"要不是党的伟大的教育方针，要不是教育革命，我怎么可能这样度过一个寒假，今年的寒假非同寻常，以往哪一次寒假，我不是把它看成"啃"书的好机会？真是越"啃"越糊涂，这样怎么谈得上做无产阶级革命接班人啊！今年的寒假，这样过法真是开天辟地第一回，我衷心地希望今后每个寒暑假，学校都这样做，给我们更多锻炼的机会，让我们为争取做一个坚强的革命接班人，增添更多更丰富的营养。

到盱眙去的经过，所受到的教育，我永远也忘不了。这次比起一个革命者应受的考验来说，只是一次小小的锻炼。我一定要把到盱眙去的精神带到平时的劳动、学习、生活中去。

6. 高二X班 阮XX心得

以往过春节，总是在家里。什么下乡过节连想都没想过，更不用谈慰问什么贫下中农了。在家里，总少不了吃，少不了玩玩，少不了看几场电影，而今年我到农村来过节了。大年三十不是谈吃而是与新农民谈革命；大年初一不是出去玩，而是积极地到贫下中农家去慰问演出，积极参加植树劳动；大年初三不是去看电影，而是到田里去拾大粪……所有做的这一切，我都开始觉得是应该的了。农民养活了我们，我们的一切都应当是属于人民的，以往的那种小知识分子的架子早该放下了。直到现在，我并不觉得因为失去了寒假"用功"的机会而可惜，我从生产斗争和阶级斗争中学到了在学校里学不到的知识，这些知识将经常鞭策我前进。

7. 高二X班 李X心得

在盱眙短短的几天和贫下中农和新农民的接触，我理解"革命"这个词的意义是具体得多了。革命首先要自我革命，最重要的是革掉自己非无产阶级的命。现在我已经回到了城市，今后重要的是把从农村中向贫下中农学习的东西加以巩固，让其永远存在我的脑中，千万不能把它们丢掉。当自己准备退却的时候，要想想在行军途中高呼的："下定决心，不怕牺牲，排除万难，争取胜利。"想想那些豪语，我应该把那样精神带到教室里来，用这些向封建主义的、资本主义的、修正主义的残余冲击。这次锻炼的收获，都是与党的教导、团组织和老师、同学们的帮助分不开的，一个人离开了集体，就不能有所作为。如果没有集体，我也许连路也走不下来。以后我应该更好的锻炼自己，在日常的学习、生活中，在以后下农村的日子里，我都应该好好抓紧改造自己的思想，不断明确学习目的，站稳无产阶级立场，改造我的世界观和人生观，培养为人民服务的思想。

第18章

南京师范学院附属中学组织初中学生到人民公社参加劳动的小结

为了更好地贯彻执行党的教育为无产阶级政治服务,教育与生产劳动相结合的方针。根据初中同学的特点和高中同学下乡劳动的经验,于第八周学校组织了全部初中同学六百余人和大部分任课教师三十余人到中央门外大庙公社五塘大队支援秋收秋种。

因为初中学生年龄小体力弱管理不易,活动能力差,所以与上次组织高中学生下乡的做法也有不同。一是劳动时间短,实际劳动只有两天,每天劳动四小时。一是选择劳动地点离学校近些,早出晚归,不在农村住宿。一是干的活要比较轻些。一是不搞分散的访贫问苦活动,采用集中教育的办法,用了一天时间请书记讲村史,请老贫农讲家史,再漫谈劳动与听报告后的体会,然后分班小结。

一、 下乡前做了一系列的准备工作

1、做好了组织工作

①建立了以副校长为首的指挥部,在指挥部下建立了思想政治工作组,生产劳动与生活后勤工作组,医务工作组,分别负责思想鼓动,组织生产劳动,安排生活及卫生保健等工作。

②建立了十三个生产劳动组织,原则上以班为单位,但为了照顾年龄小体力较差的初一同学,将初一和初三混和编组,每一劳动组织由两位或三位教师担任领队,分别参加到五塘大队的十三个生产队中去劳动。

③将各班体弱有慢性病的同学及例假女同学组织起来留校参加力所能及的劳动。

2、做好思想动员工作

①首先在老师中做了动员工作

明确了这次下乡参加劳动的目的，认识了这次劳动的意义，提高了大家的认识，并提出了一些具体要求和注意事项。

②班主任分别在同学中做了思想动员

在同学们听了下乡劳动的消息以后，绝大多数都很兴奋，但大家对下乡劳动的目的意义有各种不同的认识，有的同学认为下乡劳动比在校劳动新鲜，有人认为可缓和一下学习的紧张可以轻松一下，有的体弱同学不愿留在校内闹着要下农村去劳动。但也有同学认为下乡劳动和在校劳动还不是一样，也有个别同学不愿下乡劳动。也还有一些同学认为这是一种无报酬的劳动，是为了帮农民的忙。为了提高同学的认识，班主任根据教育方针和中学的双重任务结合同学的各种认识进行了思想教育，使同学们明确了这次下乡劳动的目的意义，并要求同学做到政治思想好，生产劳动好，遵守纪律好，安全操作好。同时宣布了注意事项特别强调了遵守纪律和注意安全。

③在劳动过程中出了两期劳动快报，对鼓舞同学积极劳动起了不少作用。

二、 劳动中的情况

我们这次劳动是早去晚归的。来去共约三十里左右，全体师生均整队步行。在劳动中我们参加了刨山芋、收芋苗、拔萝卜、起蔬菜、翻地、整地、点蚕豆、摘豆荚、浇水施肥等十多种农活。全体师生自始至终均以很大热情参加劳动锻炼。

①情绪高干劲大

同学每天虽步行三十余里，但劳动情绪还是很高的，能很好的完

第18章 南京师范学院附属中学组织初中学生到人民公社参加劳动的小结

成生产队交给的任务。有不少的班级都能超额完成任务，如初三丁将生产队原订两天的任务一天就干完了，生产队不得不连夜讨论生产计划增加同学们的劳动任务。初三丙的一个组将生产队布置的半天任务在两个小时就完成了，得到社员的好评，也改变一些社员认为青年学生干不了什么事的错误看法。由于同学们的情绪高干劲大，出现了不少好人好事。如初三姚ＸＸ同学眼睛刚开过刀，脚又打球弄破，但他翻地仍很起劲，手上起了血泡仍坚持劳动。初三徐Ｘ、陶ＸＸ等同学为了使大家能吃到开水牺牲休息时间为大家去烧水。

②遵守纪律是良好的

这次劳动过程中不论是行军还是劳动，同学都能良好的遵守纪律。如每天劳动以后大家虽已疲劳，但在回校途中仍然队伍整齐。在劳动中能做到服从分配，遵守劳动纪律。

在遵守群众纪律方面也是比较好的。初三丙同学学习解放军提出不拿群众一针一线，不损坏群众一草一木的口号。他们在翻山芋，也时翻出了一些残留下的山芋，社员说："谁翻到归谁有，这是规矩。"要我们同学拿去。但没有一个同学肯拿，并解释说这是公社的，应该归公社，不拿群众一针一线这是我们的纪律。有的同学在社员家里烧开水在离开时将水缸挑满，用了社员的火柴第二天特为买了一盒送去。这些行动使社员很受感动。在劳动中损坏了群众的工具，我们都向群众道歉并照价赔偿。

③发挥了团结互助的精神

在整个劳动过程中绝大部分同学都表现出团结互助的精神，在每天劳动后回校的路上常常出现一些体力强的同学抢着帮助体力较差的同学提东西，在第一天劳动中由于吃水的问题没有得到及时的解决，同学们所带的水又很少，但同学们总不愿意吃，学习志愿军的精神把水留给最口渴的同学吃。初三的同学烧了开水总是让低年级同学先吃。在第二天劳动中由于天气突然转凉，同学们带的衣服少，有的同学竟然把自己的衣服脱下一件给其他同学穿。这种团结互助的精神使不少的同学受到了一次集体主义的教育。初一甲有个同学说："我越来越感到这个集体的温暖可爱。"

④老师也积极参加了劳动和同学同步行同劳动同吃饭，体现老师全面负责的精神，也增强了师生的团结。初三丙同学看到数学老师徐ＸＸ坚持和大家同劳动很受感动，有的同学说："徐老师和我们一道劳动，使我们劳动劲头更大了。"

三、 劳动的收获

下乡劳动对初中同学来说还是第一次，甚至有些同学还没有去过农村，大家反映收获是比较大的。

①对农业劳动对农民有了初步的感情。如初二陈ＸＸ同学在劳动后说："别人问我你将来长大了做什么，我可毫不迟疑的回答，做一个社会主义的新农民"。初一周ＸＸ同学在周记里写道："我生活在城市很少和农民接触，总认为农民是大老粗没有什么了不起，可是经过这次劳动，这种想法被彻底推翻了，我初步了解了农民，觉得他们是了不起的。"初三丙有些同学离开生产队时流露出留恋不舍的心情喊道："再见吧五塘大队。"初三己有的同学在劳动后也表示毕业后服从祖国需要让祖国来挑选到祖国最需要的地方——农村去。

②看到农村丰收的大好形势体会到党的英明领导和人民公社的优越性。如初二李ＸＸ说："通过两天的劳动使我了解到农村的大好形势体会到农民丰收的喜悦，更加认识到党和毛主席的英明领导。"

③体会到劳动果实来之不易。初一曹ＸＸ同学说："摘豆子时开始还好，到后来腰酸得简直立不起来。我想我才干一会儿就感到腰酸，农民一年之中有大半年弯腰干活不是要成为驼背了吗？真是大米饭好吃，可来之不易啊！"初二袁ＸＸ在周记上写道："看到农民伯伯辛勤劳动使我深刻体会到"谁知盘中餐粒粒皆辛苦"。初三胡Ｘ同学看到农民辛勤劳动感到自己浪费粮食真对不起劳动人民。不少同学都表示今后要爱惜粮食爱惜劳动成果。

④接受了一次阶级教育对农村的阶级斗争有了一些感性认识。同学们听了乡党支部书记及两位老贫农的报告以及和社员的接触中，接受了一次深刻的阶级教育。有的同学在听了两个贫农社员的报

告之后说:"我深刻的体会到劳动人民在旧社会是多么苦,在新社会是多么甜,反动派是劳动人民最可恶的敌人。"初三丁同学在劳动时听一个女社员说:农村苦。后来同学们一了解原来她和她爱人都是二流子懒汉,使同学了解到农村还存在着复杂的阶级斗争。初二甲有些同学在劳动时听到一个老太婆说,公社化后没有以前好了。大家便议论开了。后来听了贫农的报告和老太婆的话对照一下,大家认识到什么阶级说什么话,对农村的阶级斗争有了一些感性认识。

⑤学会了一些农活增长了知识

在劳动中同学们学会了不少农活。如怎样刨山芋才不会刨破山芋,怎样锄地才省力,点蚕豆如何挖塘等。有的同学在劳动后说:"有力不会使,有锄不会用"感到每一农活都大有学问。初一夏ＸＸ同学说:剥玉米也有一定的学问,如果不掌握它,剥玉米也不容易。初三丁同学在种蚕豆的劳动实践中真正理解到农民讲的"蚕豆挖口井,毛豆盖层皮"的道理。初三朱Ｘ同学在点蚕豆时看到农民把地空出一条条来不种认为是浪费。农民告诉他等蚕豆长好以后空出的地正好种瓜,等蚕豆收了以后瓜藤也蔓开了。这不正是更有效的利用土地吗。朱Ｘ听了农民的话以后,才感到农业生产真大有学问啊。有许多同学在挖芋苗的时候才分清了芋苗和慈菇。认识了山芋和块根,芋苗是地下球茎。从而巩固了他们所学的知识。也有同学联系物理课上所学的知识,说明刨山芋用钉耙是因为钉耙重、钉头面积小、压强大便于深翻。从而巩固他们所学的压力和压强的知识。

四、 工作上存在的问题

1、思想动员工作做得比较仓促不够深入,因而还出现少数同学在劳动中不太认真,有些小同学用泥巴掷来掷去互相打闹,有些同学没有好好爱护工具损坏了社员的工具(损坏的工具均已赔偿)有些同学在劳动中去摘芦花。

2、和生产队联系不够,安排缺乏计划。在劳动前指挥部对各生产队的劳动任务了解不够详细,带队老师也很少和生产队取得密切联系，对一天的劳动任务及以后的劳动任务不了解，心中无数。

  3、有些带队老师缺乏单独作战的经验，有的只顾参加劳动放弃了组织领导。因而对在劳动过程中发生的一些问题没有能及时解决。如第一天同学劳动感到口渴，带队老师没有主动设法同生产队联系解决，以致使同学缺少开水喝。

第 19 章

有关学生健康状况变化的调查资料

1965.6.12

一、 全校一年多来关于几种疾病门诊人数的统计

表 10. 疾病门诊人数统计

月份	头痛头昏		失眠		神经痛		消化道疾病	
	高中	初中	高中	初中	高中	初中	高中	初中
(64年)一	18	17	6	1	1	2	45	33
二	8	9	3	0	1	1	25	21
三	19	16	1	0	1	0	49	33
四	24	10	2	1	1	0	54	52
五	26	12	1	2	4	2	49	38
六	32	15	1	0	1	0	74	58
七	18	9	1	0	1	0	36	28
八	4						13	
九	6	7	1	0	1	0	47	45
十	12	14	0	0	1	1	25	27
十一	7	7	0	0	0	1	42	32
十二	10	8	1	1	1	0	48	43
(65年)一	6	2	0	0	3	1	42	38
二	3	3	0	0	0	0	35	19
三	10	2	0	0	0	1	42	40
四	15	10	1	0	2	2	35	26
五	15	5	2	1	1	0	36	29

从上列统计表中可看出教改后学生的疾病比教改前有了减少,为了能够看得更清楚,作如下两方面的分类比较:

表11. 去年上半年和下半年对比（下半年教改开始）

时期	头痛头昏		失眠		神经痛		消化道疾病	
	高中	初中	高中	初中	高中	初中	高中	初中
1-6月	127	79	14	4	9	6	296	235
小计	206		18		15		531	
7-12月	57	46	3	1	7	3	211	175
小计	103		4		10		386	
减少数	103		14		5		145	
下半年比上半年减少的%	50%		77.7%		33.3%		27.3%	

表12. 以今年的1-5月份和去年的同一时期比较

时期	头痛头昏		失眠		神经痛		消化道疾病	
	高中	初中	高中	初中	高中	初中	高中	初中
64年1-5月	95	64	13	4	8	5	222	177
小计	159		17		13		399	
65年1-5月	49	22	3	1	6	4	192	152
小计	71		4		10		344	
减少数	88		13		3		55	
减少的百分比	52%		76.4%		23%		13.8%	

第（11）表说明，去年下半年（教改后）比上半年的病例显著减少。

第（12）表说明，今年与去年同一时期比较，病例也显著减少了。

从这两个表中，还可以看出，减少幅度最大的是失眠，其次是头痛头昏，这说明教改前学生课业负担过重，精神紧张；教改后学生过重的课业负担减轻了，劳逸结合安排得较好，因而这两种神经机能性疾病就迅速而大幅度地下降了。同时学生体力活动适当增加后，脑力劳动和体力劳动得到了合理的调节,通过锻炼,体质也有所增强,其他疾病也就会减少,如神经痛、消化道疾病等,但不及前两种疾病减少的幅度大,这是很自然的。

二、 学生体能的变化情况

教改后学生体能都有了不同程度的增长,现以初三丙班为例,该班共 62 人。

1、敏捷——60 米短跑

65 年 2 月与 64 年 10 月比较:

参加测验的男生 31 人中全部有了进步,平均每人提高 0.8 秒;

参加测验的女生 20 人中有一半人有了进步,平均每人提高 0.72 秒。

2、弹力——跳高

65 年 4 月与 64 年 11 月比较:

参加测验的男生 26 人中全部有了进步,平均每人提高 19 厘米,提高 0.25 米以上的有徐小进等四人。

参加测验的女生 23 人中有 15 人,占 65%的有了进步,平均每人提高 7 厘米,提高 0.1 米以上的 5 人。

3、耐力——400 至 800 米跑

64 年 12 月与 65 年 2 月比较:

800 米:参加测验的男生 19 人均有进步,平均每人提高 6 秒。

400 米:参加测验的女生中 21 人有 75%有进步,平均每人提高 6 秒。

4、臂力——手榴弹掷远

65 年 4 月与 64 年 12 月比较:

参加测验的男生 32 人中有 84%提高了,平均每人提高 2.94 米,提高 10 米以上的 5 人,提高 5 米以上的 3 人。

参加测验的女生 23 人中有 78% 有提高，平均每人提高 2.9 米，提高最多的达 12 米 1 人。

从以上可以看出最近几个月来学生体能方面大部分人都有提高。

王ＸＸ　徐ＸＸ　整理

第20章

高三学生教改后体质变化情况调查

高三四个班现有学生 190 人，因转学或其他原因，高二、高三时都有材料可查的只 180 人，其中男生 97 人，女生 83 人。

一、身长变化

现在（65 年 5 月）和高二（63 年 10 月）比较

1、男生　身长有增加的 92 人，占 97 人的 94.8%

　女生　身长有增加的 69 人，占 83 人的 83.1%

2、男生　63 年 10 月平均身长为 164.4 公分，65 年 5 月平均身长为 166.8 公分，平均增加 2.4 公分。

女生　63 年 10 月平均身长为 157 公分，65 年 5 月平均身长为 158.1 公分，平均增加 1.1 公分。

3、与 1959 年南京市 8865 名学生身长调查资料比较：

南京市 19-20 岁男生平均身长 167.57 公分，女生平均身长 156.09 公分。

本校男生接近全市平均身长，女生超过全市平均身长。

二、体重变化

体重分两个阶段比较，第一阶段为 63 年 10 月到 64 年 10 月，当时学生的课业负担还很重，1964 年 6 月中共中央批转教育部临时党组的报告下达后,这一情况才开始有改变;第二阶段为64年10月到65年5月,是大力开展教学革命的阶段。

1、第一阶段:(升降人数)

男生体重增加的39人,占97人的40.2%

体重下降的46人,占97人的47.4%

体重不变的12人,占97人的12.3%

女生体重增加的18人,占83人的21.7%

体重下降的59人,占83人的70.0%

体重不变的6人,占83人的7.2%

第二阶段:

男生体重增加的81人,占97人的83.5%

男生体重下降的16人,占97人的16.4%

女生体重增加的48人,占83人的57.8%

女生体重下降的26人,占83人的31.3%

女生体重不变的9人,占83人的10.8%

2、第一阶段(升降数量)

男生63年10月平均体重54.1公斤,64年10月平均体重53.4公斤,平均每人下降0.7公斤

女生63年10月平均体重51.9公斤,64年10月平均体重50.8公斤,平均每人下降1.1公斤

第二阶段

男生65年5月平均体重54.7公斤,平均每人上升1.3公斤

女生65年5月平均体重51.5公斤,平均每人上升0.7公斤

3、与1959年南京市8865名学生体重调查资料比较:

本校男、女生体重都超过了全市平均体重,男生超过0.4公斤,女生超过2.1公斤

三、 肺活量的变化调整

高三甲一个班，共 46 人（男生 26 人，女生 20 人），现在（65年 5 月）与 63 年 10 月比较：

1、男女生全部都有增加

2、男生 63 年 10 月平均 3185 立方公分；现在平均为 4059 立方公分，平均增加 874 立方公分。

女生 63 年 10 月平均 2476 立方公分，现在平均为 3080 立方公分，平均增加 604 立方公分。

3、男生增加超过 1500 立方公分以上的有董ＸＸ、蒋ＸＸ、杨ＸＸ三人，增加在 1000 立方公分以上、不足 1500 立方公分的有 11 人，增加在 500 立方公分以上、不足 1000 立方公分的 5 人，增加 100 立方公分以上、不足 500 立方公分的有 6 人，增加 100 立方公分以下的只有章Ｘ1 人。

女生增加 1200 立方公分的有唐ＸＸ1 人，增加 500 立方公分以上、不足 1000 立方公分的 11 人，增加 100 立方公分以上、不足 500 立方公分的 7 人，增加 100 立方公分以下的只有方ＸＸ1 人。

4、在高二时，男生中肺活量达到 4000 立方公分的只有朱ＸＸ1人，现在达 4000 立方公分以上的有 15 人，朱ＸＸ已达 5200 立方公分。女生在高二时，肺活量达 3000 立方公分的 3 人，现在达到 3000 立方公分以上的 9 人，其中唐ＸＸ达到 4250 立方公分，超过了高二时男生的最高纪录（4000 立方公分）。

四、 视力变化

1、视力下降情况

高一时，两眼 1.5 的 106 人。

高二时，两眼 1.5 的 88 人，视力下降的 18 人。

高三上时，两眼1.5的81人，视力下降的7人。

高三下时，两眼1.5的75人，视力下降的6人。

2、近视眼增加情况

高一时，近视53人，占180人的29.4%

高二时，近视60人，占180人的33.3%，近视率增加3.9%

高三上时，近视79人，占180人的43.8%，近视率增加10.5%

高三下时，近视79人，占180人的43.8%，近视率未增加

高二下到高三上阶段（即第一阶段63年10月到64年10月）近视增加的速度比高一下到高二上的阶段大得多。

从去年10月份到现在近视率虽然停止了发展；但两眼1.5的人数又减少了些。

从上面几个材料来看，教改以来，高三学生的体质是有所改善的，是向好的方向发展的，这特别表现在肺活量大幅度增加和近视率停止了发展这两件事情上；同时，教改前学生由于课业负担过重，身长发展较慢，体重大量下降的现象也得到了根本的扭转，教改以后，学生身长体重都显著回升了。

王ＸＸ　徐ＸＸ　整理

第 21 章

南师附中学生视力保护工作的调查报告

南师附中的视力保护工作开展已有一年，取得了一些成绩。最近，我们访问了有关领导、医师和班主任，看了视力检查一年来的资料，并重点调查高一丁和初一乙两个班，召开部分同学座谈会，调查他们一年来在图书馆借书的情况等。

一、 视力保护工作的措施

根据思想领先的原则，学校首先对同学进行保护视力的重大政治意义的教育，党、行政、团队互相配合，利用广播、黑板报等各种宣传工具，造成强烈的环境气氛，引起了学生重视。其次是进行良好用眼习惯的教育，如"三要""三不要"和劝说学生在假期不戴镜子等。再次是建立一套制度：上午第四节课以前全校做眼保健功，每月检查视力一次，每班建立视力情况的档案，建立群众性的互相监督和校医检查相结合的制度等。以保证工作健康发展。

二、 两个班的视力情况调查

1、高一丁班的调查情况：

表13. 高一丁班1964年10月——1965年5月视力变化表：

时间\目力	总人数	第Ⅰ档 1.5以上	第Ⅱ档 1-1.2	第Ⅲ档 0.4-0.9	第Ⅳ档 0.3以下	不足1.5总人数	不足1.5的占总人数%
'64,10	50	23	6	8	13	27	54%
'65,2	50	28	4	14	4	22	44%
'65,5	50	24	6	14	6	26	52%

从上数可以看出，总的情况是略有好转。今年二月份以前进步较显著，五月份又稍下降。但已经制止了过去近视逐年增多的现象，而且有了大幅度的矫正，下降的只是极少数。

从档类变化看，二月份最好：1.2以下的总人数自27人减至22人，升档5人；而0.3以下的由13人减至4人，升档9人。五月份0.3以下最差的一档较原始情况也减少了7人。其余的人虽未升档，但有小幅度变化，在原档上升的很多，如二月份从原始材料看，1.2以下的27个同学中，有23人有不同程度的上升，下降的2人，也未降档，也是比较好的。

但从五月份检查情况表明，自二月份（放寒假）以来，这个班同学的视力没有保持住上学期那种上升的趋势。与二月份比，从1.5下降的有4人，1.2以下下降的有12人。而上升的只有4人，就是说有9人降了档，只1人升了档。

造成这种曲线发展的原因是什么呢？在二月份以前是领导抓得紧，学生坚持用眼卫生，坚持作眼保健操，而且教改后学生负担显著减轻，劳动和体育锻炼等户外活动增多，灯光设备也有所改善。但在二月份以后，客观条件一样，就是主观上有些放松，班主任说领导松了，学生说班主任不抓了。过去一天做二、三次保健功的同学现在只做一次，而且认真程度也差了。有的人长时间看小说的毛病又出现了。

表 14. 高一丁班男女生视力对比变化表：

性别	日期	总人数	第Ⅰ档	第Ⅱ档	第Ⅲ档	第Ⅳ档
男	64年10月	29	15	2	6	6
	65年2月	29	17	3	5	4
	65年5月	29	13	5	6	4
女	64年10月	21	8	4	2	7
	65年2月	21	11	1	9	0
	65年5月	21	11	1	8	1

从上表可以看出在64年10月男女生视力情况，女生近视比例比男生大：女生1.2以下占总人数的61.9%，而男生1.2以下占总人数48.2%；0.3以下女同学比例比男同学大的多。

但从发展情况看，65年2月至5月，女同学不论在上升速度还是在稳定性上，都远远超过男生。如女同学在2月份，0.3以下的7个人，全部好转升了档。从五月份的检查材料看，男生不稳定，从1.5下降的有4人，0.3以下保持4人。

以上情况说明，女同学原来患近视眼的比男生多，可能是由于女生不好动、用功的缘故，但经过教育，她们在懂得近视的危害以后，要求矫正的心情较迫切，而且比较听话，能坚持做保健功和注意用眼卫生习惯。

关于高一丁班六个典型学生的调查情况：

表 15. 视力发展趋势不好的同学三人：

姓名（性别） 视力 检查时间	64年10月	65年2月	65年5月
胡ⅩⅩ（男）	1.5/1.5	1.2/1.5	1.2/1.5
陈ⅩⅩ（男）	1.5/0.9	1.5/0.7（一度升至1.5/1.5）	1.5/1.0
季ⅩⅩ（女）	1.0/0.9	0.8/0.6	0.4/0.4

通过座谈，了解到：胡ＸＸ、季ＸＸ家长是近视，可能素质较差，但主要是不注意保护视力，用眼习惯差，保健功不坚持不认真做，长时间看小说不休息。如胡ＸＸ说他喜欢躺着看小说。季ＸＸ每天晚上看书到十点钟，陈ＸＸ上学期坚持看书保持一定距离，课间休息做眼保健功，目力曾一度升到 1.5/1.5，但后来不注意又下降到原状态 1.5/1.0。从图书馆借书证上查到三人借小说的情况：胡ＸＸ，12月份一个月借了 5 本小说，1 月份到现在，平均每月看 2-3 本；陈ＸＸ，12月份借了 12 本小说 5 本科技书，以后每月 3-4 本；季ＸＸ，每月 3 本。看起来目力负担不小。

表 16. 视力保护较好的同学三人：

姓名（性别） 视力 检查时间	64 年 10 月	65 年 2 月	65 年 5 月
李ＸＸ（女）	0.2/0.1	0.5/0.4	0.5/0.4
王ＸＸ（女）	0.2/0.2	0.8/0.8	0.7/0.6
孙ＸＸ（女）	0.2/0.2	0.8/0.5	0.5/0.8

这三个同学主要是能按照老师的指示去做，经常做保健功，注意休息，并且逐步养成用眼的卫生习惯，课外看的小说较少。如李ＸＸ同学很会保护视力，并一直坚持不断，如每晚在家学习看书一小时后，总要休息 10-20 分钟，做保健功，并到室外看星星，故能在升到第二档后保持稳定。从图书馆借书证上查到，她 5 个月只借了 5 本书。

2、初一乙班的调查情况：

表 17. 初一乙班 1964 年 10 月—1965 年 5 月视力变化表：

时间\目力	总人数	第 I 档	第 II 档	第 III 档	第 IV 档	不足1.5的人数	不足1.5均占总人数的百分比
64，10	54	29	12	7	6	25	46.1%
65，2	54	43	1	6	4	11	20.3%
65，5	54	35	5	10	4	18	33.3%

从上表可以看出，初一学生在教改以后，负担减轻，学习目的性明确，加之学校重视了视力保护工作，视力好转情况比高一更好。五个月里取得的成绩是较突出的。这一点说明年龄越小，矫治的可能性越大。如第 I 档学生在 64 年 10 月只 29 人，而至 65 年 2 月增至 43 人。不足 1.5 的人数在 64 年 10 月为 25 人，到 65 年 2 月只有 11 人。14 人都因视力保护得好而上升了。后来有 7 人又下降，但潜力比高年级大得多。

表 18. 初一乙班男女生视力对比变化表：

时间	性别	总人数	I档	II档	III档	IV档	不足1.5的人数	不足1.5的占总人数的百分比
64.10	男	28	18	6	3	1	10	35.7%
65，2	男	28	26	0	1	1	2	7.1%
65，5	男	28	22	3	2	1	6	21.4%
64.10	女	26	11	6	4	5	15	57.6%
65，2	女	26	17	1	5	3	9	34.6%
65，5	女	26	14	2	8	2	12	46.1%

从上表明显看出女生近视比例比男生大，男生不足 1.5 的 10 人占 35%，而女生占 57%，男生 0.3 以下的由 5 人减至 2 人。

三、 几条初步体会

1、保护青少年的视力，从培养接班人出发，不但有深远的意义，而且经过南师附中的实践证明是完全可能做到的，可以较快地取得良好效果的。

2、进行视力保护工作的根本措施是加强政治思想教育，使同学明确学习目的，明确保护视力的重大意义；同时贯彻主席和中央指示，大力进行教学改革，减轻学生课业负担，这是非常重要的关键。方法是领导坚持，专职医生负责，与大力发动学生群众互相监督相结合，形成一个有领导的群众运动。同时要有一定制度予以保证。

3、从南师附中的实践中得到又一条经验是：保护视力要抓早抓小，如初一乙上升幅度比高一丁大得多，效果好得多，潜力也大得多。同时要坚持才能胜利。

4、保健功过去有很多人怀疑，从实践中看，教师学生一致反映如能坚持经常做，做得正确，是有效的。

建议附中要继续加强这方面的工作，防止松下去。因为克服不良用眼习惯和培养良好习惯都需要一个较长期的过程，必须坚持不懈。

王×× 徐×× 整理

第22章
南师附中今后教改试点工作计划要点

（草案）

一、 一个目标

坚持教育为无产阶级政治服务，教育与生产劳动相结合，使受教育者在德育、智育、体育几方面都得到发展，成为有社会主义觉悟的有文化的劳动者的方针。把学校改成真正革命化的学校，既能和资产阶级争夺下一代，防止和平演变，又能够增强学生体质和提高科学文化水平。

二、 两个要求

以毛主席思想为指导，坚持民主集中制的原则，坚持正面教育的方法，正确的处理两种思想两条道路的矛盾。

引导师生参加社会实践，接触三大革命运动，发扬教学民主，逐步解决教育与生产劳动，理论与实践的矛盾。

三、 四项工作

（1）开展一个学习毛主席教育思想的运动，争取干部、教师、学生对教育方针、培养革命接班人、理论与实践的关系、知识分子劳动化、知识问题、教学民主以及学生的健康等问题，基本上取得一致的认识，有共同的语言。

（2）抓好劳动。加强劳动教育，建立一套包括工业、农业、校内、校外集中、分散的劳动和劳动教育的制度。

学生参加工农业生产：高中学生每学期以四周的时间，半天劳动，半天学习。初中学生每学期集中劳动十天，每天劳动四小时，结合劳动，适当开展一些教育活动。

平时劳动，每周半天，内容包括校内的实验园地劳动、工厂劳动、清洁卫生劳动和校外工厂劳动。

干部、教师建立跟班劳动制度。

（3）以中改教本为基础，根据服务于三大革命运动的要求，少而精的原则，通过调查研究，采取砍、换、补的办法，逐步搞出一套比较好的教材。

在不断改思想的前提下，根据理论联系实际，与发扬教学民主的原则，鼓励教师大胆创造，逐步总结出各科教学方法的路子。

根据各科教学的需要，每周以半天的时间，让学生接触工农、接触实际，调查研究，解决教学中理论联系实际的同题。

（4）坚决贯彻执行主席七月三日的指示，继续减轻学生的负担。作业原则上都在课内解决。会议，力求开得少一些，短一些，好一些，保证学生有足够的自由支配的时间；使他们能够正常的参加文体活动，积极增强学生的体质，特别要加强视力保护工作，力争视力有进一步的好转。

四、 四项措施

（1）经常听取各方面的反映，定斯分析思想情况，掌握思想动向，及时解决思想问题，改进工作。

（2）各年级都建立试点班，重大工作和措施，都经过典型试验，取得经验，逐步推开。

根据脑力劳动与体力劳动，劳与逸，大集体与小自由相结合的原则，全面合理安排师生的各项活动。每天规定的学生活动总量，包括上课、自习、劳动、体育锻炼、民兵训练、会议等控制在八小时之内。

每天下午最后一节课规定为学生室外活动时间，活动内容，由学生自己安排。

（3）健全领导核心。设立政治处，强化组织机构。

政治处在学校党支部领导下，把师生的政治思想工作，包括教师的政治学习，学生的政治课，师生劳动，团、队活动，班级工作，民兵训练等，统一管理起来。

在一定时间内，围绕一个中心，集中各方面的力量打歼灭战，避免分散力量，重复劳动。

江苏省教育厅

南师附中教改工作组

1965 年 7 月

第 23 章
教改两年（讨论稿）

南京师范学院附属中学

一、 讨论稿（一）

我校是一所五十年历史的老校，前身是伪中大附中，现有二十六个班，教职员107人。解放后，学校在党的领导下，作了一些改革，但是，在教育思想、教学方法以及各项管理制度上，资产阶级的影响仍然很深，没有从根本上得到改造。

1964年，主席春节讲话以后，教育厅派工作组来校蹲点，开始了教改试验；1965年1月，省里确认我校为大改试点，要求认真遵照主席指示，从各方面放手大改。

两年来，教改大体上分三个阶段：

64年上半年，主要是领导思想上初步解决了片面追求升学率的问题，明确了培养目标，进行了思想发动工作。通过学习董家耕的讨论和一批学生高考后自觉下乡参加农业生产的实际行动，揭开了教育战线上无产阶级和资产阶级争夺下一代的斗争。师生心目中开始树立了新型劳动者的形象。同时，初步减轻了课业负担，部分教师进行了教法改革的试验。

64年下半年，主要是发动全校师生根据中央和主席的指示，对学校各方面的工作提出批评、建议，发扬了民主；从语文、政治课开始改革，特别是广泛开展学习毛选，接触工农、接触实际，推动了各科教学的改革；期末实行开卷考试，改变了考试方法。

65年以来，从高年级学生定期下乡，半天劳动半天学习的试验开始，使教育与生产劳动更紧密地结合起来，教学改革进入了一个新的阶段。通过半天劳动半天学习和参加社会实践，进一步推动学生把学习目的提到世界观问题上来认识；促进了学生德智体几方面的发展；促进了教师队伍的改造和各科教学的理论联系实际。

两年来的教改，使我们认识到，片面追求升学率的思想是个严重的错误，它是学校中资产阶级思想集中的表现，从这个思想出发，我们不仅不会反对书多课多，反而赞成以沉重的课业负担压抑学生；不仅不重视教师队伍的改造，反而支持他们用频繁的考试，冗长的说教，繁琐的作业，分数的刺激来束缚学生的头脑，这就必然要使学生目光短浅，思想僵化，健康受到摧残；把他们引上了追求个人名利、向往城市、回避农村、脱离体力劳动的错误道路。这就是主席讲的"摧残青年，摧残人才"。这样发展下去，就会使我们的教育脱离三大革命运动，就不能真正以毛泽东思想来改造教师队伍，来教育青年一代；不能逐步缩小三大差别，特别是不能缩小脑力劳动和体力劳动的差别。这就会使党的教育方针的执行变成一句空话。

两年来的教改，就是按照毛主席的指示，克服了这个错误的指导思想，丢掉了片面追求升学率的包袱，减轻了学生的课业负担，明确了培养有社会主义觉悟的有文化的劳动者、培养无产阶级革命事业接班人的目标。同时对学校的各项工作相应地进行了改革，使学校出现了十个方面的变化。第一，从办学方向看，以前，我们总是把党的方针做口号、升大学作目标、资产阶级专家作榜样，现在才真正是在培养有社会主义觉悟的有文化的劳动者，培养无产阶级革命事业接班人。学生说，这是从崇拜焦耳（物理学家）到学习焦裕禄，从崇拜居里夫人到学习方玉。第二，从办学的指导思想看，过去智育第一，升学第一；现在是一切以毛泽东思想第一。第三，从办学路线看，过去工作靠个人、靠行政命令、靠业务挂帅；现在开始突出政治，调查研究，走群众路线。第四，从教育和生产劳动的关系看，过去为劳动而劳动，劳动中教育少，教学时劳动少；现在把劳动看作教育人、培养人、改造人的唯一的方法，使教育和生产劳动结合起来了。第五，从学生的精神面貌看，过去主要是为个人而学，追求上大学、当专家，不关心政治，不关心生产；现在是为革命而学，经常想的是防修反修，消灭三大差别，为人民服务，在三大革命运动中锻炼自己，做无产阶级革命事业的接班人。第六，从学习情况看，过去是死读书，读死书，笔记记得多，条条背的多，题目做的多，教师把考试当作法宝，学生把分数当作命根；现在从培养革命接班人出发，大大提高了学生的自学能力，辨别是非的能力，分析问题和解决问题的能力，动手的能力。第七，从学生的健康来看，过去不生病就称健康，多数学生肩不能挑担，腿不能走远路，体力弱，视力差；现在的健康好是要能吃大苦耐大劳，学生肩能挑，腿能跑，体质普遍增强，视力大有好转。第八，在人和人的关系上，过去干部和教师对学生是管、灌、考；学生对教师是害怕、迷信、依赖、应付；教师之间争时间、抢地盘、互不服气；学生之间各自埋头读书，追求分数；师生都不接触工农群众。现在师生之间民主、平等，教学相长；教师之间相互协作，取长补短；学生之间团结互助，共同进步；师生心目中开始有了贫下中农，愿意为贫下中农服务，承认他们是最好的老师。第九，从校风来看，过去学校制定的校风是"好学向上，虚心踏实，艰苦朴素，团结活泼"，学风是"专心致志，勤学苦练，一丝不苟，精益求精"，空谈政治，轻视劳动。现在实际形成的校风是"学习毛选，自觉革命，热爱劳动，艰苦朴素，主动发展"。第十，从各项制度来看，过去是手续繁琐，管的死，见物不见人；现在简化手续，方便群众，一切为了学生生动活泼的发展。

（1.天津大学三句的体现不突出；2.缺少小故事；3.生动活泼怎样来的。）注：括号内容为老师评语。

二、 讨论稿（二）

两年来我们进行了如下的改革：

1. 解决领导思想，明确培养目标

领导思想上一味片面追求升学率，就必然抵制党的教育方针，使得学校各方面的工作向着错误的方向发展。因此，解决领导思想上片

面追求升学率的问题,是解决学校中各种问题的首要一环。这个问题,前后经过近两年的时间才基本上得到解决。

63年2月,在上海开会,领导同志向我们提出了这个问题,当时我们参加会议的同志没有敢正面回答。看到中央指示中指出中小学毕业生极小部分升学,一小部分留在城市就业,绝大部分要参加农业生产。我们认为:这是对一般学校讲的,重点学校的任务还是升学为主。63年下半年,省政治工作会议上,批评了片面追求升学率的问题,我们又觉得,附中的问题不在这里,主要是知识质量没有过关。总之,那时我们一心向往的就是升学。

后来,教育厅要我们派人参加工作组去视察学校,要我们参加下乡知识青年积极分子座谈会。看看人家,想想自己,对比之下,使我们内心感到不安。于是,我们就对往届毕业生进行了一次调查,想从教育的结果来看学校工作中的问题。在104个毕业生的调查中发现,参加农业生产的,一般是有理想,有志气,革命精神振奋;上大学的,一般的在不同程度上有读书后脱离体力劳动的想法,也有个别被开除的;留在社会上的,大半是意志消沉,看不到前途,他们说:一是苦恼,没有考上大学;二是埋怨,政府没分配工作;三是矛盾,没有勇气下乡。也有少数违法乱纪,腐化堕落。透过这批学生的表现,使我们看到了学校的问题,思想上开始有所震动。

64年,学习了主席春节讲话,省委书记刘顺元同志又来校作了党的教育方针的报告,这时,对照调查材料,使我们再也不能不正视这个事实了。以往,我们口头上拥护党的方针,实际上没有执行党的方针,想通了这个问题之后,我们再次调查了在校学生的负担情况,把校内、校外的调查联系起来,使我们认识到,毕业生的精神状态和我们的指导思想、错误做法是分不开的。不下决心纠正这个错误,以后毕业出去的学生还会是这个样子。于是,我们把学生过重的课业负担减下来了。

与此同时,学校展开了学习董加耕的活动。"高中毕业生下乡当农民对不对?""算不算浪费?""有没有前途?"问题大量暴露出来,两种方针的斗争在广大师生中展开了。这场大辩论使我们看到,许多人对培养"有社会主义觉悟的有文化的劳动者"思想准备很不够，有的甚至是抵触的；不经过斗争，党的教育方针是不可能贯彻下去的，问题争论的不可开交时，我们引导师生带着问题去学习毛选和下乡劳动。通过辩论、学习、劳动和接触工农群众，学生的思想觉悟有了显著的提高，他们以董加耕为榜样，决心做有社会主义觉悟的有文化的劳动者。这时，以资产阶级分子为主要代表的一部分家长，就采取了宣扬个人名利，运用物质引诱、母爱感化、威胁打骂、挑拨离间、欺骗组织等手段来强烈地反对学生要求下乡的行动。两种方针的斗争在这些家长和学生、学校之间激烈地展开了，经过这场斗争，使我们看到，要认真执行党的教育方针，是不可能不遭受到这样、那样的反对的。在把学生培养成什么样的人这个问题上，资产阶级以及他们的代表人物和我们争夺青年一代的斗争是异常尖锐复杂的。这场斗争的结果，一九六四年高中毕业生中自觉下乡参加农业生产的达到未升学人数的80%左右，超过63年下乡学生数的四倍以上。

在这批毕业生的影响之下，在校学生辨别是非的能力普遍有所提高。这时，我们通过政治课发动学生回忆家庭、社会和学校中资产阶级教育思想对他们的影响，让他们自觉地检查自己的学习目的。根据六个年级六个班 311 人的统计，当时愿意做一个有社会主义觉悟的有文化的劳动者的仅有 16 人，占 5%；表明为个人目的而学习的有 275 人，占 88.5%；学习目的糊里糊涂的有 20 人，占 6.5%。

通过一系列的调查、学习和斗争，使我们认识到正确地贯彻执行党的教育方针，培养无产阶级革命事业接班人，是关系到防修、反修、缩小三大差别的问题，关系到将社会主义革命进行到底的问题，从而才下决心把片面追求升学率的思想包袱放下来，但问题不会到此就结束。两种思想、两条道路的斗争，是不可能一下子就根本解决的。在教学改革的过程中，每当学校的措施、学生的行动不符合全日制学校长期以来形成的某些"常规""秩序"的时候，在社会上，家长中一部分人怀疑、责难的意见比较强烈的时候，围绕着"培养什么样的人，怎样培养人"的问题，在干部、师生思想上又会出现反复，又展开新的斗争。

2. 用毛泽东思想武装全体师生

通过实际斗争使我们认识到，学校是无产阶级与资产阶级争夺青少年的一个重要阵地，这场斗争激烈、复杂，又是大量以人民内部矛盾出现的，因此，容易使人麻痹、松懈。认识到这一点，就使我们懂得，目前学校里的问题，无一不是由于资产阶级教育思想影响所致。解决学校的问题，决不能单从方法上考虑，一定要从思想革命着手，抓人的劳动化、革命化；一定要以毛泽东思想武装全体师生；一定要在学校具体工作的实践中，体现毛泽东思想，保证党的教育方针的贯彻。

根据两年来的摸索，要学好毛主席著作，首先要提出问题，揭开矛盾，启发自觉革命。教改前，教师教课，学生上学，很大程度上都是为了升学，为了成名成家，这似乎是天经地义、理所当然的，思想上很少开展兴无灭资的斗争。即使学毛选，也往往和改造思想上挂不上钩，收获不大。教改一开始，我们就在师生中提出，认真按照毛主席的指示办事，检查和批判了片面追求升学的思想；并通过董加耕、方玉等先进人物的榜样，使党的教育方针在师生心目中具体化、形象化起来。这时，每个人对照自己，内心里展开了剧烈的斗争。自我斗争驱使着大家，特别是学生，要从学习毛主席著作中去寻找力量，要用毛主席思想来解决问题，提高自己。

第二，减轻负担，为学毛选提供时间。教改后，学生课业负担减轻了，考试、管理方法改进了，这就保证师生有时间特别是学生有时间读毛选，看报纸，交流心得保证了时间。他们头脑中摆着一大堆不能解决的问题，在有了较为充裕的时间之后，自觉学习毛选的人就慢慢地多起来了。

第三，增加劳动、增加实践，接触社会、接触工农群众。毛主席指示说："学习马克思主义，不但要从书本上学，主要地还要通过阶级斗争、工作实践和接近工农群众才能真正学到。"接触实际以后，师生心目中开始有了人民，开始把劳动者、革命者的概念具体化起来，他们对毛主席著作不再只是从字面上理解，而且能够从实践的意义上来领会了，他们开始能把主席的著作变成自己的东西了。

以上三条，是师生能够把毛选学起来的主要条件。但是学得好，坚持下来，还要靠领导。

学校领导干部要把毛主席的思想作为指导一切工作的最高指示，要按照毛主席的指示来改造学校、改造自己的思想。因此，在多数情况下，我们布置总结工作，解决大小问题时，都要讲毛主席有关方面的指示，引导师生定期温习主席春节讲话、关于教育方针的指示、关于培养革命接班人的指示、关于如何抓学校工作的指示以及七三指示等等，并对照指示检查学校工作中的缺点和错误。政治、语文以及外语教材中，毛选的比例都较过去有所增加，使毛主席著作的学习在课堂教学中，特别是在文科教学中，占有了重要的地位。这一些都对师生学习毛选起了潜移默化的作用。

此外，一定时期，针对师生思想上带有倾向性的问题，介绍大家尊重学习毛主席的有关著作。提倡师生在不同的情况下，根据自己的需要、自己的条件去学习，不作组织、篇目和时间上的具体限制。每学期有计划的在师生中分别组织经验交流，树立榜样，推动一般。这里是又领导又放手，使大家在统一的思想指导下，在先进人物的影响下，去充分发挥学习的自觉性。为配合着这些工作的开展，我们逐步建立了一支思想政治工作队伍，形成了一套思想政治工作制度。每个年级配备政治辅导员，成立年级小组，在辅导员带领下，一个年级的任课教师经常在一起研究学生的思想情况，关心学生德智体的全面成长。学校每周召开一次政治辅导员会议，学习主席指示或研究各年级学生的思想动向；间周召开一次年级组会议；定期召开一个年级或一个班的师生座谈会，等等。紧紧围绕学习目的教育，每学期突出解决一两个带有倾向性的问题。团、队、学生会、班主任、政治、语文、外语教师通力协作，运用课堂教学及各种活动阵地，共同配合，进行工作。

在指导学生学毛选、解决思想问题的过程中，我们还注意两个特点（用词不确切，应将特点写出来，不写明什么阶级不清楚），一个是阶级出身的不同，一个是年级高低的不同。

从阶级出身来看，对革命干部、工人和贫下中农的子女，要帮助

第 23 章 教改两年（讨论稿）

他们明确自己肩上的担子，加强继承老一辈革命事业的责任感。这个问题解决得好，他们的进步就比较显著，而且较为稳定。剥削阶级子女，开始时顾虑多包袱重，怕暴露思想，要耐心启发帮助，要引导他们和家庭划清界限，引导他们和工农相结合；觉悟提高后，他们要求改造自己的愿望很迫切，很强烈，但反复比较大。对一般职员，特别是高级知识分子的子女，要帮助他们克服唯有读书高和成名成家的思想，使他们逐步认清应当为谁学习、为谁服务。这部分学生认为做个"知识分子"吃得开，因而自我改造的要求往往不如前两种学生迫切，但是认识提高后，反复性比剥削阶级子女小。

从不同年级来看，初中一、二年级的学生处于政治上的启蒙阶段，环境、教师对他们的影响很大。在革命气氛较浓的环境下，学生入学后，普遍受到熏染，很快就能跟着大同学一道学毛选，要求参加劳动，要求下乡接触贫下中农，要求做革命接班人。但是由于教师的认识和工作水平不同，接着就出现了几种情况。在工作较好的班级上，可以使绝大多数学生都有较快的发展。在工作较差的班上，会出现几种类型的学生：功课好、听话、规矩、不提意见的学生，被称赞、鼓励，向着偏重学习、轻视政治的方向发展；政治上好、功课也好、和教师没有矛盾的学生，成了班上的骨干；另外一部分人有点政治见解，而又不很懂事，他们对有缺点、错误的教师感到不满，就采取放松学习、不守纪律等态度和教师对抗（这句可不要）。这时，出现了"大将""乱班"。因此，在初中一、二年级，选配较强的班主任，较其他任何年级都为重要。学生到了初三，政治思想上是个飞跃，进步比较显著。他们开始考虑继续升学还是上山下乡当社员的问题。据初三丁班六个同学 130 篇日记的调查，其中 80 篇以上谈的都是这个问题，最差的学生也表示一定要争取正确解决这个问题。进入高一以后，学生中出现两种情况：一是部分新生进来，有个不适应的过程；一是升学考试后，较多的人有松口气、休息一下的情绪。这时需要针对这两种情况，加强教育。一旦这两个问题解决以后，这个年级很快就上去了。高二学生，政治观点逐步鲜明、稳定，政治思想上是又一次飞跃。他们学习毛选认真，热情高，思想顾虑最少，胆子最大，敢于闯，敢于实践，能积极考虑上山下乡当社员的问题。这是学校教改中一支最活跃的力量。进入高三，学生面临着毕业，围绕着升大学还是当社员的问题，家庭、社会压力越来越大，思想斗争越来越剧烈。他们的思想状况一般是，顾虑多，反复多。在积极引导下，他们学习创造，接触贫下中农、改造思想的要求比任何其他年级的学生都迫切。总的来看，六个年级间是波浪式的前进，而且是一届比一届好的。我们的实际工作，凡是符合了这些规律的，工作就比较主动，效果就比较好。

两年来，经过以上的努力，学习和初步掌握毛泽东思想的人一天天多起来，学校就逐步形成了群众性的革命的风气。坚持学习毛选，坚持接触贫下中农，坚持参加劳动，坚持理论联系实际，坚持自觉革命，逐步成为多数师生的共同语言。领导、教师指导学生，学生又反过来推动领导，推动教师；师生之间，同学之间，看日记，谈思想，送语录，谈心得，相互帮助，关心进步；高班带低班，团员带非团员，老同学带新同学，人人作思想工作；同时，也以务农、支边升大学和出国留学的优秀毕业生的来信教育在校学生。这样就逐步形成了一个大家学毛选、大家做思想工作的群众教育群众的生动活泼的局面。

两年来，学习和掌握毛泽东思想逐渐成了大部分师生比较自觉地要求，产生了显著的效果。学校中，事事、时时、处处都能反映出毛泽东思想的光辉。开会研究工作，民兵进行训练，学习上有了争论，劳动中遇到困难，同志间的团结发生了问题，那时总会有人从主席著作中找到指示，帮助大家明确方向，解决问题。大多数学生从培养自己成为革命接班人出发，开始在不同程度上树立了和工农结合的观点、为人民服务的观点、认识来源于实践的观点以及观察事物的一分为二的观点。百分之八十左右的学生头脑中开始有了贫下中农的形象，高年级大部分学生在不同程度上进一步解决了愿意上山下乡当社员的问题。学生向家德为了确立和工农结合、立志务农的思想，曾三次利用假期步行二百多里去盱眙劳动锻炼。学生金乐平、徐玲在下乡劳动期间，为了建立贫下中农感情，搬到牛棚和五保户家中，与饲养员大伯、贫农大妈同床合被住在一起。许多师生和贫下中农亲为家人，劳动回校后还不断下乡探望农民，农民进城也象走亲戚一样，住到学校，住到教师家里。高二乙班部分同学，自己组成小组，利用假日到和平门车站劳动，坚持了一年多。他们对在实践中学毛选、和工人结合以改造自己的思想都有深刻的体会。许多学生能够运用《实践论》《矛盾论》的观点来指导学习。在一次物理考试中，高三乙、丙两班研究了电熨斗、三极直流电动机、分光镜、三相马达等和制作了小孔成像照相机、显微幻灯机、反光式示波器等四十个专题。其中有五十个学生总结了认识来源于实践、抓住主要矛盾解决问题的经验。在日常生活中，不少同学也能够运用主席思想来指导自己的行动。高二丁班有一次发现班上剩下一盆青菜，团支部就组织全班同学讨论这件事，引导他们和贫下中农的生活比，和红军长征时的生活比，最后全班每人一口分吃了这盆菜，并亲自签名写了检讨，使坏事引出了好的结果。

3. 把教育和生产劳动、和三大革命运动结合起来

长期以来，唯有读书高的思想对师生有着极其深刻的影响，从前面讲的关于学习目的的调查看，大多数人，上学就是为了个人、为了家庭。从为个人学转变到为革命学，这是世界观的转变，实现这个转变，完全把学生关在学校里是不行的，一定要使教育和生产劳动、和三大革命运动结合起来；一定要使学生通过自己的实践，对革命、对为大多数人服务的概念具体化起来。毛主席说："人的正确思想，只能从社会的生产斗争、阶级斗争和科学实验这三项实践中来。离开了教育和生产劳动的结合、和三大革命运动结合，就不可能彻底解决学习目的问题，培养学生德智体全面发展。如何使教育和生产劳动结合起来，这里有一个摸索过程。学生劳动的形式有三种：开始时主要是校内劳动和我校农场劳动；以后又发展了第二种形式，集中下乡劳动，并适当增加了平时的劳动。后来感到下乡劳动时间太短，学生刚和农民认识就回来了，不能有较多的时间接触贫下中农和他们建立感情，於是又从高中开始试验，每学期下乡时间延长为一个月，带功课下去，实行半天学习、半天劳动。与此同时，学生中又出现了寒暑假自愿结合下乡、下厂劳动的第三种形式。

学生参加了劳动，接触了实际，接触了工农群众，特别是贫下中

农之后，思想觉悟的提高一步步深化了。开始下乡时，他们考虑的主要问题是怕脏、怕累、怕苦；时间稍长一点，他们就拿自己和贫下中农比，觉得自己劳动比农民少、贡献比农民小、生活却比农民好。这样一来，很多人就进一步考虑"谁养活谁"的问题，要求和工农相结合，有意识地培养自己对贫下中农的阶级感情。再进一步，他们就考虑到，毕业以后愿意上山下乡当社员，愿意为广大劳动人民服务一辈子，愿意为逐步缩小以至消灭三大差别，特别是消灭脑力劳动与体力劳动的差别而斗争，为改造自己成为无产阶级革命事业接班人而努力了。两年来，在不断以主席思想武装群众，不断使教育和生产劳动结合的情况下，从一个学生来看，思想发展的路子是如此，从年级来看，低年级到高年级学生思想发展的路子大体上也是如此。

高中学生下乡时间延长以后，除思想教育外，学习的内容也逐步增加进去了。不仅学习毛选、学习政治和语文，而且学习外语和数学，运用已学的理化知识去解释自然现象，解决生产、生活中的一些实际问题。半天学习、半天劳动交错安排，减轻了疲劳，提高了效率，在同样的时间内，在没有教师上课的情况下，学生学习的效果比在学校里好得多，学生的体质也比在学校增长的快。

目前，全年劳动时间，初中一、二年级 40 天左右，初三、高一 50 天右，高二、三 60 天左右。根据学生的不同年龄，平时劳动，初中每周 3 小时，以校内劳动为主；高中每周 4 小时，校内、校外结合。下乡期间，初中每天劳动不超过 3 小时，集中食宿，由教师带领参加一些访贫问苦活动；高中每天劳动半天，分散居住在贫下中农家里，生活自理，劳动、学习之外，参加访贫问苦或四清活动。

劳动内容以农业为主，适当安排工厂和公益劳动。下乡劳动时，着重解决思想感情和世界观问题，平时劳动着重加强农业实验园地管理，培养劳动习惯，学习农业科学知识、技能。要求每个学生在初中或高中阶段，按照农业八字宪法，种植若干农作物品种，试验两个生产周期，逐步掌握几种作物的种植、生长规律。并相应地掌握一些简单的机械、电工的操作技能。

从两年的实践来看，教育和生产劳动相结合，确实是社会主义教育的核心问题,而教育学生愿意上山下乡当社员,则是培养有社会主义觉悟的有文化的劳动者的具体化。解决了这个问题,才能逐步缩小三大差别,特别是脑力劳动和体力劳动的差别,才能使年青一代真正成为无产阶级革命事业的接班人,才能使教育事业真正达到为无产阶级政治服务的目的。有人担心学生愿意上山下乡当社员,就不肯考大学,不肯留在城里作工人了。从两年的实践来看,这种担心实质上是反对学生下乡当社员的借口。正如学生自己体会到的,愿意当社员是"高标准而不是低标准。"这是愿不愿到最艰苦的地方去为广大劳动人民服务的问题,这是要确立革命的世界观的问题。对一个愿意到最艰苦的地方去为广大劳动人民服务的人来说,如果党和国家需要他上大学,需要他留在城市从事其他工作,难道还怕他不愿意吗?

有人担心,政治搞多了,劳动搞多了,会影响文化科学知识的学习,根据我们两年的实践来看,正因为政治挂帅,使教育和生产劳动结合起来,学生文化科学知识的质量,不仅没有降低,而且有较大的提高。

从两年的实践来看,教育真正和生产劳动结合起来,才能从根本上改造旧社会遗留下来的资产阶级教育思想,使教育工作者真正接受毛泽东思想,有效的改造现有的教师队伍,正确的解决教材问题;才能真正清除资产阶级遗留下来的这个基地,建立起和我们党的教育方针相适应的社会主义的教育体系。

4. 培养生动活泼主动的学习风气

教学上的改革就是从减轻负担开始的。教改前,学生的精神负担和课业负担十分沉重,片面升学思想、分数观念的束缚,从早到晚做不完的作业,接连不断的考试,加上学校一向对学生施行一套死关、死管、死灌的错误方法,就使学生在紧紧的约束和重重的压力下,没有自由支配和独立思考的余地,不能使学生生动活泼主动的得到发展。需使学生生动起来,主动起来,就要解除强加给他们的束缚和压力,其中尤以解除精神上的束缚为首要一环。师生丢弃了片面升学的思想包袱,明确了培养有社会主义觉悟的、有文化的劳动者、培养无产阶级革命事业接班人的目标之后，精神上开始无所畏惧，于是就敢于大胆改革，敢于减轻课业负担。课业负担一减轻，他们就有了时间和精力去学习毛选，去接触社会实际，接触工农群众。这就使他们能够看清教学中存在的问题，懂得怎样去进行改革。

两年来，减轻负担，先后采取了以下的措施：砍掉外加的提纲、作业、考试；调整课时，高中课堂教学不超过 23 课时，增加实践课，把体育课和课外体育活动统一起来，初中不超过 28 课时；减少同时并进的科目，物理和化学，数学中的各分科单科独进，初三以上主要学科每天不超过两门，初一二不超过三门，同时，积极鼓励教师改进教学方法，逐步作到课内基本上完成作业，每天课业学习时间一般控制在六课时以内。

教学上重大的改革之一是发扬教学民主，使学生有发言权。从学生在课堂上一向没有发言权到大胆敢于放手地发扬民主，这是师生思想解放的必然结果。但这个问题不是一下子解决的，这里有一个逐步发展的复杂的斗争过程。学生有了一定的辨别是非的能力之后，要求发表自己的意见，教师认识提高之后，也有改变课堂教学的愿望；但不是每个人，特别不是每个教师一上来就有这个觉悟的。于是先由少数教师、少数班级带头、示范，从个别问题上开始，一步步前进。这个发展过程大体上是：一上来，每堂课拿出十分八分钟时间给学生看书，鼓励学生发言、提问；进一步允许交头接耳，相互争论，并把某些学科两节连排，在个别班级试行四节连排，有利于学生用更多的时间自学、讨论、解决问题；再进一步，允许对教师提出不同的意见，和教师开展争论。课堂上逐渐活跃起来，学生提出的问题越来越多了。有些问题教师无法解答，于是有人就首先放下架子，承认不懂，能和学生共同研究，解决问题。影响所及，敢于这样作的教师一天天多起来，学生生动活泼主动学习的空气一天天浓厚起来，学习中的创见也一天天多起来，反过来，教师向学生学习的机会也一天天多起来。于是，教学相长的转型的平等的师生关系开始形成了，学生集体的作用发挥起来了，"官教兵、兵教官、兵教兵"的新风尚开始形成了。

目前，高年级的教学正在向着一个新的阶段发展，这个新阶段的新办法就是，政治挂帅、自学为主、讨论交流、启示辅导、检查小结。这里开始正确地解决了政治和业务的关系，教师和学生的关系，个人和集体的关系，以及平时学习和考试的关系。这就有可能进一步破除对教师的迷信和对教材的迷信，进一步发挥师生的独创精神，建立起一套更能体现毛泽东教育思想的教学体系。

随着教学民主而来的是解决理论联系实际问题。这个问题比较难解决（思想上的问题），一则现行中学教材，主要目标还是面向升学的，其中很少联系当前阶级斗争和工农业生产实际的内容；二则长期以来，教师根本上脱离社会实际，他们往往对联系实际，视若畏途，不敢下手，也不知从何处下手。但是，随着毛选学习、社会实践和教学民主的展开，就为解决这个问题创造了条件，首先是思想上的条件。但由于教材初步得到解决的是政治，是语文，所以理论联系实际一般也是先由政治、语文课开始的，接着跟上来的是外语。理化课先是解决了以实验为基础的问题，但在较长的时间内，还停留在实验室内。数学，个别教师进行了由感性到理性、由形到数的试验，效果良好，但多数教师的教学仍停留在书本上。一九六五年下半年，高二、三学生在江宁劳动时，由于上山下乡当社员的愿望强烈了，主动研究了水车、犁、连枷、独轮车的结构原理，测量了田亩，计算了谷堆等等，解决了近百个联系实际问题。同时，教师和学生一同劳动，一同参与了这个研究，回校以后，又在一定程度上推动了理科理论联系实际的发展。目前，在理科教学中，理论联系实际，主要是实验、测量、编题，运用已学的知识去解释自然现象，解决一些实际问题；根据一些学过的原理进行一、二项专题制作和研究，等等。由于教材还没有大动，教师思想上还跟不上去，这个问题目前还没有得到根本的解决。

两年来，教育思想的变化和随着教学民主的发展，旧的课堂教学形式一步步被打破了，逐渐形成了一套和这个民主精神相适应的新的教学形式，这就是，自己看书，讨论互助，编题解题（理科）和作文改文（文科），实验、实践，启示辅导，检查、小结，学科协作和评教评学。

和课堂教学的改革相适应的是考试方法的改革。我们开卷考试的办法是：几天一科，事先出题，看书、实践、解题、互助、讨论、交流，教师辅导贯穿在全过程中，最后进行检查、总结。这样的考试，学生反映有五个优点：(1)时间充裕；(2)个人钻研精神能得到充分发挥；；(3)集体互助讨论效果显著；(4)教师指导具体；(5)一题多解和理论联系实际解决的问题最多。

新的考试办法是平时新的教学方决的继续和发展，这样的考试，完全解除了分数对学生精神上的压力，学生不再是千方百计隐瞒知识上的缺陷，而是大胆提出问题，暴露问题，以求得教师和同学的帮助。这样一来，考试就又推动了学生的平时学习。考试期间，学生能像平时一样学毛选，参加劳动，锻炼身体，保证按时作息。考试期间，大家欢欣鼓舞，一反千百年的积习，再也没人担心害怕，而却把它看成是一件愉快的事情了。

教学上的改革，培养了学生四方面的能力。一是自学的能力。现在各年级学生一般都能使用工具书、独立看懂各科教材，完成一定的作业。二是分辨是非的能力。遇到各种问题，学生一般都能以毛主席的话为依据去判断是非，指导行动。三是分析和解决问题的能力。学生开始能运用学过的知识去观察或解决某些有关的问题。四是动手的能力。一般学生根据教材的要求都能绘图、测量、制作简单的教具和进行理化生实验。初中不少学生还能观察气象，检验大便，检查血型、血压。高中不少学生还能装修电灯、日光灯，会安装音频放大器和三灯收音机，会使用照相机和冲洗照片。

两年来教学上改革，在一定程度上克服了旧的矛盾，但在事物发展的过程中，在新的基础上，又出现了新的不平衡、不适应。已经改的教师随着新的形势前进了，但在前进中，存在着新的矛盾，提出了新的需求，这就要求他们真正按照对立统一的规律，去处理课堂教学问题，去解决师生关系问题。因此，胜任愉快的，目前还是少数；比较多数的人是又自觉又不自觉，是在矛盾斗争中前进的。此外，还有一小部分觉悟低、改的很少的教师，在这个形势面前就感到束手无策了。放手发动群众，自己没有勇气；抱往书本满堂灌，学生已不能再为自己控制了。学生不满、自己苦恼，这就是部分教师任课班级的现况。

主席讲，教改的关键在教员。这个问题越来越清楚了。教师不改，学生动不起来；学生动起来后，教师继续不改，也会把学生重新拖下来，不能前进。因此，进一步改进课堂教学，除了必须解决教材，特别是理科教材问题外，多数教师当前迫切要求解决的是思想方法问题，而少数正处在苦恼状态的教师，首先要帮助他们认清这个基本形势，解决基本的态度问题。在现有基础上，进一步使这两个问题解决的好，我们就有可能建立起，和教育为无产阶级政治服务、教育与生产劳动相结合，培养有社会主义觉悟的有文化的劳动者的方针相适应的从实践到理论、彻底贯彻群众路线的新的教学内容和教学方法、考试方法的体系。

5. 坚决执行"健康第一"的指示

要认真解决学生的健康问题，必须和两种思想作斗争，一种是"智育第一"，一种是"技术第一"。

从"智育第一"的观点出发，学生不生病就称健康了，但是，从培养革命接班人的观点出发，就要培养学生成为能够吃大苦，耐大劳，经得起风霜，经得起艰苦斗争考验的人。为了达到这个要求，我们组织全校师生学习了《体育之研究》，并在实际工作安排上，把健康放到了应有的地位。

解决了"智育第一"的思想、减轻了课业负担以后，我们主要采取了两个措施：一是把每课时减为 45 分钟，使学生的课间活动延长到 15 至 20 分钟。这样，一个上午加上早锻炼，学生就可以有一小时左右的活动时间。再一个是下午两节课以后，提倡学生搞室外活动，下午又可以保证有 1 小时左右的体育锻炼时间。再加上平时的劳动，学生体力活动时间平均每天在两小时以上。脑力劳动和体力劳动不断交错，相互调剂，有利于学生身心的发育。

要保证健康第一，必须明确为革命而锻炼身体的目的，克服体育锻炼中"技术第一"的思想，改变体育课上长期没有解决的"教者发令，学者强应，身顺而心违""徒有形式而无实质"的状况，提倡学生自觉自愿地进行锻炼。，这里，我们也采取了两个措施：第一，初三以上不单设体育课，把它和课后的室外活动统一起来；第二，分散器材，开辟场地，并发展国防体育活动。在一定时间内，使所有的人都能够参加体育锻炼。

解决健康问题，除了保证时间，使学生能够充分的进行锻炼以外，还要抓保护视力的工作。过去学生的视力不好，主要原因是课业负担过重。教改以后，课业负担减轻了，但如果不注意，让学生，特别是低年级的学生长时间无节制的看小说，近视眼仍然会增加。因此，要经常注意控制学生视力的负担，又要抓预防和治疗工作，就是经常进行教育，做眼保健操和采取云雾疗法、针灸疗法。这些办法虽然简单，但经常坚持就会有效。

目前，学生的健康状况已经在三个方面有了比较明显的变化。

第一，体质增强了。据高三四个班的调查，男生一般每天能走七、八十里路，女生一般能走六十里路，男生平均能挑九十斤上下，女生平均能挑六十斤左右。1966年3月初三丁一个班五十一个同学肺活量的测验，男生平均为3274毫升，女生平均为2815毫升，与1963年12月相比，男生每人平均增加1238毫升，女生每人平均增加906毫升。其中女生许ＸＸ、高ＸＸ、陈ＸＸ等肺活量达3750毫升，超过了成年男子一般的肺活量。男生江Ｘ、游ＸＸ等肺活量达到4250毫升。全校常年坚持冷水浴的学生有37人。

第二，视力好转了。1964学年度学生中患近视眼的人数占学生总数的38.38%，65学年度到三月为止下降为33.6%，视力新发病率64学年度54人，65学年度到三月为止21人。视力恢复正常的64学年度为32人，65学年度到三月底止已有67人，初一丁学生李Ｘ入学时两眼视力均为0.1，现在两眼都上升到2.4。初三四个班，在一次"饱和视力"检查中，就有29人，两眼视力均在3.0以上。

第三，疾病减少了。64年1月患神经衰弱、失眠症的有7人，现在没有人失眠了。因病休学的人数逐年下降，63年为21人，64年11人，65年7人，66年到目前为止只有1人。

6. 培养一支又红又专的教师队伍

长期以来资产阶级教育思想反映在教师身上，一般地表现为强调业务，忽视政治，突出个人、脱离群众，偏重理论、脱离实际。针对这三个问题，要使教师队伍得到改造，就必须完整地执行一条政策——团结、教育、改造、使用的政策，并同时采取三个途径——学习毛选、参加劳动、进行教学改革。

团结、教育、改造、使用的政策，是针对知识分子的特点而来的，经过两年来的实践，我们对这个政策才认识得比较清楚了。在教师身上往往是具有两重性的，如果光看到他们能够教好学生的积极方面，看不到他们的资产阶级教育思想影响、压抑青年的消极方面，就容易产生右的错误，反过来，只看到他们消极的一面，对他们积极的一面估计不足，则又容易犯"左"的错误。完整的执行这条政策，就必须又教育又改造又使用。

教师学毛选，有些人是自觉的学起来的，或者说在一定程度上是自觉的学起来的，但是不少人，在很大程度上，是在学生学毛选形成风气以后，或者是在学生主动起来，工作照老样子做不下去了以后，被迫地学起来的。这种状况是正常的，不管怎样，只要能够认真学起来，就能够有进步。

学毛选真正成为教师比较自觉的要求，学得比较有成效，那是在参加了劳动，接触了社会实际之后，这就是毛主席说的："知识分子如果同工农群众结合，和他们做了朋友，就可以把他们从书本上学来的马克思主义变成自己的东西。"教师一接触实际，思想感情、根本观点上的许多问题，就会暴露出来，进一步就使他们去和贫下中农比思想、比差距、慢慢地感到自己的世界观非改造不行了。语文教师吴ＸＸ说："从贫下中农身上，我看到了自己最缺少也是最重要的东西，就是没有强烈的无产阶级的感情，没有把自己的一切和广大人民结合在一起……心目中没有人民，没有贫下中农。"数学教师仇ＸＸ说："看到贫下中农处处热爱集体的行动，我不得不反问自己：你是为什么而工作的呢？你对待工作是什么态度？拿自己与贫下中农比，生活比他们好，待遇比他们高，但是思想上却比他们肮脏得多。"

我们组织教师参加劳动，接触工农，主要有三种方式，一是分期分批抽调教师参加四清运动和劳动锻炼；二是和学生一同下乡参加劳动；三是组织年老体弱教师下乡参观访问。目前全校教师中参加过一学期到一年劳动锻炼的有 20 人，参加过四清运动的有 12 人，占青壮年教师的百分之六十左右。实践中，我们感到，对教育思想的改造，收效较大的还是第二种办法，因为在和学生一道劳动和生活中，教师既能接受学生的照顾，又能受到学生的监督，同时，参加了共同的实践，师生就能够有共同的语言，这对改造教师的教育思想和改善师生关系都可以起直接的作用。外语教师张ＸＸ，原来和学生的关系很紧张，在江宁和学生一同劳动一个月以后，思想感情上起了很大变化。他说："这次下乡，同学们在我眼中，朝气勃勃，亲切可爱，既是我工作的对象又是我的老师。早上他们分头为贫下中农挑水，我也和他们一道为贫下中农服务。有一天早上，天下着蒙蒙细雨。我刚把两桶水从塘里拎上来，金ＸＸ同学衣服也没穿好就赶来了。他说："老师，天下着雨，路又滑，你不能挑，我来。"最后他扶着我一步一步地把水挑到贫下中农家里。十月的天气，早上相当冷了，但是一股暖流却直涌进我心里。多么好的下一代呀！这难道只是为了照顾老师吗？不，这是在树立贫下中农思想感情的过程中建立起来的同志的友谊，这远远超过了师生的关系。"

老师从关门教学到能够走出课堂，参加劳动，接触工农，是一件不容易的事；但是，在教学上要改变他们原来的一套旧的东西则更加不容易。艰苦的劳动究竟是短时间的，可以忍耐一时挺过去；而在教学业务上要他们放弃自己熟悉的东西，抛开自己最心爱的那套做法，去接受一向不熟悉的东西、不习惯的做法，这就要展开更加剧烈的思想斗争。两年来，不管是减轻负担，改变考试方法，培养学生的自学能力，组织学生讨论，还是理论联系实际，差不多每个环节上，都要遭到一些人强烈的反抗。即使是有些觉悟较高、改得较好的教师在刚刚改变时，也会感到空虚，苦恼，甚至动摇。

和教师的资产阶级教育思想针锋相对的，就是要教学民主，要理论联系实际，这也就是毛主席所讲的群众路线、教育与生产劳动结合起来。在教学改革过程中，我们坚持贯彻了这两个东西，有效地促进了教师的思想改造。

但要看到，教师之间思想觉悟、业务水平都是很不一致的，不可能齐步前进。这里既要充分发挥积极分子的作用，又要耐心等待，便于团结大多数。要估计到，一部分教师改得较好，学生又发动起来以后，对其他教师就会形成一股推动力量；这时，无论如何不能急于求成，不能要求他们一下子都达到同样的水平。应该强调在统一的方针之下，可以各按步伐前进，在教学方法上可以百花齐放。事实证明，这样做既有利于培养骨干和团结大多数，又有利教学改革正常的发展，避免形式主义，而且工作的进展不是慢了而是快了。

目前，从大多数教师来看，思想觉悟的提高和教学上的改进都是显著的。

三、 讨论稿（三） 缺经验教训部分

毛主席思想的线索，重点，经验，问题。

总结立场、观点：

一、领导观点变化了；

二、师生和工农结合；

三、在革命实践中，师生学毛选才能进行教育改革；文字简练，提法分寸。

第 24 章
两年来教改工作情况汇报

南师附中

我校解放前后是国民党反动政府的中央大学附属中学。解放以来在党的领导下，虽然进行了一系列的改造工作，但遗留下来的旧影响还是不少的。

1964年，主席春节指示下达以后，我校开始进行教学改革。11月省教育厅派工作组来校工作。1965年1月，省委确定我校为大改试点学校。当时教育厅指示，大改学校应根据党的教育方针、主席的春节指示，中央拟转高等学校政治理论课工作会议两个文件的批示来进行工作。在学制、课程、教材、教法、考试方法、思想政治工作、劳动、管理制度、教师工作、学校体制等十个方面都可以放手大改，不管教育部过去规定的任何限制，但，这些都还是全日制学校的教改，不改为半工半读学校。

两年来的工作，大体可分三个阶段。

一、　第一阶段：1964年上半年

主要是减轻负担，进行思想发动。思想发动关键在于教师，而领导思想则是关键的关键。过去我们领导思想上突出的问题是片面追求升学率的包袱比较重。每年高考放榜前后心情非常紧张，总希望升学率高。听人说："你们学校升学率高。"就暗自高兴；听人说："你们学校升学率不如××学校。"就觉得很难受，怕挨批评。经常找毕业班教师排队研究，要求保证多高的升学率，以致教师对学生加重作业，经常考试，出难题，赶进度，提前复习，泄发提纲，总之想得到的办法都用上了。这时，根本没有考虑这样做对学生的思想到底如何，对健康的影响又如何。忘掉了党的教育方针。

1963年上半年，我们学校中共中央、国务院、关于贯彻全日制中小学条例的通知，看到文中讲到中小学生毕业后只有极小部分升学，一小部分留在城市，绝大部分参加农业生产。当时，我们还认为，这段话是对整个中学讲的，我们重点学校的主要任务还是保证升学率。下半年，省支教基层政治思想工作会议上批判了片面追求升学率的一些错误做法，对我们有所触动。开始觉得，追求升学率是不对的，但是，又想到我们学校的主要问题不在那里，而是知识质量没有过关，数学竞赛没有得到名次。

主席春节的讲话警醒了我们，主席批评学校："书多课多害死人，考试把学生当作敌人，这是摧残青年，摧残人才。"省委刘顺元同志来我校对教师讲了方针问题，指出："学校执行不执行党的教育方针，学生愿意不愿意下乡劳动，是关系到党和国家会不会要颜色，关系到反修防修的大问题。"慢慢地我们才意识到办学校归根结底不在于升学率多少，而在于培养出来的是什么样的人。我们组织力量先后调查了一百多个往届毕业生，发现一部分毕业生考不取大学，不肯下农村，留在家中苦闷消极，埋怨牢骚，有的甚至堕落下去。这使我看到自己辛辛苦苦的工作，培养出来的人不能符合党的方针的要求，内心感到自疚，党派我到学校来，我却没有把工作做好。於是，我们把调查的情况向全体师生作了报告，检查了自己的片面追求升学率的思想。这件事给师生的震动很大。

这时，省委号召学习董加耕，我们就针对师生的思想反映，讨论董加耕下乡是不是错了？是不是可惜？董加耕为什么要这样做等问题，通过这场热烈的大辩论，在师生中开始明确到学校应当培养什么样的人和为什么而学的问题。这以后，我们又组织学生下乡劳动，在劳动中比董加耕学董加耕，讨论了"七天和一辈子的问题"；组织教师到农业中学、生产队访问。有位老教师听到生产队长说："知识青年下乡我们是欢迎的，我们很缺之知识力量，但是我们宁可要农中学生，不要普中学生。普中学生不愿意劳动又不会劳动，平时爱挑剔，难领导。"回校以后他感触很深地说:"我们的思想感情不改变,就不可能培养劳动者。我们的工作就不能符合党的要求。"

这半年,学生思想逐渐活跃起来。暑假组织上山下乡的教育,遇到了社会上、家中形形色色资产阶级思想的抵制,给教师、学生上了一次活的阶级斗争课;方Ⅹ、王ⅩⅩ等四十多人坚决去盱眙插队劳动,又给全校师生树立了一个新的榜样。

这半年教学上的动作还不大,一方面学校领导在高一试点班蹲点;另一方面,培养骨干,进行了一些改进教法的试验。

二、 第二阶段:1964年下半年—1965年上半年

这一年是发展变化较大的一年。除了学制、教材、体制外,学校工作的各个方面都有所改革。开始根据教育部临时党组织报告的精神,控制了作业、测验和考试,进一步减轻了学生的负担。同时,增加了平时劳动,每周半天,引导学生走出校园,接触工农,参加社会实践。1965年春,为了摸索全日制学校教育与生产劳动相结合在三大革命运动中培养人的做法,我们组织高二学生到盱眙去进行为期一月的半天学习、半天劳动的试验。起初是学生反映下乡十天,才和农民接触就回校了,收获不大;但延长时间,又怕影响教学计划。后来,我们研究,延长下乡时间,多带一部分课程下去,这样做可以多一些时间访贫问苦,接触贫下中农,有利于培养师生贫下中农的思想感情;半天学习半天劳动,劳逸结合,脑力劳动和体力劳动结合,有利于健康;半个月的教学任务可以在农村中完成,不影响教学计划。在盱眙劳动的一个月中,学生比较清楚地看到了农村一穷二白的面貌,加强了革命的责任感;他们开始认识到是贫下中农养活了自己,应当为劳动人民而学,将来用已学的知识为劳动人民服务。有的学生说:"当我学习的时候,就感到身后站着许多人,工农们、解放军,他们好像都在问我:你能接下革命的班吗。许多学生反映农村缺桌少凳,条件虽然差,但是学习的动力大,功课都能学得好,自学的能力也能增强。有的小组在一个月中,外语学了三、四篇课文,写二篇外

语作文；数学学一章多教材，作完了教师指定的习题；政治，语文结合学毛选，编家史、搞调查，写心得体会，比在学校同样时间的收获更大。

师生接触实际，参加劳动多了，他们想的问题也多了。他们开始感到教学上、管理上老的一套做法不能适应培养革命接班人的要求，他们要求解决这个问题。学校就引导他们进一步学习毛选，并把毛主席春节指示、和毛远新同志的讲话向教师传达，把毛主席对铁路二中未来的批示和教育部临时党组织报告中的六项指示向学生传达，发动师生根据主席指示对照学校各项工作进行讨论，提问题，提建议。这样，课堂教学从语文、政治开始，以后到其他学科，实行了开卷考试。学校中开始出现了生动活泼的学习气氛。

三、 第三阶段：1965年下半年

这半年，主要是执行七三指示。在工作中，我们懂得了工作是有反复的，必须在反复中前进。一开学，我们想贯彻七三指示，遇到了较大的抵触，我们发现暑假中师生受到社会上各种资产阶级思想的冲击，"唯有读书高"的思想普遍有所抬头。这时已经看出，如果不解决这个问题，七三指示将不可能很好地贯彻下去，教学上还会有走回头路的危险。我们就组织师生学习人民教育八月号的短评，又来集中力量解决学习目的性问题，并且带着这个问题下乡劳动，这次劳动，高中二、三年级都是下乡一月，半天劳动；高一是下乡半月，全天劳动而初中一二年级则下乡×天，以调查访问为主，适当参加劳动。在劳动过程中，对初三以上学生以愿意不愿意上山下乡当社员、愿意不愿意为劳动人民服务为中心问题，启发他们敞开思想，展开议论，学习毛选等。经过一个月的工作，高中二、三年级大多数学生思想认识有所提高，在认识问题初步解决的基础上，又引导学生运用学过的知识，研究和解决农村生产、生活中的实际问题，收获比较大。

这次劳动回校以后，师生学习毛选更加经常和自觉，教学民主和理论联系实际也得到了进一步的发展。重视自觉革命，劳动锻炼和主动学习的风气比过去有所发展。我们号召师生为革命而教,为革命而学,用革命的方法教,用革命的方法学。

两年来的教改解决了哪些问题呢?

1. 减轻了负担

在减轻负担方面主要做了以下几件事,①调整课程和每周教学总时数,数学、理化都是单科独进,减少了教学为主;每周总课时高中不超过24,初中不超过28。②缩短了上课时间,每节课由50分改为45分,延长了课间休息;③适当控制作业,作业、实验基本上都在课内解决,④改变了考试办法,主要学科每学期,期末考一次,而且基本上都是开卷考试考前发动师生讨论考试目的,把考题先发给学生,然后由学生解题、实验、分科讨论,进行小结。通过复习、思考、自己做题、集体讨论和小结真正使学生进一步理解和运用所学知识,因而考试对于学生的精神压力解除了,知识也学得牢固、灵活了。

2. 改进了教学

教材主要用人民教育出版社编的中改课本,以删填补。高中的外语、语文没有课本,由已编选教材,内容从培养革命接班人出发,密切结合当时形势和学生的思想实际。

教学方法的改革在不违背方针、不加重负担、不降低质量的原则下,提倡教师百花齐放,各按步伐前进。同时,注意培养骨干,树立榜样,适当的组织交流。

在教学中,目前来看,共同的特点是:①注意培养学生的自学能力,让学生带着问题自己看书、作题、做实验;②尽可能在课内加强练习,完成作业;③教师指导阅读、讨论,作答疑报告或讨论小结;④发扬教学民主,鼓励学生提出自己的见解,主动征求学生的意见来改进教学。×××……×××加强语言实践,培养学生使用工具书独立阅读课文的能力,不断提高他们听说读写的能力。理化课,以实验为基础,让学生带着问题看书、实验、讨论,教师指导答疑、小结、鼓励创造，适当培养学生运用理论知识能解决实际问题的能力。非主要学科也进行了一些改革，如生理卫生不仅讲人体的结构、功用，而且教会学生验大便、验血型、量血压，处理一些常见疾病的能力；地理课则报气象、识土壤、看地图、学时事，初一学地理，就由他们分班轮流负责布置每周的世界形势图。

我们认为教学方法的改革，不同的学科特点不同，不同的年级在具体实践中也不完全一样，同年级、同学科的某堂课、每个教师教法不一样。因此，必须十分注意从实际出发，灵活掌握，不机械执行，不懂装懂。无论是看书、议论，要做到该议则议，不该议就不议，要防止形式主义。在教改过程中，新的方法一定要经过试验、比较，不断试验，不断改进，前进一步，巩固一步。

改了以后质量如何，暂时还不能作结论，要经过较长时期的考验才行。这里仅谈谈工作组和学校进行的几次调查情况。

①1965年上半年，我们调查了从初一到高三各一个班的274篇作文，内容是写三大革命运动的占52%，绝大多数学生能用主席思想观点分析生活中的所见所闻及自己的思想。通篇无病句的占88%，通篇无错别字的占35%。

②1965年下半年，我们调查了高三年级的外语，大学生可以用工具书自学课文，可以听懂教师用外语进行教学；在45分钟一节课内可以写250字以上的作文，90%左右的人没有严重的语法错误，可以用外语举行援越抗美、学习王杰、报告下乡劳动收获的主题会。

③1965年下半年，教育部调查组在高三一个班（比较较差的）了解解析几何的学习情况，学生自己编题40多个，由工作组同志和任课教师选了6题，内容比平时习题略难，不经复习准备的限时闭卷考试，考试结果，全班参加考试44人中有5人不及格。

④1966年1月，物理开卷考试，高三2个班有七十多人参加，研究了三十八个专题，如日光显微放大器、小孔成像照相机、改装日光灯等等。本届高三学生基本上都能装修电灯，会装配三灯收音机、扩音器，会照相及冲洗照片，会发动柴油机。

1965年4月的调查，全校1024个学生中后来成绩较差的199人占 19%，经过 1 年半时间，有 141 人学习成绩有提高，现在仍较差的 58 人占 5%。

3. 增强了健康

贯彻七三指示以来，我们主要注意了保证学生充足的睡眠和休息时间；增加了体育锻炼和室外活动的时间，延长课间休息，七、八节课提倡不看书、不开会，作各种室外的活动。虽然初三以上安排体育课，但学生每天可以有二小时的体育课活动时间，包括晨间锻炼和下午七、八节课的体育活动。同时，重视保护视力，现在基本上控制了近视的发展。1962 年我校近视眼新发病有 84 个，63 年为 81 个，64 年为 54 个，65 年为 15 个；后来近视恢复正常的 62 年为 14 个，63 年为 20 个，64 年为 32 个，65 年一个学期就达到 29 个。学生体质比过去增强了，慢性病比过去减少。

4. 政治思想工作

我们的政治思想工作是坚定扣住反修防修，兴无灭资，培养无产阶级革命事业的接班人这个目的，一切从这个目的出发。在工作中首先是突出主要思想，突出活思想，突出社会实践。我们把学习主席著作放在一切工作的首位，贯彻方针，布置工作，调查总结工作，解决大小问题都要讲××和讲解主席指示，以主席指示为根据。平时，在教学中，特别是文科教学中增加了毛选的教材，每一学期，针对师生的思想动态，也介绍他们看重阅读一些主席著作，经常组织毛选学习心得的交流。但是不作组织、时间、篇目的规定，强调带着自己的问题，从自己的需要和条件出发来学习毛选。目前来看，在全国大学毛主席著作的形势带动下，由于学校教改保证了时间，提出了问题，增加了他们接触工农的机会，学生学毛选已经形成了风气，多数学生从培养自己成为革命接班人出发，在不同程度上，初步树立了和工农相结合的观点，为人民服务的观点，实践的观点和一分为二的观点，因为精神面貌有了显著的变化，出现了不少动人的事例。

我们把政治课和当前的政治思想工作紧密结合起来，在政治课上注意发现学生的思想倾向和问题，每学期集中力量解决一、二个问题，特别是形势教育和学习目的性问题，从初一到高三，我们是经常的抓，反复的抓。培养学生辨别是非的能力和运用政治理论分析解决问题的能力。

在组织上，成立年级组，配备政治辅导员，使团队组织和班主任、政治教师以及班上其他的任课教师都能联合起来做学生的思想工作。不但发挥教师的作用，而且发挥学生的作用如团带队、老生带新生、高班带低班等，也取得了一定的效果。我们认为通过年级组发动全体师生一起关心研究这一年级学生的特点、规律，他们学习、思想、健康上的进步和问题，是比较好的。同时，可以定期召开学科教研组的会议交流教学上的经验。

5. 扩大了骨干教师的队伍

两年来，教师通过学习毛选，跟班劳动和参加教学改革等实践，也有了不同程度的进步。我们还组织可以参加劳动的教师参加四清及短期（一学期或一年）的劳动锻炼，全校70多个教师中除去年老体弱有50多人可以参加劳动，其中参加四清运动的12人，参加劳动锻炼的20人，占一半以上。

在培养骨干方面，我们定期组织骨干学习方针，讨论工作，重大的教学改革事先都组织骨干充分酝酿研究，听取他们的意见，支持和发扬他们敢于试验、敢于创造的精神，目前，教师中比较积极的约有30多人。同时，也通过小型座谈会和个别谈心，多与老教师接触，听取他们的反映。对以毛泽东思想武装自己、改造自己、改进工作，缺乏高度的自觉和高度的热情，学习毛选还不够认真严肃，因而学习落后于群众的状况，在很大程度上还没有改变过来。在工作中为了坚持教改方向，鼓舞信心，肯定成绩比较多，这就增长了骄傲自满的情绪，听取各方面的意见不够虚心、冷静；作风上也就不深、不细。有些问题没有及时发现，有些问题看到了也没有狠心地抓、抓到底。我们还缺乏大庆那种严、细、准、狠的革命作风。在对的工作上，如何做到既有团结又有斗争，既要使用又要改造，既要培养骨干又要团结大多数，既要充分发挥教师的作用，又要使学生能够生动活泼主动的得到发展，这方面我们还没有取得较多的经验。这些都要在党的领导下，继续努力去解决。

这里，因为时间关系，只能讲个轮廓，具体的做法，各科教学如何改革都不能讲了。讲的内容中，可能有不少错误，请领导和同志们批评指正。

第 25 章
一年来南师附中教改试点情况的汇报

江苏省教育厅南师附中教改工作组

一九六五年七月

一九六四年主席春节讲话之后,我们在这个学校搞教改试点。开始时,主要是帮助学校自己搞。十一月份,派出了工作组;六五年一月份,经教育部建议并经厅党组研究后,确定这个学校为大改式点。三月份教育部派来调查组,四月份教育厅召开蹲点工作会议之后,确定这个学校关门大改,不受限制,也不以点带面。现将一年多来的工作情况,分作以下几个问题作一汇报。

一、 调查研究,弄清情况

六四年春节前,先是调查了历届的毕业生,目的是通过教育的结果,来发现学校的问题。接着就调查了学生的课业负担。从中发现,多年来虽然有了党的正确的教育方针,但由于学校在错误的片面追求升学的思想指导下,采取了一系列的错误办法,加重了学生的课业负担,束缚了学生的思想发展,影响了学生的健康,其结果是,培养出来的学生不少人还不能符合党的教育方针的要求。

六四年春,根据当时学校的情况,广泛地组织了学生学习董加耕。这件事在师生中引起了一场大辩论,很多问题提出来了,而问题的焦点又集中在"知识青年下乡是不是可惜?算不算浪费?有没有前途?思想上的矛盾不得解决,就促使同学们去学毛选,找根据,并在实际参加劳动、接触群众中去找寻答案。与此同时,初步减轻了学生的课业负担,又为他们学毛选,关心政治,参加劳动。接触群众,在时间和精力上提供了条件。

学生一旦接触了毛泽东思想,接触了群众,思想面貌很快就发生了变化。六四年高中毕业生的精神状态比往年就好得多,"高考"升学比例超过六三年,"高考"后大批学生自觉下乡参加农业生产劳动,人数超过六三年的三倍以上。特别是培养了黄ＸＸ这样的先进人物。这就在一个方面树立了自己的旗帜。在这个影响之下,全校大部分学生辨别是非的能力有显著的提高,大家在观念上,初步形成了一个新型劳动者的形象,学校开始出现生动活泼主动发展的局面。

学生开始有了辨别是非的能力之后,学校结合政治课的教学,发动他们回忆过去家庭、社会、学校教育给他们的影响,来看自己的学习目的。根据六个年级六个班 311 人的统计,当时愿意做一个有社会主义觉悟的、有文化的劳动者的,仅有 16 人,占 5%;为个人目的而学习的,有 275 人,占 88.5%;学习目的糊里糊涂的有 20 人,占 6.5%。

学生一旦认识到这些问题的严重性之后,便更加迫切地要求学校进行教学改革,他们对学校各方面的工作提出的意见,达五千条之多。高二学生阮ＸＸ批评学校现在的办法,不能很好地培养学生成为革命的接班人。她说:"关在笼子里长大的小鸟,怎么能成为翱翔长空的雄鹰?"学生一面对学校提出了意见,一面对自己提出了要求,要自觉革命,参加劳动,艰苦朴素,主动学习,积极锻炼。这几方面,很快形成了风气,形成了潮流。学校在劳动、教学、考试,行政管理等方面都做了一些改革,学生的实际行动,冲破了全日制学校长期以来他教学上的某些"常规""秩序";这一些都触犯了某些教师和某些家长的尊严,引起了一些人的忧虑,于是各方面的意见,就相继而来。他们说:"学校的秩序乱了""劳动多了""学生不听话了""学习放松了"……。这些意见中除了学校、学生的某些缺点需要改正的以外,归根结底,多半都涉及到办什么样的学校,培养什么样的人,怎么办学校,怎样培养人的问题,也就是现行全日制学校的这一套制度、办法要不要改的问题。为了更好的搞清问题,更好的回答这些问题,我们重新学习了主席春节指示,并根据指示的精神,以大半学期的时间,对教改开始后学生德、智、体诸方面进行了调查。大量的材料说明了一年多来教改的发展是 正常的,党的教育方针、阶级路线是贯彻了的;证明了学生德智体各方面的发展是符合党的教育方针的要求的,身体健康、生机勃勃的、富有创造精神的一代新人,正在成长之中。

二、 学习毛选,明确方向

从上面调查的情况来看,当前全日制中学存在的问题,不是个别方法不对的问题,而是一整套方法不对,是办学的指导思想有问题。因此,教学改革,不能从个别方法入手。要从解决领导和师生的思想入手,要用毛泽东思想来武装干部和师生,要在学校工作的具体实践中,体现毛泽东思想,保证党的教育方针的贯彻。

这里,组织干部师生学习毛选,掌握毛泽东思想,就成了解决一切问题的首要关键。这个学校的毛选学习,是先从领导干部开始,以后发展到教师,发展到学生,逐步形成广泛的群众运动的。

一年来,学校领导干部反复学习的是主席的春节讲话,主席在《关于正确处理人民内部矛盾的问题》中关于教育方针的指示,是五八年主席在天津大学视察时的讲话,经常考虑的是学校的问题在哪里,办什么样的学校,培养什么样的人,怎么培养学生,并怎样改造、提高教师的问题。在较多的情况下,他们还能够较为自觉地用主席的指示来解决这些问题,来纠正工作中的缺点和错误。

教师们根据不同的学科,结合自己的教学,在学习毛选的问题上,也有各自的学习重点。语文组经常研究、多数人并能使之成为自己的指导思想的是《反对党八股》和《在延安文艺座谈会上的讲话》;理科教师多数人能经常学习并作为教学上的指导思想的是《实践论》和《矛盾论》;外语组学习《实践论》,并对主席提出的"读书是学习,使用也是学习,而且是更重要的学习",多数人都有不同程度的领会,近半年来,在教学中普遍重视学生的语言实践,和这个认识有直接的关系。就全体教师来说,大家学习了毛主席《在中国共产党全国宣传工作会议上的讲话》和春节讲话之后，多数人都承认应该向自己教育的对象学习，向学生学习，能够放下架子，给学生以主动发展的机会，要求学生学得活一点；少数教师还能注意鼓励学生的创见。

学生学毛选的面，现在已经很广了。据了解，全校每个班经常学毛选的人数，一般都在80%上下。这里学生学毛选的特点是，为革命而学，为要把自己培养成为革命接班人而学的，一般的也是学了就能用的。因此，一个班、一个人毛选学得好，和这个班、这个人的进步就有着直接的关系。高二丁班四十七人中，四十一人经常学毛选，有廿多人天天学毛选。一年来，这个班学生的精神面貌有很大的变化，团员从十人增加到廿一人，全班四十七人，人人都有进步，其中进步显著的有廿三人。学生周ＸＸ（革命干部子弟）由非团员到入团，并被评选为优秀团员，当选为团支部书记，学习上原有四门课不及格，现在上升到两门优秀，三门良好，被评为三好学生。学生ＸＸＸ出身在剥削阶级家庭，从小学开始家长就处心积虑地教育她伪装进步，骗取学校的信任，以便将来达到个人飞黄腾达的目的。一年来，该生政治觉悟提高以后。就不断揭露她父亲的错误言行，能和家庭划清界限。最近，她的父亲畏罪自杀，她能够教育弟妹站稳立场，和他父亲划清界限，自己不戴孝，不送葬，受到她父亲所在单位党委的表扬。

学了毛选之后，同学们不管在思想修养、加强团结、学习以及锻炼身体方面都给自己提出了严格的要求。

高三班学生叶ＸＸ对照自己的思想行动，五读《纪念白求恩》，她说："一读《纪念白求恩》，我联系雷锋同志，决心学习他毫不利己、专门利人的精神，不要在个人得失上转圈子。二读《纪念白求恩》明确了对工作要极端负责任，对同志要关心。三读《纪念白求恩》懂得了对学习、工作要精益求精。四读《纪念白求恩》，检查了自己听到别人赞扬就有些沾沾自喜、自以为了不起的坏思想。五读《纪念白求恩》，进一步明白了一个人能力有大小，自己应该尽自己的能力做有利于人民的事情。

高一Ｘ班学生高ＸＸ和林ＸＸ初中时是同学，但是关系不好，经常吵骂。考高中时，高ＸＸ就希望自己考取附中而林ＸＸ考不取。结

第25章 一年来南师附中教改试点情况的汇报

果事与愿违，两人都考取了附中，又在一个班上学习。本学期高ＸＸ学习毛选，开始认识到："自己和林ＸＸ的关系不是普通小事，而是自己对革命不负责任。这样下去对革命不利，对共产主义事业不利。"于是他鼓足勇气找林ＸＸ谈话，检查了自己骄傲自大、妒嫉、打击别人的缺点。他到林ＸＸ家中（工人家庭）探望，发现林ＸＸ家庭经济很困难，弟妹又小，课余还要管理家务，就主动帮助林ＸＸ劳动，又买了一本成语词典送给他。从此，两人成了知心朋友。

高三Ｘ班学生李ＸＸ，贫农子弟，原来英语成绩很差，高一时，他的英语是全班倒数第一名。他说学英语没有用，自己也学不好，准备放弃这门课了。高二时，稍有进步，但仍是中下等水平，跟不上班。教改以后，他学习毛选认识到国际、国内阶级斗争的复杂艰巨，外语是一门斗争的武器。他认识到宣传毛泽东思想也需要外语，于是发奋学习，经过十个月左右的努力，他的英语成绩，跃居全班前列。成为班上的英语尖子。在高二、三年级举行的英语学习经验交流会上，他用英语讲了廿几分钟，介绍他的学习经验，参加会的师生听了都十分感动。

初三Ｘ班学生张Ｘ原来身体很弱，曾因肾炎休学一年。复学前，医生嘱咐他"要在一年内停止一切劳动和体育活动，好好休养。"起初，她这样做了，但健康恢复很慢。后来，学习了主席著作，她想："任何事物都在不停地向前发展，我的身体难道就永远不会改变吗？我这样消极地休养能养好吗？病是我的敌人，敌人绝不会因为我不采取主动进攻而自己灭亡。我一定要打主动仗。"于是她就研究肾炎这个慢性病的规律，开始练习打太极拳，之后又过渡到少年拳。在寒假中，她也坚持锻炼，她说："人放假，锻炼可不能放假。"本学期，她每天早晨练习长跑，并且参加民兵训练，行军、爬山，都能坚持下来，一般的劳动也能参加了。她到医院去复查身体时，医生告诉她已"完全健康"。她说："是毛泽东思想是我获得了健壮的体魄，我要永远坚持锻炼，为人民服务一天，就为人民锻炼一天。"

学生现在不仅自己学毛选，而且还有人回家组织弟弟妹妹学，下乡和贫下中农一起学。

高一丙班有五个同学经常这样做，他们三人出身于革命干部家庭，要通过学习，帮助弟妹克服"自来红"的思想；二人是剥削阶级家庭出身的，要通过学习，帮助弟妹认识家庭，划清界限，抵制资产阶级的思想影响。

高三Ｘ班学生李ＸＸ等在盱眙劳动时，和贫农小李子一家一道学习《树立贫下中农的阶级优势》。起初他一边读一边担心李大妈听不懂，可是实际上李大妈不但领会了毛主席讲的道理，而且能举出地富分子猖狂进攻的许多事例来说明毛主席的话处处都是对的。这使李ＸＸ他们深深地体会到必须带着强烈地阶级感情学毛选，否则什么也学不到。

初三Ｘ班学生宋ＸＸ等，在江宁县劳动时，看到贫农戴ＸＸ（生产队民兵排长）热爱劳动、关心集体，经常受到会计和地富分子地打击而不气馁。宋ＸＸ等向大队反映了这些情况，回校以后寄给戴ＸＸ毛选甲种本一套并附了字典。还寄去报刊上关于毛选学习的经验和自己学毛选的体会，不断鼓励他学好毛选，坚持斗争。后来戴ＸＸ来信说："我学习了《被敌人反对是好事而不是坏事》。毛主席说：一个人要不被敌人反对，那就不好了，如果敌人起劲地反对我们，把我们说得一塌糊涂，一无是处，那就好了，证明我们划清界限了，有很大的成绩。我现在坚决听党的话，什么也不怕了，正在和他们作斗争，决不能让地富分子再抬起头来。"

三、　把教育和三大革命运动结合起来

从我们前边调查的情况看，教改前，学生中95％的人，学习都是为了家庭、个人或者是糊里糊涂的。这种思想哪里来的？这和一部分人家庭的阶级地位有关，也和大家的生活实践有关。现在要他们具有革命思想，为革命而学习，成为革命者，就必须给他们创造条件，不仅要学习毛主席著作，而且要接触广大劳动人民，要他们到三大革命运动中去锻炼。意识是社会存在的反映，"人的正确思想，只能从社会实践中来，只能从社会的生产斗争、阶级斗争和科学实验这三项

实践中来。"(《人的正确思想是从那里来的》)

教改开始以后,这个学校组织学生参加劳动,改变了过去只劳动不下乡的情况,进一步又改变了只下乡劳动不进行思想教育的情况并且试验了在农村短时期内半天劳动、半天学习的办法。随着劳动情况的改变,学生的思想变化,也一步步深入了。开始下去,大家考虑最多的是农村生活苦不苦、劳动苦不苦的问题,进一步就发展到如何认识农村、如何认识农民,应该为谁学习并如何下决心改造自己的问题。

第一次下乡时,初三X班田XX住在一个贫农家里,看见房里湿湿的泥巴地,铺边还睡着一口猪。她感到农民"脏,卫生只能打零分。"初二X班吴XX看到塘大又浑又黄,一想到要用它来洗脸漱口,她就觉得"恶心"。初一X班潘XX吃饭时看到牛粪,就把饭碗端得远远的,"生怕沾上一点牛屎味"。初二X班顾XX被分去撒粪,她一看是猪粪、牛粪、人粪,烂稀稀的,而且还要用手抓,就想到"在城里时,踩了一点屎,就好像脚上有什么稀臭的东西,用棍子捣捣就像搞到咀里一样。"

在劳动上,遇到的困难也是他们以往从未想到的。初三X班鞠X开始挑土时,感到"扁担一上肩就很痛,挑一点土就觉得很重,走一半路就累得不行,想停下来歇歇。"高一X班杨XX和农民一起打稻,"阳光像火一般烤着,劳动半天下来腰酸背痛,汗流浃背。"他感到受不了。

新的环境,给他们提出了很多问题,激烈的思想斗争促使他们去想:"为什么农民能在这儿生活而我不能?""为什么农民能终年劳动,而我却怕苦怕累?""为什么我这样怕粪臭,而农民对粪却那么珍贵?"相比之下,同学们开始认识到自己缺乏艰苦生活的锻炼,缺乏劳动人民的思想感情。田XX说:"脏,正是对我的考验,我是来锻炼思想的,不是来享福的。"一旦思想问题解决了,劲也就来了,同样是那样的环境,她却觉得"地铺十分舒服,猪也不可怕了,甚至它的鼾声也很中听。"顾XX在硬着头皮、憋住气,撒了粪以后,想道:"资产阶级思想对我们的侵蚀,就是找我们这些怕苦、怕脏、怕累、不爱劳动、想过安逸生活的缺口啊！这次我堵了，但还没有把它堵得严严实实的，我还要努力。"当想到"肩上挑的不是普通的担子，而是革命的重担，是贫下中农的希望"时，鞠X顿时感到自己也坚强了起来，她说："我们要革命，要做有志气的革命后代，就不能辜负贫下中农对我们的希望，就不能怕挑重担，怕痛，怕累。"杨XX想得更多。他说："我们这些青年学生是在新社会生长起来的，旧社会的苦难根本没有尝过，在和平环境里，要革命化必须首先劳动化。我出身在革命家庭，革命干部的儿女如果怕艰苦，仍然会成为革命的对象。"

在和贫下中农一起生活和劳动的日子里，同学们对贫下中农的认识逐步加深了，感情逐步浓厚了。高二X班高XX说："在农村，我亲眼看见社员们冒着风雨抢场，在烈日下掼稻子，他们每天起早摸黑，一分钟都不闲着。他们刻苦耐劳、淳朴善良，他们对社会主义社会有着炽热的感情。"她感到农民对自己关心得不得了，她就满腔热情地去帮他们作事。隔壁贫农周XX家有五个小孩，妻子病了，家务事没人做，她就主动为他们挑水、补衣。带去的布不够用时，就把自己的衣服撕下来补。

高二丙班到江宁县陆朗公社劳动时，有一个小组住在贫农丁XX（双目失明）家里，同学们叫他"三哥"，就像一家人一样，有一天王X同学的鞋子掉到塘里去了，三哥要下去捞，同学们不肯。但一会儿他偷偷地下了塘，他说："你现在不让我下去，晚上我还是要下去的。王X明天劳动，没有鞋怎么办？我真替她急死了！对这个双目失明的人，同学们想了很多：他还年轻，要是能把眼睛治好，还是个强劳动力，可以在农业上多发挥些作用，他们接连几个晚上，讨论这个问题，为他写了一份详细的病历，带他到南京来看病。他眼睛看不见毛主席像，他们就送他一个石膏像，让他摸；他不能看报纸，他们就给他装一架收音机。劳动回来后，他们曾两次去看望这个队的贫下中农。今年端午节，三哥又带着几家贫下中农送的粽子、鸡蛋到南京来看望他们。

这个班的学生向XX讲到他思想的变化时说："过去，道理上我懂得党和劳动人民培养了我,但感情上想不通,政治上想得通,经济上想不通。觉得党和人民的培养很抽象,而父母的培养倒是很具体的。下乡以后,看到贫下中农成年累月从事艰苦的劳动,粮食、棉花、蔬菜,都是他们种的,猪是他们养的,而他们自己的生活却那么艰苦。他们培养了我们,我们又为他们做了些什么呢?越比越感到惭愧,越比越感到没有任何理由不全心全意为他们服务"。高二Ⅹ班刘ⅩⅩ在把自己家庭的生活水平和贫下中农作了对比以后,想到"农民的子女很小就参加劳动,而我们却舒舒服服上学,那是农民把自己子女读书的机会让给了我们。劳动人民辛辛苦苦供养我们读书,是要我们多学一点本领,去改变祖国一穷二白的面貌,去为人民作更多的事,而不是让我们把学到的知识作为个人向人民讨价还价的资本。"

"谁的生活艰苦?谁养活了谁?应该为谁学习,为谁服务?"这一类从贫下中农生活、劳动的现实情况中提出的新问题、新矛盾,逐渐代替了同学们原来思考较多的个人的前途、名利一类的问题之后,在他们思想上就引起了一个飞跃,逐步形成了一个贫下中农的形象,逐步树立了为人民服务的观念,产生了巨大的学习动力。

高二Ⅹ班龙ⅩⅩ说:"为了我们能好好读书,多少人在辛勤劳动,他们虽然不认识我们,但是他们都在培养我们,在期望我们,期望我们成为共产主义接班人。学习的时候,我一拿起课本,就仿佛身后站着许多人,有工人、农民……他们似乎都在望着我,并且在说:'你能接下革命的班吗?'我觉得自己增强了学好的信心,感到身上有着革命的重担。"

同学们在贫下中农中找到了学习的动力之后,他们也就懂得了自己应该走什么样的道路。高二出身于旧军官家庭的吴ⅩⅩ同学,住在一户贫农家里,有一天,房东老贫农说:"再过几天你们就要回家了,要是能不走有多好!"这句话引起了他强烈的思想活动。他想:"我要仔细考虑考虑应该到什么'家'去。在城里有我的家,有我的父母,但他们只在生活上关心我,从未在思想上帮助过我,相反的,有时母亲还讲这样的话:'别的你别管,你只要替我把学习搞好就行了。'真的这样就行了吗?不,那样只会使我成为一个只专不红、唯利是图、以知识为资本向党讨价还价的资产阶级知识分子！我决不做这样的人，我不能回到那样的家去。即使现在暂时去了，但我终究要出来的。我要归附这里的家，我要把天下劳动人民的家当作自己的家，我要一辈子住在这家里，一辈子干革命！"出身于剥削阶级家庭的高三Ｘ班学生宋ＸＸ说："在家里，升大学、当专家、挣大钱的靡靡之音像毒蛇一样时刻在缠绕着我，而在乡下，经常听到的是为集体、为国家，真是两个阶级在争夺着我，站在工农的一边，背叛自己出身的阶级。只有这样我才有光明的前途。"

经过多次下乡劳动，贫下中农的形象在80%上下的同学的心目中越来越鲜明了。他们与贫下中农已建立了亲密的革命友谊。每逢假期，他们就三三两两自动地到农村去，到贫下中农家里去，住几天，劳动几天。有时，星期天也要下乡去探望"亲人"。不少同学劳动回来之后和贫下中农都保持了经常的通信联系。高三Ｘ班李ＸＸ在毕业前夕收到了一个贫农寄给他的信，信中写道："你们一定要为人民服务。要知道我们的国家还很穷，贫下中农的生活还没有彻底改变，许多人还没有书读。世界上还有很多人在受压迫、受剥削。你们这十二年书读得不容易啊！我们贫下中农希望你们听党和毛主席的话，做个我们满意的毕业生。"

贫下中农的期望对同学们是很大的鞭策，他们了解到劳动人民在解放前受剥削、受压迫的深重苦难，了解到当前贫下中农的生活现状，就使他们进一步联想到世界上还有三分之二的人民正生活在水深火热之中。这就使他们不仅考虑到要为中国广大劳动人民服务的问题，而且要考虑到为全世界广大劳动人民服务的问题。今年春天人大常委会发出援越抗美的号召以后，很多班级写信给越南人民，打报告给党支部要求当援越抗美的志愿兵。高二Ｘ班张Ｘ、唐ＸＸ等十一人联名写信给支部说："我们懂得爱谁，懂得恨谁，懂得谁是我们的朋友，谁是我们的敌人。当我们听到美帝国主义的猖狂进攻，我们随时准备参军参战，随时准备打击从任何地方来犯的任何敌人。世界上三分之二的人民正在受着帝国主义和反动派的压迫剥削，为了他们的解放和祖国的安全，我们情愿献出自己年轻的生命。"

学生的觉悟提高了，他们不仅看到了美帝国主义反动的本质，看到了苏联修正主义的危险，而且也看到了中国共产党、中国人民以及中国的第三代人的责任，他们决心做为中国和世界最大多数人民利益而奋斗的革命接班人。高二丙班出的墙报原名叫《劲草》，后来他们改名为《第三代》，在发刊词中，他们说："《第三代》这不是寻常的一代，他们是无产阶级革命前辈们对之给予深刻希望，希望能把自己手中的革命红旗接过来、传下去的革命的一代。……帝国主义分子一直在祷告着，祈求着我们这一代也像伟大革命导师马克思、恩格斯的第三代伯恩斯坦、考茨基一样，也像世界上第一个社会主义国家——苏联的缔造者列宁、斯大林的第三代赫鲁晓夫及其追随者一样变色变质，葬送革命前辈辛辛苦苦创立的事业。但是沿着革命化大道奋勇前进的我们新中国的第三代，将会用事实告诉他们说："先生们，你们的主意打错了！我们是要把无产阶级革命进行到底的第三代！""

要把学生教育成为革命接班人，教师的劳动化、革命化是个重要的关键。教师世界观的改造，和学生一样必须学毛选，也必须到三大革命运动中去得到锻炼。一年多来，这个学校已先后组织了27位教师下乡进行为期半年的劳动锻炼，这些人下乡回来以后，在教学改革中多数表现都是好的，有些人已经成为教学改革的骨干。学校计划在今后两年内使能够下去的教师都轮流下去一遍，以后再把轮流下乡劳动作为一个制度固定下来。随着教师思想改造的发展，各个学科的教学才能够逐步和三大革命运动真正结合起来。

四、　让学生生动活泼地主动地得到发展

从前面所述，学校通过调查研究，弄清了情况，采取了一些措施，减少课外作业，减少考试次数，学生的负担减轻了。与此同时，发动学生学毛选，引导学生参加社会实践，接触三大革命运动，这样学生的思想觉悟大大提高，眼界开阔了，思想也就活跃起来了。有了时间，有了思想发动，还要明确引导学生自学，并为他们自学创造条件。学校采取了以下几个措施：调整课程安排，每天主科不超过两

门；改变课表，主要课程改为两节连排；改变了考试办法，绝大多数学科和班级采用了开卷考试。进一步改进了教学方法，课堂上给学生以自学的时间允许学生有发言的机会，学生可以发问、插嘴、答辩、保留自己的意见。在课堂上学生看书的时间，先是十分、八分钟，学生反映时间太短，不解决问题，后来有的教师就大胆放手以大半堂时间、整堂时间、甚至以几堂课的时间让学生去自学。

两节课连排，改小单元为大单元，给学生自学机会以后，学生能不能学好呢？这可以从他们能不能提出问题和提出什么样的问题得到反映。语文课，初一的小同学学《王冕》一文时，学生赖ＸＸ发表意见说：”王冕这个人只爱画画，不爱劳动，不好，不是我们学习的榜样。地主对王冕那么好，不符合事实。我在农村劳动过，没那回事。”因此她问：“作者写这篇文章是宣扬了什么？我们学习这篇文章是为了什么目的？”初二学生在学物理《机械能》时，仅在25分钟内，就提出10个很有意义的问题，像："太阳能辐射到地球上，地球上的能量不是增加了吗？""植物有什么能？""为什么运动得越快，动能越大？"等等。学生不仅能够提出有质量的问题，而且能够对教师所做得结论提出不同的意见。

高二丁班语文教师在教完《文艺为工农兵服务》一文后，让学生去评论另一篇课文。当教师作出结论时，有人说"赞成"，有人说"不赞成"，有人说"赞成一半"。学生在课堂上提出的不少问题，有的教师也难以回答。如高三数学课上学生发现："抛物线不管其开口大小都是相似的"。教师开始不相信，后来学生用理论证明了，教师也用实物验证了，才肯定学生是正确的。在物理课上学生提出："为什么在实验时发现，萘在溶解时温度一直是上升的？""为什么在同样的沸水中水银温度计和酒精温度计的示数不同？"教师当时也无法回答，经实验后才解决了问题。这样就促使了教师进一步去学习毛主席《在中国共产党全国宣传工作会议上的讲话》承认了要向自己的教育对象学习，不少教师放下了架子，进行了自我批评。高一一位语文教师在一次作文批改中，发现自己批改的标准不对，偏重了文字技巧，忽视了思想内容。他先将批改有错误的三篇文章读给学生听，让学生讨论，后来又把自己错误的意见告诉学生，让学生批评。有些教师向学生"交底",把自己一向作为法宝的教学指导书、参考书都拿给学生看了。教师的行动进一步教育了学生,学生说:"教师都能这么虚心,我们还能不好好学习?"如高二X班徐X说:"我们班,教改以后,同学的思想很活跃。就拿物理来说,同学们提了很多问题,有些问题连老师也答不上来。这时,教师再也不像以前那样说:'你这样也可以,我这样也可以。'或者说:'你这个问题,超过了大纲的要求啦。'一下子就给顶回去。而是很坦率地说:'我不懂,等我想想再告诉你。'"这时同学们不是看不起这个教师,而是更加尊敬这个教师了。学生提出问题,教师不能回答不是坏事,它促使教师进一步提高了业务水平,真正做到了教学相长。

考试办法的改变,也进一步促进了学生生动活泼、主动地发展,教师不再把考试当作抽打学生的鞭子,学生也不再把考试当作沉重的负担,师生共同把考试作为研究学问,反映水平,提高分析问题、解决问题能力的手段。学生在开卷考试中的实际表现,使人们逐渐消除了若干疑虑,学生在开卷考试中的一些创见,进一步鼓舞了教师的信心。如高三乙班解析几何开卷考试时展开了热烈的讨论,一个小组在讨论证明三点共线一题时,归纳了八种不同解法。高一物理有一道关于力学的综合题,学生讨论中出现了八种不同的解法,其中四种是运用牛顿第二定律和运动学公式,两种是用功和能的原理,一种是用冲量公式,一种是用代数等差数列通项公式。高一X班朱XX一个人就用了五种不同的解法。高一甲、丙两班这一题有两种至五种解法的同学达60%。

学生生动活泼主动发展的结果,学习质量在原有基础上都有程度不同的提高。语文课突出表现在文风的转变。我们曾对初一到高三六个年级各一个班的一次作文(274篇)作了分析,内容直接写到三大革命运动的占52.1%,关于学习先进人物的占36.5%。绝大多数文章中都反映了同学们是在学习运用主席的思想、观点去分析国际、国内的阶级斗争,去分析生活中的各种事物,去分析自己的言行的。在274篇文章中,思想观点正确、内容充实具体的占94%。文章一般都能做到思路通畅,通篇没有病句的,占88%,通篇没有错别字的占35%。

同学们外语的语言实践能力有所提高，教师用外语讲课，初中一、二年级一般已能听懂70%以上；初三以上能听懂90%以上。不少学生能用外语进行小组讨论和用外语交谈，学校曾用外语举行过外语学习经验交流会和援越抗美集会，每次会上都有20多人发言，有人能连续讲二十分钟。初三以上同学借助工具书阅读课文，一般能理解90%以上。从初一到高三都能写外语作文，初一能写几十个词，高三能写三、四百个词，有四分之一的同学基本上没有语法或拼写方面的错误。

数学教学的变化，表现在学生独立解题的能力普遍有所提高。少数学生开始有所创见。成绩优秀的人数增加了，不及格人数减少了。根据高三丁、高二丁、初三丁三个班的材料，上学期优秀的学生23人，不及格3人，本学期优秀的学生上升为39人，没有不及格的。中等水平的学生也普遍有所提高，高二丁、高一丁、初一乙三班原来23个水平中下的学生中有12人已上升到中上以上。

随着教法的改进，管理工作上也改变了过去以管为主，不相信学生、束缚学生的一套旧制度。各种图书资料，允许学生像教师一样自由借阅，适应了教改以来学生迫切要求多读书的愿望。现在学生看参考书比较普遍，如高二丁班在学稳恒电流一章时有40个同学就看了117种参考书。现在图书馆有一般缺点的书，不是藏起来，而是让学生看，让学生自己去分析批判。去年11月到今年4月，学生就曾对20多种书提出了批评意见，除个别意见外，一般都是正确的。理化实验也将仪器柜从储藏室搬进了实验室。在教师指导下，学生可以充分动手作实验。本学期实验数量大大增加，管理人员没有增加，没有忙乱现象。仪器的使用率大大提高，损坏率却显著下降了。初二196人，每人共做物理实验12次，只损坏了5件价值几分钱的小仪器。高二185人，学习电学时，每人做了15个以上的实验，总共损坏了两个电表75个小灯泡，过去每人只做5个实验，损坏的仪器却超过现在的一至二倍。自觉爱护仪器、药品在群众中已逐渐形成风气。有人实验时不当心将水银撒到桌子上，同学就用滴管一点一滴的收回来。高二Ｘ班程ＸＸ同学做实验时搞坏了一只安培计，她在实验报告上总结了三条教训，并主动要求教师让她修好了这只安培计。理、化实验室经常有同学自动去帮助整理和修理仪器,本学期共修好了五只电表和四只电烙铁。

在政治思想工作上,这个学校开始出现了一个好的现象,就是在学校党支部统一领导下,群众教育群众。

在不少班级里,由于革命责任感加强了,多数同学能够严格要求自己,也严格要求别人,出现了人人做思想工作的生动活泼的政治局面。高二丙、高二丁、初二丙、初二丁四个班部分学生的座谈会上,不少人反映:同学在课外谈思想、谈进步,已经成了习惯,两三个人随时随地坐下来很自然地就谈开了。谈些什么呢?读毛选有不理解或有争论的问题要谈;有体会的要谈;对谁有意见或听到别人对谁有意见时要谈;思想苦闷或为了改正缺点要征求别人意见时要谈;国内外发生了大事(如越南形势、我国原子弹爆炸)时要谈。他们认为这样做无拘束,很活泼,费时不多,收益较大,可以促使自己进步,可以相互帮助,增强团结,形成良好的班级集体。

高二Ｘ班小组长金ＸＸ,在学习了《纪念白求恩》后,认识到"要把小组中每一个同志看成是阶级兄弟、革命战友,在思想上、生活上关心他们。"家庭出身不好的同学,要求进步。但又有顾虑时,他就反复和他谈"重在表现";有的同学言行不大一致。他就根据自己的体会,诚恳地向他指出:改造思想一定要踏踏实实,落实到行动。在农村劳动时,有的同学生了病,他很热情地为他们请医生、拿药,并给他们讲主席给王观澜同志的信,讲彭加木的事迹。在小组工作中,他注意突出政治,突出主席著作的学习,注意以身作则,起带头作用。有一段时间,他们小组在农村里访贫问苦的工作深入不下去,他学习了《人的正确思想是从那里来的?》,认识到要跟贫下中农结合,就要深入到他们中间去,因此决定搬到牛棚里,与贫下中农饲养员"同睡一张铺,同盖一条被"。他自己受到了教育,也推动了小组的工作。

初一Ｘ班任ＸＸ是中队组织委员。起初,她看到别的委员工作都很具体,都很忙,却不知道自己该干些什么。学了《为人民服务》后,她明确了自己的任务应该是关心同学,做好思想工作。她帮助小队长改变了只管收发本子，不和同学谈思想的情况。发现同学甘ＸＸ（工人子弟）家庭经济困难，有些沉默时。就主动找他谈话，安定他的情绪。一学期来，她和班上五十个同学都谈过话。

学生的体育活动，改变了过去那种为体育而体育，机械的强求一律的形式主义做法，克服了"教者发令，学者强应，身顺而心违"的不良现象，使学生能够根据自己的体力，自己的爱好，自觉自愿的参加锻炼。一年来，学生参加体育锻炼的状况有很大的改进，疾病大大减少了，视力开始有所控制，学生的体质，普遍有所增强。

五、 教改是一场复杂的斗争

教改以前，学校存在着严重的问题，但是很少有斗争。教改一开始，斗争就接踵而来。这场斗争，先是在学习董加耕这个问题上展开的。毛主席讲的培养学生成为有社会主义觉悟的有文化的劳动者的方针，原则上大家都是赞成的。一旦学生有了社会主义觉悟，有了文化，真正要去从事农业生产，成为一个劳动者的时候，就会遭到不少人的反对了。人们是怎样具体地否定这一方针的呢？反对学习董加耕的人们说："董加耕功课好，应该升大学，参加农业生产太可惜，是浪费。""董加耕因为他家在农村，参加农业生产劳动，城市的学生就不一定了。""重点学校应该是培养升学的，一般学校才是培养劳动者的。"有些人并不一般地反对，他们说："学董加耕只能学他的精神，不能学他的行动。"坚决反对知识青年参加农业生产的人就干脆地说："下农村是三等货，蹩脚货，当农民是最没有出息的！"当时问题所以在这方面展开，一方面是学校的教改还没有具体化，一方面是董加耕的形象具体化了，黄ＸＸ（方Ｘ）出来了，他们在青年学生中已经产生了较大的影响，因此要不要做有社会主义觉悟的有文化的劳动者，要不要使自己的子女去做有社会主义觉悟的有文化的劳动者，就成了当时矛盾集中的焦点。

六四年下半年，新学期开始后，教改在学校具体工作上开始了，涉及到学校若干方法、制度的改变，劳动适当增加了，学上在课堂上有了发言权,学生开始接触社会实际了,过去一向压抑学生的某些制度有些改变了,等等。这时,学校里就有人站出来说话了,"学生主动了,老师被动了;过去老师牵着学生的鼻子走,现在学生牵着老师的鼻子走了。""开卷考试,学生就不复习了,互相抄袭了,不好评分了。""强调了学生主动学习,学生就不学了,学校就乱了。""学生接触实际,要影响理论的系统性了。"等等。一面冷言冷语,一面又反问:"和学生三同就能表示革命化?""参加几次劳动,就能学到马列主义?"

随着教改的发展,学生中出现了自觉劳动、积极锻炼、艰苦朴素、主动学习的革命气氛。部分学生和家庭的某些矛盾也出现了。接着各方面的反映都来了。有的家长对学生说:"你们学校搞教改,就是将来要你们都下农村。"有人批评学校:"劳动多了。"有的人则说:"劳动可以,但为什么要到那么远的地方去劳动?又为什么要走路去劳动?"有人反问:"强调学生主动,教师的主导作用还要不要了?""强调实践,书本知识还要不要了?""学生学得活了,基本功要不要了?""批判片面追求升学率,升学还要不要了?"也有人误解学校在搞"半工半读"了。有人干脆说:"学生不学习了,知识质量降低了。"甚至说:"学校犯错误了,搞得一塌糊涂了,学校在瞎胡闹了。"

上面这些反映,有些是由于学校的宣传工作,特别是对家长的宣传工作做得不够,引起的某些误解;有些是属于学校在试验过程中出现的一些缺点;也有一些是少数学生的某些片面性所引起的。但主要的问题不在这些方面,问题的实质是要不要把学生培养成为无产阶级革命接班人的问题,是要不要现在开始就通过学校教育来为解决脑力劳动和体力劳动的差别创造条件的问题。

从一年的情况来看,全日制学校的教改,阻力是不小的。为什么会有这么大的阻力?看来有这么几个因素:

一个是解决脑力劳动与体力劳动的差别,特别是要求知识分子劳动化,是直接涉及到人们的经济利益的问题。在今天我们的社会情况之下,生产资料所有制改变之后,确实有些人是把希望寄托在做脑力劳动者上边的，他们把从小学到中学、大学作为获得脑力劳动者特权的阶梯。如果教改仅仅是为了提高文化科学知识，他们是会双手赞成的。一旦教改涉及到解决体力劳动和脑力劳动的差别时，就不能不遭到他们坚决的反对。

其次，几千年来"唯有读书高"的错误思想，对人们的影响是很深远的。据我们在学生中间调查，不管什么样的家庭，包括劳动人民的家庭在内，几乎是没有不受到这种思想不同程度的影响的，要迅速改变这个现状，是很不容易的。

第三，我们现行的全日制学校的一套方法、制度，很大程度上还是沿袭着资产阶级社会遗留下来的那一套东西，我们还没有一整套适应我们的方针的完美的东西来代替它。在我们还没有更成熟的经验足以促使学校革命化、又能更好地提高文化科学知识的情况下，又不能简单地丢掉这些东西，而这一套东西，与"唯有读书高"的错误思想恰恰是相适应的。

第四、我们的教师队伍，不少人是从资产阶级学校中培养出来的，就是解放后我们培养出来的新的知识分子，他们所受的资产阶级教育思想的影响也是很深的。在这个队伍里，熟悉马克思主义，站稳了脚跟，站稳了无产阶级立场的，还是少数。教学改革中，要使用这个队伍，同时又要改造这个队伍，这个改造，则不是一朝一夕的事情。

第五、到现在为止，还有不少人，看不到全日制学校进行改革的必要性，认识不到这个改革的重大战略意义；看不清有通过教育产生修正主义的具体危险。

以上不管哪个方面，解决起来都是不容易的，过去我们对这些问题认识是不足的。我们工作中产生的若干缺点，如正面宣传工作做得不够；广泛征求各方面的意见，特别是听取反对的意见做得不够，和这一认识都是分不开的。

六、 今后工作意见的要点

一个目标，坚持教改方向，下决心把学校改成真正革命化的学校。

两个要求。坚持正面教育，正确处理两种思想、两条道路的矛盾；加强调查研究工作，加强教师的思想改造，逐步形成解决与生产劳动、理论与实践的关系。

四项工作。（一）进一步开展学习毛主席教育思想的运动。（二）贯彻毛主席七月三日的指示，进一步减轻学生负担，加强学生的体育卫生工作，特别是视力保护工作。（三）继续抓好劳动，加强劳动教育，逐步建立包括工业、农业、校内、校外，集中、分散相结合的一套劳动和劳动教育制度。（四）以人民教育出版社修订的一套中改教材为基础，逐步根据为三大革命运动服务的要求，通过砍、换、补的办法，搞出一套比较好的教材；在原有的基础上，继续摸索出各科教学方法的路子。

四项措施。（一）抓活思想，掌握思想动向，建立思想工作制度。（二）建立试点班，一切通过试验。（三）根据脑力劳动与体力劳动、劳与逸、大集体与小自由相结合的原则，全面安排师生活动。（四）健全领导核心；建立政治处；强化组织结构。

（详细计划另订）

编者注：此处原件页码 127~159 的内容与 161~186 页码的内容相同。后者是定稿。本书采用定稿内容。

编　后

  2010 年 11 月 13 日，笔者不经意地在网络搜索中敲入"南师附中教改"。附中教改档案在孔夫子拍卖网拍卖的信息令人震惊（编号4603465）。笔者通过拍卖网联系到物品持有人，并在第一时间与南师附中取得了联系。事实上，教改在南师附中一直是个话题，笔者也从未怀疑过校方存有这份珍贵的资料。无论从历史的角度，还是教学的角度，教改资料都是南师附中最为重要的资料。根据当年的情况，这份文献也会同样上交给南京师范学院、江苏省教育厅以及国家教育部备案。虽然教改资料算不上档案，但其重要性显而易见：她记录的是一个时代。至于这份资料如何流落到民间，还有一个故事：当年校方在处置教学资料的时候，一位对教改怀有感情的教师收留了这份资料，从而保住了这段历史。

  1996 年，南师附中 66 届高三校友举办了毕业 30 年后的首次聚会。1966 年是中国历史上臭名昭著的一年——文革元年。那一年学校的章法乱了套，师生反目结仇，往日不堪回首……

  30 年后的聚会总不能稀里糊涂地回到文革吧？有校友建议：回到同学！从此，"回到同学"成为聚会不变的主题。这次教改资料的出版，使得教改这面镜子完全清晰了。在镜子里，我们几乎看到学校生活的全部——"回到同学"无疑就是回到了教改！

  半个世纪后再看教改，其感受已经大相径庭。同学聚会回到文革不妥，回到教改也不妥。总之，回不去了，怎么办？

  还是那句话：车到山前必有路——回到反思！这是一代人的出路。

王　虹

www.ingramcontent.com/pod-product-compliance
Lightning Source LLC
Chambersburg PA
CBHW071403300426
44114CB00016B/2171